Viktor Timtschenko

Ukraine

Einblicke in den neuen Osten Europas

Viktor Timtschenko

Ukraine

Einblicke in den neuen Osten Europas

Ch. Links Verlag, Berlin

Für meine Mutter und meine Frau, die mir das Sprechen beigebracht haben.

Die Schreibweise der ukrainischen Namen folgt der Transkription aus dem Ukrainischen und nicht – wie früher – aus dem Russischen, weshalb beispielsweise Kiew als Kyiw und Lwow (Lemberg) als Lwiw erscheint. Odessa, im Ukrainischen nur mit einem s, wird der Aussprache folgend im Buch mit zwei s geschrieben. Es wurde keine wissenschaftliche Transliteration verwendet, sodass Weichheitszeichen auch nicht mit Apostroph dargestellt werden.

Die **Deutsche Nationalbibliothek** verzeichnet diese
Publikation in der Deutschen Nationalbibliografie;
detaillierte bibliografische Angaben sind im Internet
über http://dnb.d-nb.de abrufbar.

1. Auflage, März 2009
© Christoph Links Verlag – LinksDruck GmbH
Schönhauser Allee 36, 10435 Berlin, Tel.: (030) 44 02 32-0
Internet: www.linksverlag.de; mail@linksverlag.de
Umschlaggestaltung: KahaneDesign, Berlin,
unter Verwendung von Fotos aus der
ukrainischen Hauptstadt Kyiw;
Titelseite: Majdan Nesaleshnosti (Unabhängigkeitsplatz)
mit der Unabhängigkeitssäule, dem unterirdischen Kaufhaus
»Globus« und dem Hotel »Ukraina« (Viktor Timtschenko, 2008);
Rückseite: Blick auf die Kunst- und Kulturmeile Andrijiwskyj
uswis (Andrij-Abhang) mit der Kirche Andrijiwska Zerkwa
(Leonid Kysseljow, 2008)
Druck und Bindung: Druckerei F. Pustet, Regensburg

ISBN 978-3-86153-488-4

Inhalt

Prolog

Nachdem dieses Buch geschrieben war, gab ich einem aufgeklärten Mädchen aus Hamburg das Manuskript zu lesen. Ich war gespannt, ob ich auf meine Heimat neugierig machen konnte.

Das Mädchen sagte: »Ach, was für ein schönes Land, diese Ukraine. Da würde ich gern mal hinfahren!«

»Na, dann fahr doch«, riet ich ihr, »die Einreise ist nicht teuer und visafrei.«

Sie machte große Augen und antwortete, sie hätte vor dem Land und den Menschen dort Angst.

»Und vor Rumänien?«, fragte ich leicht erbost.

»Vor Rumänien nicht.« Sie sperrte ihre blauen Augen noch mehr auf. »Rumänien gehört ja zur EU.«

Da beschloss ich, vorab noch einiges klarzustellen.

Also: Wie in fast allen Industrieländern lebt auch in der Ukraine die Mehrheit der Bevölkerung in Städten. Dort stehen große Häuser. Die Fernheizung, Wasser-, Strom- und Gasversorgung ist meistens gesichert, die Straßen sind häufig asphaltiert (manchmal schlecht, aber was soll's …). Inzwischen fahren so viele Autos, dass sich viele Städter nicht mehr darüber freuen. Wer ohne Auto unterwegs ist, fährt mit der Straßenbahn oder mit einem elektrisch betriebenen Bus, dem Trolleybus. In einigen Millionenstädten gibt es auch eine U-Bahn (Metro). Für eine beliebig lange Strecke zahlt man bis zu zwei Hrywnja (also ca. 25 Cent).

Es gibt Hunderte von Universitäten und Hochschulen im Land, im Übrigen auch seit Jahrzehnten das deutsche Goethe-Institut. In der Hauptstadt Kyiw (russ. Kiew), die etwas älter als 1500 Jahre ist und mit Recht »die Mutter russischer Städte« genannt wird, leben über drei Millionen Menschen. Wer Vertrautes sucht, findet hier Ladenketten wie »Metro«, »Zara« oder »McDonald's«. Man kann natürlich auch in einheimischen Selbstbedienungsrestaurants die schmackhafte ukrainische Küche kosten.

In den letzten Jahren sind Straßencafés populär geworden. Man relaxt dort und schwatzt. Die Gerüchte, die Ukrainer seien vorwiegend auf Tee aus, sind stark übertrieben. Man trinkt hier auch Latte Macchiato, Mocca, Espresso usw. Was es hier nicht gibt, ist die klassische Kaffeezeit – man trinkt das duftende Getränk einfach dann, wenn einem danach ist.

Zum Einkaufen gehen die Ukrainer in Supermärkte – dort ist es billiger. Wenn man besonderen Wert auf frische Produkte legt, sind Landwirtschaftsmärkte gefragt. Der bekannteste und teuerste Markt der Ukraine, der »Bessarabka«, liegt direkt auf der Hauptstraße der Hauptstadt.

Selbstverständlich gibt es in der Ukraine Vertretungen aller bedeutenden deutschen, aber auch amerikanischen, englischen, italienischen, österreichischen, französischen und anderen Firmen. Die Geschäfte laufen gut; jeder, der hier rechtzeitig ein Bein in der Tür hatte, macht seit Jahren dicke Gewinne. Tausende Europäer und Nordamerikaner leben dauerhaft in der Ukraine.

Die Ukrainer sind ein arbeitsames Völkchen, die Arbeitslosenquote liegt nach offizieller Statistik 2008 landesweit bei drei Prozent, in Kyiw sogar nur bei 0,3 Prozent. (Allerdings sind nicht alle Arbeitslosen registriert.) Trotz weit verbreiteter anders lautender Behauptungen zahlen Beschäftigte auch Steuern. Bei vielen bleibt dann noch etwas übrig: Die Ukrainerinnen sind schick und europäisch gekleidet. Wenn sie wider Erwarten eine Frau mit Schleier sehen, seien Sie sicher – es ist eine Ausländerin.

Die Menschen hier sind durchaus kommunikativ: Man kommuniziert miteinander per Handy, E-Mail, ICQ oder Skype. Ab und an aber auch von Angesicht zu Angesicht auf der Straße. Weil Handytarife schwanken, im Vergleich zu deutschen aber milde ausfallen, besitzen manche Leute hier zwei Handys von zwei verschiedenen Anbietern – auf diese seltsame slawische Weise spart man Telefongebühren.

Für die Freizeit gibt es unzählige Stadien, Sportstätten, Fitnesszentren, Schwimmhallen, Tennisplätze, Hunderte von Theatern – Sprechtheater, Opernhäuser, musikalische Komödie, Tanztheater, aber auch Pantomimebühnen – für nicht besonders sprachgewiefte Gäste zu empfehlen.

Die Post funktioniert, wenn auch sehr langsam, ein gutes Dutzend Fernsehstationen und an die hundert Funkhäuser informieren und unterhalten rund um die Uhr. An den Zeitungskiosken sind nicht nur um die hundert ukrainische Titel zu finden, sondern auch die *Süddeutsche, Der Spiegel*, die *Financial Times*, die *Washington Post, Figaro* und einige andere fremdländische Blätter.

Man schätzt die relativ intakte Natur, in den Gewässern der Ukraine kann man fast überall baden. Die Kyiwer nutzen den größten Fluss des Landes – den Dnipro (Dnjepr) –, um sich im Sommer abzukühlen. (Als ich ein junger Journalist war, schafften wir es, sogar während der Mittagspause in den Fluss zu springen, der nur sechs U-Bahn-Haltestellen vom Pressehaus entfernt war.)

An warmen Wochenenden macht man gern Picknick. Die Frauen sorgen fürs Essen, die Männer fürs Trinken und die Logistik. Man fährt bis zum nächsten Fluss oder in den Wald – nicht unbedingt mit dem Auto –, vieles ist mit öffentlichen Verkehrsmitteln gut erreichbar. Schnaps spielt beim Ausflug eine gewisse Rolle, aber eher frische Luft, Badevergnügen und geselliges Miteinander. Im Unterschied zu Deutschland sind in der Ukraine fast überall Lagerfeuer erlaubt. Das Feuer sorgt nicht nur für guten Schaschlyk und leckere Fischsuppe, sondern auch für eine angenehme Atmosphäre. Übrigens habe ich nie bemerkt, dass es deshalb viele Waldbrände gegeben hätte. Hiesige Baufirmen, im Unterschied zu Spanien oder Griechenland, besorgen sich das Bauland vermutlich auf andere Art und Weise.

Man kann in der Ukraine mit allen Kreditkarten der Welt bezahlen und auch Bargeld am Automaten abheben. Wechselstuben sind überall, und beim Umtausch in die Landeswährung Hrywnja wird nicht geschummelt.

Eine der gewonnenen Freiheiten ist in der Ukraine die Reisefreiheit. Es kann Ihnen passieren, dass Sie auf jemanden treffen, der mehr Länder besucht hat als Sie selbst.

2005 unterzeichnete der Präsident des Landes Erlasse über die Visafreiheit für Bürger der EU und einiger anderer europäischer Länder sowie den USA und Japan. Das führte zu einer Touristenflut mit jährlich zweistelligen Zuwachsraten. Allein 2007 besuchten die Ukraine 23 Millionen Ausländer, darunter etwa 230 000 Deutsche, 150 000 Amerikaner, aber vor allem Russen und über vier Millionen Polen.

Einen Boom erwartet man 2012 – wenn die Ukraine zusammen mit Polen der Gastgeber der Fußball-Europameisterschaft ist. Von insgesamt einer Million Fußballbegeisterten, die ins Land

kommen, erwartet man allein in Kyiw 150 000 ausländische Fans. Die Straßen in der Ukraine sind bereits jetzt sicher. Es gibt einzelne Fälle von Rowdytum, aber ihre Zahl ist eher gering. Die Bandenkriege vom Anfang der 90er Jahre sind längst Vergangenheit.

Bekanntlich sind die Ukrainer gastfreundlich. Schlechte ukrainische oder russische Sprachkenntnisse rufen eher Mitleid und Beistand hervor als die Absicht, Ihre Hilflosigkeit auszunutzen. Zudem gibt es in der Ukraine auch die Polizei.

So sieht die Oberfläche der Ukraine aus.

Allen, denen diese knappe Auflistung nicht genügt, sei im Anschluss die weitere Lektüre und ein tieferer Einblick in die heutigen Verhältnisse meines Heimatlandes und in seine Geschichte empfohlen.

Die Ukraine – Wo liegt sie?

Gerade nach Deutschland gekommen und mit jämmerlichen Sprachkenntnissen ausgestattet, startete ich 1990 – vermutlich dank meines unwiderstehlichen ukrainischen Charmes und des Journalistenmangels – als Wirtschaftsredakteur einer in Wendewirren geborenen Leipziger Zeitung. Als Ostjournalist, der bis heute vom Westen etwas Nachhilfe in Sachen Marktwirtschaft braucht, wurde ich mit vielen anderen zur Hauptjahresversammlung der Aktionäre der Dresdner Bank nach Frankfurt am Main eingeladen. Übrigens ohne bis dahin auch nur eine einzige Aktie gesehen zu haben. Zum Ausklang hatte man für uns einen Ausflug mit dem Management der Bank in ein hübsch gelegenes Restaurant vorbereitet. Eine damals für das Filialennetz der Bank in Ostdeutschland zuständige Dame, neben der ich zu sitzen kam, war sichtlich überrascht, dass manche ostdeutsche Journalisten so schlecht Deutsch sprechen. Sie zeigte aber diskret Verständnis für mein sozialistisches Bildungsniveau und fragte mich, woher genau ich käme, um vielleicht dort außerordentliche Vorkehrungen bei der Einstellung von Mitarbeitern zu treffen. Ich wollte erst die Preußen niedermachen und sagen, ich käme aus Berlin. Dann wurde mir der Ernst der Lage aber bewusst, und ich gab zu, aus der Ukraine zu stammen. Die Dame geriet ganz aus dem Häuschen: »Die Ukraine – wo liegt die?«, fragte sie mich allen Ernstes.

Die Antwort war einfach. Ich nahm ungeniert ihren Teller mit der angeschnittenen Schweinslende und rückte ihn in die Mitte des Tisches. »Das ist Deutschland«, erklärte ich und platzierte die Salatschüssel daneben, »und hier liegt Polen.« Nun schob ich meinen Teller samt Messer und Gabel rechts neben die Schüssel und zeige mit dem Finger darauf: »Und das ist die Ukraine.« Der besseren Anschauung wegen wollte ich noch ein Glas vom dunkelroten, fast schwarzen Spätburgunder neben meinem Teller vergießen und so das Schwarze Meer mit der Halbinsel Krim in seiner ganzen Herrlichkeit präsentieren, doch hier unterschätzte ich meine Tischnachbarin: Sie hatte davon schon gehört, wie auch von Kyiw, dem Donezbecken und Tschornobyl (russ. Tschernobyl). So verlief meine erste Konfrontation mit den Ukrainekenntnissen der (West-)Deutschen.

Für die meisten Deutschen, im Osten wie im Westen, war die Ukraine auch noch nach dem Zerfall der Sowjetunion 1991 eine unbekannte Größe. Russland – ja, aber die Ukraine ... Die in der Sowjetunion erfahrenen Ossis zeigten sich mitunter etwas besser informiert, wenige verblüfften mich sogar mit genauen Kenntnissen. Für die Überzahl aber war die Ukraine ein Land »da rechts unten« auf der Landkarte Europas.

Es dauerte relativ lange, etwa bis zur »Orangenen Revolution« 2004, bis die Deutschen die Ukraine in ihren Köpfen vom großen Russland trennten und als selbständigen Staat betrachteten.

Dabei ist die Ukraine nicht gerade klein. Man spricht in der Ukraine gern über das Land, das – mit 603 700 km² – das größte in Europa ist. Dabei hört man ab und an etwas gedämpfter: »Außer Russland natürlich«. Und ergänzt ganz verlegen: »Nur flächenmäßig.« Was die Bevölkerung anbelangt, ist z. B. Deutschland fast doppelt so groß. Andere Größen sind eher weniger beeindruckend. So wurden 2008 in der Ukraine nur etwa 6000 Dollar pro Kopf Bruttoinlandsprodukt (BIP) erwirtschaftet, in Frankreich und in Deutschland sind diese Zahlen etwa siebenmal höher.

Andere Zahlen sind eher weniger beeindruckend. Beispielsweise wurden 2007 in der Ukraine etwa 6941 Dollar pro Kopf Bruttoinlandsprodukt (BIP) erwirtschaftet, in Frankreich und in Deutschland sind diese Zahlen etwa siebenmal höher.

Ich habe mich schon immer schwergetan mit der Neigung mancher Landsleute, jeden See zum tiefsten, jeden Berg zum höchsten oder jedes Feld zum fruchtbarsten zu erklären. Ich halte mich da an das Sprichwort: »Klein ist ein Goldstück, aber wertvoll; groß ist die Wiese, aber nur zum Wäschetrocknen zu gebrauchen.«

Die Ukraine ist ein so schönes Land, das selbst noch jeder Übertreibung standhalten würde: Da sind die atemberaubenden unendlichen Federgrassteppen im Donezbecken; die wunderschönen, gen Himmel ragenden Kathedralen in Kyiw; die heilenden Mineralwasserquellen in Truskawez; wir haben die Schwarzmeerstrände in Odessa; die großartigen Granitfelsen bei Mykolajiw; die griechischen Ausgrabungen in Chersones bei Sewastopol; es gibt die uralte unterirdische Kirche in Tschernihiw; den Switjas-See in Wolhynien; den märchenhaften Heilsalzschacht in Solotwyne; den berauschenden Nationalpark Askanija Nowa bei Cherson; die Kosakeninsel Chortyzja am Dnipro; nicht zu vergessen die winters wie sommers beeindruckenden Karpaten mit den – Tatsache! – größten Buchenwäldern Europas, die seit 2007 auch zum Weltnaturerbe der UNESCO gehören und inzwischen mehrere Skilifts und Pisten aufweisen; die kinderfreundlichen Kurorte am Asowschen Meer und natürlich Jalta auf der Krim; die Krim sowieso, mit mediterranem Klima, warmem Meer, geheimnisvollen Buchten, dem botanischen Garten »Nikita«; aber auch Alupka mit dem spektakulären Prachtbau *Schwalbennest* und dem Woronzow-Palast, in dem 1945 die Alliiertenkonferenz stattfand, die die Zukunft Deutschlands besiegelte; schließlich die sagenumwobenen Bergklöster, der Khan-Palast in Bachtschisarai, die Altstadt von Jewpatorija und Kreuzer an der Skyline bei Sewastopol … All das sollte nicht reichen, um zu sagen: Die Ukraine ist ein wunderschönes Land!?

Nein, der ukrainische geographisch-geodätische Geist der Aufsässigkeit meldet sich verdrießlich zu Wort: »Und außerdem liegt das Zentrum Europas in der Ukraine, nicht weit von dem Karpaten-Städtchen Rachiw!«

In einer Zeit, in der schläfrige Brüsseler Behörden den Beitritt der Ukraine in die EU hinauszögern, sind wir bereits in Europa, und zwar nicht irgendwo am Rande, wie Portugal oder Norwegen, sondern in der absoluten Mitte, schwärmen Ukrainer. Dieses Zugehörigkeitsgefühl ist so stark, dass sie nicht lockerlassen möchten: Es gibt in der Ukraine einen Verlag »Zentrum Europas«, einen Wasserfall gleichen Namens und ein Folklorefestival »Europa-Zentrum«.

Diese Meinung – gelegentlich sogar vom Präsidenten Viktor Juschtschenko ausländischen Journalisten gegenüber vorgetragen – wird buchstäblich und unübersehbar untermauert von drei Monumenten im Dorf Dilowe nahe der rumänischen Grenze. Bereits 1887 stellten hier Geographen der Wiener Kaiserlich-Königlichen Akademie der Wissenschaften des Österreichisch-Ungarischen Reiches (die Karpaten gehörten damals als Königreich Galizien und Lodomerien zum k.u.k.-Reich), das Zentrum Europas fest. Mit einer kleinen Abweichung von wenigen Metern orteten fast 100 Jahre später sozialistische Wissenschaftler, gewiss in Anwendung der geodätischen Errungenschaften des Marxismus-Leninismus, hier erneut das Zentrum Europas und errichteten ein weiteres Achtungszeichen. Damit nicht genug, investierte der Staat nach der ukrainischen Unabhängigkeitserklärung 1991 viele Dollar in ein drittes, noch pompöseres Monument. Im Bewusstsein endlich errungener Freiheit gestattete man sich ebenfalls eine leichte Abweichung von den beiden bereits präzise berechneten Standorten. Etwaigen Anfechtungen begegnen die Ukrainer gelassen; schließlich sei der Null-Meridian im englischen Greenwich auch mehrmals verschoben worden.

Und spricht es nicht für sich, dass es von Rachiw in Richtung Nordosten bis nach Kyiw 500 und nach Moskau 1500 Kilometer sind, gen Westen nach Budapest 380, bis nach Wien 600, etwa 1000 nach Berlin, 1730 bis nach Genf und gen Süden 1850 nach Rom? Zentraler geht es ja wirklich kaum!

Und dennoch: Liegt das Zentrum wirklich dort?

Der polnische Regisseur Stanislaw Mucha hat einen Film – »Die Mitte« – gedreht, in dem er den Versuch unternahm, in all den Ländern zu filmen, wo solche Steine vom »Zentrum Europas« liegen. Insgesamt waren es 12 – darunter Deutschland, Österreich, Tschechien, die Slowakei, Polen, Litauen und eben die Ukraine.

Aber spätestens, wenn Mucha verblüfft feststellt, dass die Einwohner von Rachiw im Durchschnitt vier bis fünf Sprachen sprechen, teilt man das Gefühl, sich echt in der Mitte Europas zu befinden. Der babylonische Wirrwarr aus Ukrainisch, Polnisch, Russisch, Deutsch, Jiddisch, Rumänisch, Ungarisch, Italienisch, Serbisch, Slowakisch ist entstanden, ohne dass die Menschen ihr Städtchen verlassen mussten, aber trotzdem vorübergehend bis zu neun verschiedenen Staaten angehörten. Das ist Ausdruck der wechselvollen Geschichte des Landes, von der noch ausführlicher die Rede sein wird.

Von der Hauptstadt in die Provinz

Ich setze mich in den Zug und fahre von Chmelnyzkyj, einem Gebietszentrum im Westen des Landes, über Kyiw Richtung Debalzewe, einem eher unbekannten Eisenbahnknoten im »fernen Osten« der Ukraine. Ich fahre zu meiner Mutter, also in meine Heimat, nach Hause.

Vergessen Sie alles, was Sie von Bahnreisen in Deutschland erwarten, in meinem Heimatland ist Reisen noch ein wirkliches Abenteuer! Von wegen planen, buchen und losfahren! Für die über 1300 Kilometer lange Strecke zwischen dem Westen und Osten der Ukraine und den immerhin 900 Kilometern auf der Nord-Süd-Achse brauchen die Züge bei einer durchschnittlichen Geschwindigkeit von 50 km/h lange, sehr lange. Also führen die Züge nahezu ausschließlich Schlafwaggons, daher ist eine Platzbuchung Pflicht. Somit ist die Anzahl der Plätze logischerweise immer begrenzt, und das Abenteuer beginnt beim Kauf der Fahrkarte. In den Sommermonaten sind die Plätze gen Süden (und zurück) grundsätzlich ausverkauft, in den restlichen Monaten ist es Glücksache, ob man für den gewünschten Tag eine Fahrkarte bekommt. Man kann am Schalter nie sicher sein, von Online-Kauf ganz zu schweigen, das ist Zukunftsmusik. Der Weg zum Bahnhof ist unumgänglich, und wenn man in der Schlange steht, steigt die Spannung.

Wo immer es Engpässe gibt, sind stets auch gerissene Typen zur Stelle, die daraus ihren Vorteil ziehen. Auf den Bahnhöfen verfügen sie über nützliche Connections zu den Frauen hinter den Schaltern, die ihnen die Mangelware Fahrkarte zu einem gewissen (privaten) Aufpreis feilbieten. Wer also zu einem bestimmten Zeitpunkt reisen muss und über keine Beziehungen verfügt, ist darauf angewiesen, diesen Halunken die Karte zum doppelten oder dreifachen Preis abzukaufen. Da die Nachfrage immer groß und die Handelsspanne attraktiv ist, entwickelte sich dieser Markt vor einigen Jahren zu einer »Geschäftsbranche« mit mafiaähnlicher Struktur. Die ukrainische Eisenbahn sah sich deshalb gezwungen, Fahrkarten nur noch gegen Vorlage eines Personalausweises zu verkaufen. Die Billetts werden wie schon früher nicht im Zug selbst, sondern vor dem Einstieg kontrolliert. Der Schwarzhandel ging zurück. Seit Ende 2007 kann man Fahrkarten wieder anonym kaufen. Ob das ein Zugeständnis an die Datenschützer war, die das personengebundene Verfahren anprangerten, oder an die kriminelle Lobby, ist ungewiss. Fest steht: Der Erwerb von Fahrkarten bleibt ein Problem und mutet in unserem computerisierten Zeitalter anachronistisch an. Wer in Spitzenzeiten nach zeitraubendem Nervenkitzel tatsächlich nicht nur für den geplanten Tag, sondern vielleicht auch noch eine Fahrkarte für einen Abteilwagen ersteht, hat wahrlich Grund zu feiern. Man kann sich in diesem Fall nämlich auf eine bequeme, beschauliche Reise freuen. Diese ist möglich in einem Abteil der ersten Klasse für zwei Personen und wird vorwiegend von Kunden aus der oberen staatlichen Verwaltungsschicht genutzt, die auf Staatskosten reisen. Reiche Unternehmer oder Politiker bevorzugen wie überall auf der Welt Auto oder Flugzeug.

Die ukrainische obere Mittelklasse reist im »Coupé« der Zweiten Klasse, einem Abteil mit Schlafgelegenheiten für vier Personen und einem Tisch in der Mitte. In solch einen Waggon passen insgesamt 36 Personen.

Die untere Mittelklasse muss sich mit einem Plätzchen in einem sogenannten Platzkarten-Waggon begnügen, der dem Coupé-Waggon fast gleicht, nur gibt es keine Türen vor den Abteilen. Da es in diesen Waggons etwas enger zugeht, können damit immerhin 52 Passagiere befördert werden. Tagsüber geht es hier relativ kultiviert zu. Gegen Abend wandelt sich solch ein Waggon gern zu einer Art kleiner Militärkaserne oder gleicht einem Flüchtlingslager: Es wird auf engstem Raum gegessen, getrunken, gelesen; Frauen und Männer kleiden sich zur Bettruhe um. Alles schön gemeinsam. Und wer nachts zur Toilette muss, nimmt die Parade der besockten Füße ab ...

Über den Zustand der Toiletten breiten wir den Mantel des Schweigens. Doch es sei gesagt, dass es sich bessert mit den »Örtchen«; sie sind inzwischen sauberer, man findet Seife und Papier. Schwierig wird es aber doch, wenn man beispielsweise schon zwölf Stunden von insgesamt 24 auf der Strecke von Berlin nach

Kyiw unterwegs ist und die Örtchen bei jedem Halt vom Zugpersonal geschlossen werden, da die Konstruktion keine Behälter vorsieht und man den Bahnhof nicht verschmutzen will …
Und so ein Halt kann Stunden dauern, vor allem bei Radwechsel, denn – Sie wissen es vielleicht noch aus der Schule – die sowjetischen Bahnspuren waren schon immer eine Hand breiter als die europäischen, und sie sind es noch immer.

Ich fahre in solchen Zügen von Kindesbeinen an, und wer sich wie ich immer wieder auf das Abenteuer einlässt, wird mit überraschenden Vorzügen belohnt: Jeder kann sich in frische Wäsche betten, seit kurzem wird sie eingeschweißt in einen Plastikbeutel ausgehändigt. Und natürlich der Tee! Nirgendwo schmeckt er so gut wie im Zug. Man schlürft Tee und plaudert mit den Mitreisenden. Wenn Sie in einem inländischen Zug durchblicken lassen, dass Sie aus Deutschland kommen, ist es sehr wahrscheinlich, dass Sie sich auf ein Abendbrot mit hochprozentigem Wässerchen einlassen. Aber auch auf eine Debatte bis Mitternacht über Umwelt, steigende Preise, die NATO, über Raumfahrt, Gott, Landwirtschaftserfolge bzw. -niederlagen, über Familienplanung, die EU, korrupte Politiker, Hühnerzucht und Fußball. Sie hören Geschichten über die Schwiegertochter (alternativ: Schwiegermutter), Armeeerinnerungen oder Überlegungen zur großen (alternativ: geringen) Bedeutung der Ukraine in der Welt. Damit ist die Themenpalette nur angerissen, aber noch lange nicht ausgeschöpft.

Will ich meine Ruhe haben, schweige ich lieber: Ich habe es leicht, ich spreche Ukrainisch akzentfrei und kleide mich unauffällig. Diesmal sitzen mir zwei Hochschullehrer aus Riwne gegenüber, einem Gebietszentrum im Westen. Sie wollen nach Slowjansk im Donezbecken, wo sie für Fernstudenten ihrer Hochschule Vorlesungen halten werden. Sie plaudern über ihre Studenten und ihre älteren Kollegen Professoren. Alle seien faul; Erstere, weil sie nicht lernten, Letztere, weil sie ihre jüngeren Kollegen auf die 18-stündige Tour nach Slowjansk schickten. Sie stöhnen über das ihnen zugemutete zweifelhafte Vergnügen. Es erstaunt mich, wie offen die beiden über Schmiergelder reden, die sie und ihre Kollegen von den Studenten bekommen. Gezahlt wird für die Immatrikulation, für Semesterprüfungen, für Studienarbeiten und sogar Diplome.

Ich weiß, dass sie nicht viel verdienen, umgerechnet etwa 230 Euro im Monat, ein Professor bekommt ungefähr 280 Euro, ein

Student aber ein Stipendium von nur 20 Euro. Woher also das Geld kommt, bleibt ein Rätsel.

Zu meiner Studienzeit war es nicht üblich, die Dozenten zu »schmieren«. Natürlich kauften wir am Prüfungstag für den Lehrer einen üppigen Blumenstrauß, stellten Mineralwasser auf den Tisch, aber schmieren – das wäre unerhört gewesen! Erst später hat sich das fest eingebürgert. Inzwischen gelten für die verschiedensten Leistungen an den Hochschulen feste Tarife – angegeben in Dollar, in »Bucks«, wie moderne Ukrainer auf amerikanische Art sagen. Hochschullehrer und Ärzte werden fast alle »geschmiert«, mehr noch als Richter, Verkehrspolizisten, Feuerwehrleute, Hygienekontrolleure oder Verwaltungsbeamte ...

Ursache der Korruption sind die niedrigen Löhne; sie sind wirklich miserabel! 2008 lag der Durchschnittslohn bei 1800 Hrywnja brutto, das entsprach etwa 240 Euro. Aber ein Durchschnittslohn sagt nichts über die Extreme, es gibt zum Beispiel große regionale Unterschiede. In Kyiw, mit seinen zahlreichen Staatsbediensteten, Politikern, Bankern; in Donezk, Saporishsha oder Dnipropetrowsk, wo Bergbau und metallverarbeitende Industrie zu Hause sind, fallen die Löhne höher aus. In den ländlichen Gegenden, in Ternopil, Tschernihiw, Cherson, Wolhynien, Chmelnyzkyj oder Winnyzja sind es am Monatsende meist nicht mehr als 140 bis 150 Euro. Hier entspricht der Verdienst von Ärzten und Lehrern noch lange nicht dem Landesdurchschnitt.

Die Löhne der Beamten und die Renten (um die 110 Euro) steigen zwar Jahr für Jahr, aber mit ihnen auch die Teuerungsrate – um 12 bis 22 Prozent (2008) jährlich. Das Lebensniveau der Ukrainer verbessert sich sichtbar, doch viel langsamer, als man sich wünscht.

Die Löhne der Arbeitnehmer in privaten Betrieben sind differenzierter gestaffelt. In Kyiw sind erfreuliche 800 Euro im Monat üblich, in der Provinz aber auch 50 Euro möglich.

Manche hauptstädtischen Unternehmen vergeben ihre Produktionsaufträge nicht an »Billigländer« wie China oder Indien, sondern an Firmen in der ukrainischen Provinz und halten damit die Kosten niedrig.

Die »Privaten« sind dafür bekannt, einen Teil des Lohns häufig »schwarz« zu zahlen. Für die Firmen ist das günstig; sie müssen dafür keine Sozialleistungen abführen. Die »schwarzen Zuwendungen« werden monatlich in einem Kuvert gezahlt. Diese Kuvertlöhne sind für rapide steigende Autoverkaufszahlen in der Ukraine verantwortlich – trotz zweitschlechtestem Einkommensniveau in Europa.

Langsam begreifen aber die Bürger, dass sich aus dem Kuvertlohn keine Rente ergibt, und immer mehr Menschen streben deshalb »weißen Lohn« an, mag's vielleicht auch etwas weniger sein. Wer also bei einem Einstellungsgespräch über die Höhe seiner Entlohnung verhandelt, muss abklären, ob es sich um eine »schwarze« oder »weiße« Summe handelt. Es ist zu hoffen, dass damit die immer noch gängige Schattenwirtschaft nicht von oben, sondern mit dem Druck von unten allmählich abgebaut wird.

Wenn mein Blick aus dem Abteilfenster hinaus über die unendlichen Steppengebiete um Poltawa und südlich von Charkiw schweift, fällt auf, dass die Räume zwischen den besiedelten Gebieten in der Ukraine größer, ausgedehnter, gewaltiger und deshalb eindrucksvoller als im dichtbesiedelten Deutschland sind. Fährt der Zug an Feldern vorbei, scheint mir, als gäbe es weniger brachliegende Felder als noch zu Beginn des neuen Jahrtausends. Viele Erntemaschinen ziehen ihre Bahn, auch abends und nachts. Ihre Lichter erhellen die dichten Staubwolken. Trotzdem ist die Landwirtschaft Knochenarbeit geblieben und wenig einträglich. Es sei denn, man nutzt die Gesetze der modernen Marktwirtschaft, wie meine Bekannten Georgij und Oxana aus Kyiw. Sie sind auf intelligente Weise zu neuem Reichtum gekommen und inzwischen Dollar-Millionäre geworden. Wie fast alle ukrainischen Millionäre treten sie eher bescheiden auf, obwohl man ihnen eine gewisse Lässigkeit anmerkt. Sie lieben Malerei und Musik. Oxana führt sogar eine eigene Galerie auf der berühmten Kyiwer Kunst- und Kulturmeile Andrijiwskyj uswis.

Von Beruf ist Georgij Informatiker. Als in der Sowjetunion privates Unternehmertum erlaubt wurde, schloss er sich mit ein paar Gleichgesinnten zu einer Gesellschaft zusammen und fing an, Programme zu schreiben und Computer zu verkaufen. Das brachte Geld, aber noch mehr Nachahmer. Irgendwann war das Geschäft nicht mehr lohnend, und die inzwischen marktwirtschaftserprobten Computerfreaks suchten sich ein anderes Beschäftigungsfeld. Sie kamen auf die Landwirtschaft, speziell auf Zuckerrüben. Heute haben er und seine Gesellschafter Tausende von Hektar Schwarzerde gepachtet und besitzen zwei Zuckerfabriken.

Wie es scheint, ist die moderne ukrainische Landwirtschaft eine echte Goldgrube. Doch brauchte es eine Menge Kalkül, bis Georgij und seine Partner da waren, wo sie heute sind. »Wir hatten alle keine Ahnung von Zuckerrüben und Zuckerherstellung, aber wussten, dass die Ukraine dafür den richtigen Boden hat und die Menschen viel Erfahrung mitbringen, auch wenn die Ernteergebnisse noch weit entfernt von der Weltspitze lagen«, erzählt er.

Als Erstes suchten sie geeignete Flächen. Sie studierten Erntestatistiken und sprachen mit den Leuten aus den Regionen, werteten Satellitenbilder aus und ließen Bodenproben analysieren. Erst dann haben sie die Felder gepachtet. Maschinen kauften sie im Westen, wie auch Saatgut, Dünger und Pflanzenschutzmittel, zum Teil auf Kredit und in der Hoffnung, es würde sich rentieren. Sie orientierten sich an westlicher Technologie, um mehr als den bis dahin üblichen Ertrag zu erwirtschaften. In den ersten Jahren waren die Kyiwer abwechselnd Tag und Nacht auf den Feldern und gingen rigoros gegen Schlamperei vor. Nachsicht gegen nicht ausgenüchterte Traktoristen hätte sie Hunderttausende kosten und in den Ruin führen können.

Jetzt seien sie über den Berg, so Georgij. Die Technologie sei erprobt, die Arbeiter zuverlässig, die Technik fast abbezahlt. Aber um die frisch erworbene zweite Zuckerfabrik mit Rohstoff zu versorgen, waren neue Ländereien erforderlich. Das verlangte neue Technik und wieder neue Fachkräfte, die es gewohnt waren, nach den sprichwörtlichen deutschen Maßstäben zu arbeiten.

In der Ukraine werden durchschnittlich ca. 190 Dezitonnen Zuckerrüben pro Hektar geerntet. Georgij ist schon längst über die doppelte Menge hinaus. Der Zuckergehalt von Hackfrüchten liegt gewöhnlich unter 14 Prozent, bei Georgij & Co. aber über 20. Viele Landwirtschaftsbetriebe kämpfen mit dem Diktat der Zuckerfabriken, bei Georgij bilden sie ein Glied in der Verwertungskette. Deshalb ist er jetzt Millionär.

Wie ich später von Sascha, einem älteren Kumpel aus Kinderzeiten, erfahren sollte, hat auch er sein spätes Glück in der Landwirtschaft gefunden. Eigentlich sollte er längst in Rente gehen – er war »Milizionär« –, doch das wollte er nicht. Er blieb weiter im Dienst, bis die Regierung eines Tages die Bezüge kürzte. Jetzt musste er sich etwas einfallen lassen. Er pachtete einige Hektar Land und beschloss, dort Sonnenblumen wachsen zu lassen. Tausende Hrywnja investierte der alte Sascha in das Vorhaben. Im ersten Jahr ging die Sache fast schief. Der Neubauer holte jedoch nach dem Verkauf der Ernte immerhin seine Investition wieder rein, die Rechnung ging also plus/minus Null aus. Aber es war eine schwarze Null, und auf der Positivseite stand eine wichtige Erfahrung. Sascha riskierte es noch einmal und baute im folgenden Jahr wieder Sonnenblumen an. Diesmal erntete er 20 Dezitonnen pro Hektar. Inzwischen waren die Preise für Sonnenblumenöl und dementsprechend auch für Sonnenblumenkerne gestiegen. Saschas Erlös aus der Ernte belief sich auf das Zehnfache seins investierten Geldes. »Ich bin jetzt ein Knecht auf dem Feld«, kommentiert der glückliche Schatzsucher seinen unternehmerischen Aufbruch, und seine Augen glänzen zufrieden.

Wie es scheint, gibt die ukrainische Erde etwas zurück, wenn man viel Mühe und genug Geld in sie hineinsteckt. Was Saschas Sonnenblumen angeht, so ist das Ende der möglichen Erträge längst nicht erreicht. Die Region Charkiw ist eines der günstigsten Anbaugebiete für Sonnenblumen!

Insgesamt lag 2007 die Rentabilität der ukrainischen Landwirtschaft durchschnittlich bei 20 Prozent. Das ist die höchste Rentabilität seit Jahrzehnten. Also doch »Kornkammer Europas« in spe? Neben Zuckerrüben und Sonnenblumen wird über Rapsanbau nachgedacht. Es gibt Unternehmen, die bereits bis zu 200 000 Hektar Land langfristig vom Staat gepachtet haben. Auch Ausländer zeigen an ukrainischem Grund und Boden Interesse. Bei einem Preis von über 500 Dollar pro Tonne Raps auf dem Weltmarkt rechnen die Firmen mit Millionengewinnen.

Natürlich sieht es nicht überall so rosig aus. Die Getreideernte liegt im Landesdurchschnitt bei 13 bis 16 Dezitonnen pro Hektar (2008 in Deutschland 46,5 Dezitonnen Roggen, 76,5 Weizen pro Hektar), in einigen Gebieten jedoch nur bei sieben. Das ist nicht mehr als in den spärlichen und von Hunger gezeichneten Nachkriegsjahren. Aber auch früher nie gesehene 50 Dezitonnen und mehr sind keine Seltenheit mehr. Das Erfolgsgeheimnis: Die Landwirtschaftsmaschinen der Ukrainer heißen derzeit nicht mehr »Niva« und »Kolos«, früher die meistverbreiteten sowjetischen Fabrikate, sondern »John Deer«, »Case« und »Lexion«.

Wendige »Bisnesmeny« haben auch den Duft des Milchgeldes aufgespürt. Die alten Bäuerinnen in den Dörfern, die mit ihren Kühen 80 Prozent der Milchproduktion des Landes sicherten, sterben aus. Jüngere, die bereit sind, Kühe zu füttern, Ställe auszumisten und zweimal täglich zu melken, finden sich zunehmend seltener. Deshalb sank die Produktion, und der Preis für Milch stieg von 60 bis 70 Kopeken pro Liter im Jahr 2002 auf drei Hrywnja 2007. Jede beliebige Käsesorte ist heute nicht billiger als in Deutschland. Der jährliche Konsum der Milchprodukte wächst konstant um zwei Prozent.

Große Firmen, die ihr erstes Geld mit Sonnenblumen und Zucker verdient haben, kaufen jetzt alte Milchfarmen auf, bauen neue und pachten Land. Schließlich müssen die Kühe gut gefüttert werden. Fachleute sind der Meinung, die Rentabilität solcher Firmen liege bei 60 Prozent. Einzige Sorge: In der landreichen Ukraine fehlen freie landwirtschaftliche Flächen. Das hat eine wahre Goldgräberstimmung ausgelöst: Obwohl der Verkauf von landwirtschaftlichen Nutzflächen noch nicht erlaubt ist, sind die meisten Ländereien bereits an neue Bauern verpachtet. Deutsche, Österreicher, aber vor allem Polen sind in der Ukraine auf der Suche nach freien Feldern unterwegs. Sie pachten einige Tausend Hektar mit der Option auf das Vorkaufsrecht und hoffen auf einen satten Gewinn in kürzester Zeit. Zukünftige Probleme sind vorhersehbar: Ein Pächter ist kein Eigentümer! Ein Eigentümer sorgt für den Boden, wechselt Anbaukulturen, düngt ausreichend und vielseitig, bearbeitet den Boden schonend. Ein Pächter hinterlässt die Spuren von Heuschrecken, die über ein Feld herfallen.

Der Zug kommt in Barwinkowe, meiner Heimatstadt, an. Wie immer holt mich mein Bruder vom Bahnhof ab. Wir laufen durch den Park, am Kulturpalast des Maschinenbauwerks »Roter Strahl« vorbei, einst größter Arbeitgeber der Stadt. Auch mein Bruder hat dort als Gummivulkaniseur angefangen.

Der dreistöckige Kulturpalast beeindruckt mit seiner pompösen Architektur wie eh und je. In seinem großen Foyer fanden zu meiner Zeit Tanzstunden statt. Schon als Kind lernte ich hier den ukrainischen Hopak, aber auch Wiener Walzer, Tango und Polonaise. Jugendzirkel hatten ihre Studios im Palast, und er führte die größte Bibliothek des Ortes. »Die Bibliothek gibt es nicht mehr«, sagt mein Bruder bekümmert, als ob er meine Gedanken lesen würde. »Kein Geld.«

Früher wurden die Kultureinrichtungen durch das Werk finanziert, und ein Kindergarten noch dazu. Jetzt gibt es keine Arbeit mehr im Werk, die Werkbänke und Maschinen wurden von der

Verwaltung verschleudert, das Riesenareal ist geplündert wie in Kriegszeiten, und es gibt nur noch für einige wenige Arbeit.

»Und die Kreisbibliothek?«, frage ich, »existiert sie wenigstens noch?«

»Die gibt es noch«, antwortet mein Bruder, »aber sie haben kein Geld für neue Bücher. Die Buchausleihe ist deshalb kostenpflichtig. Jetzt tauschen wir oft Bücher unter Freunden.«

Nicht nur für Lesefans wie meinen Bruder ist das ein herber Einschnitt. Es wurde viel gelesen im Land und jetzt gibt es nicht mal mehr einen Buchladen im Ort. Und kaum Abwechslung. Nur Arbeit, Fernsehen und Schnaps.

Damit liegt das Städtchen voll im Trend: Gab es 1991 in der Ukraine noch über 3000 Buchläden, so sind es heute nur noch knapp 500 – statistisch gesehen also ein Buchladen auf 100 000 Einwohner. Zum Vergleich: In Deutschland oder im Nachbarland Polen fällt ein Buchladen auf etwa 10 000 Einwohner. Intelligente ukrainische Leser haben ausgerechnet, dass die Ukraine zehn Jahre lang jeden Tag einen Buchladen eröffnen müsste, um das heutige Niveau dieser Länder zu erreichen.

Der große Saal des Kulturpalastes diente vor allem als Versammlungsort für feierliche Anlässe. An Festtagen stand auf der Bühne ein roter Tisch für das Präsidium.

Eine Zeit lang hatte hier sogar ein Volkstheater sein Zuhause! Das war eine kleine Sensation in Barwinkowe! An den Abenden, an denen keine andere Veranstaltung geplant war, flimmerten im Kulturpalast Filme über eine Leinwand. Insgesamt hatten wir in der Stadt drei Kinos und im Sommer noch ein Freiluftkino dazu. Das war nicht ungewöhnlich; es gab in der Ukraine 25 000 Filmtheater.

Der Filmvorführer im Palast, ein gewisser Onkel Wanja, sorgte immer wieder für neue Filme, und die Kassenfrau Tante Natascha ließ uns Kinder auch mal in eine Abendvorstellung. Oder wir gingen zum Freiluft-Sommerkino und krochen hinter die Leinwand. Dort konnte man fast ungestört den Film genießen, nur der Projektor blendete.

Heute gibt es kein einziges Kino mehr im Städtchen. Im ehemals Besten namens »Stern« residiert jetzt ein Bestattungsunternehmen. Das Kino liegt symbolisch bestattet in den ausgestellten Särgen. Da bleiben nur Fernsehen oder DVD. Die Auswahl ist gewaltig, aber auf russische Filme beschränkt und auf Produktionen aus Hollywood, Hollywood und immer wieder Hollywood. Um einen ukrainischen Film zu sehen, muss man schon in die Hauptstadt fahren. Zurzeit werden sehr wenige ukrainische Filme produziert, und von den mit Mühe produzierten existieren nur wenige Kopien.

Aber bevor ich wieder nach Kyiw aufbreche, möchte ich noch etwas Dringliches erledigen. Dazu fällt mir eine Redensart ein: »Puschkin ist tot und mir ist auch schon ganz übel.« Die Ukrainer haben eine andere Einstellung zum Kranksein. Es gilt als Fauxpas, mit Schnupfnase herumzulaufen und am Esstisch zu schniefen. Einen Kollegen mit Husten versteht man nicht als Held, sondern als Infektionsherd. Wenn ein Ukrainer Fieber hat (das ist schon über 37,0 Grad der Fall), rennt er nicht gleich zum Arzt (oder nur um einen Krankenschein zu bekommen), sondern legt sich ins Bett und unternimmt alles, um schnellstmöglich gesund zu werden. Deshalb gibt es Apotheken wie Sand am Meer und viele kennen sich dort wie in ihrer eigenen Westentasche aus. Man wird also in den Herbstmonaten viel weniger erkälteten Leuten begegnen als in Deutschland

Ich habe zwar keinen Schnupfen, aber da ich im Urlaub bin und viel Zeit habe, gehe ich in Barwinkowe zum Arzt. Irgendetwas scheint schon seit langem mit meinem Herzen nicht in Ordnung zu sein. Man kennt das: Es schmerzt noch nicht wirklich, aber es macht unruhig. Ich bin ohne Auslandsversicherungsschein, ohne Krankenkarte, auch ohne das bei so einer Gelegenheit zwingend fällige Schmiergeld. Ich komme mit meinem Bruder. Der ist selbst Arzt, und freundschaftliche Beziehungen zählen hier so viel wie oder sogar mehr als Geld.

Der Kardiologe untersucht mich. Er plaudert währenddessen mit mir über Gott und Europa, nimmt sich Zeit, schickt mich aber weder zum Röntgen noch zur Blutabnahme. Er horcht mich ab, palpiert, klopft, wie ein Schamane schaut er mir auf die Zunge und in die Augen … und stellt seine Diagnose – dieselbe wie mein deutscher Hausarzt, allerdings nach deutlich kürzerer Zeit und mit erheblich weniger Aufwand.

Wohl dem, der einen Arzt zum Bruder hat! Ist man auf die von der Verfassung garantierte »kostenlose« medizinische Versorgung angewiesen, nimmt man besser einen grünen amerikanischen Geldschein mit, sofern man einen hat. Man zahlt dem Arzt etwas für seine Diagnose, den Schwestern für die Injektionen. Man bezahlt den Chirurgen für die Operation, man schiebt dem Pfleger etwas zu, man zahlt für den Verband, man zahlt für Medikamente und bringt auch besser seine Bettwäsche und sein Essen von zu Hause mit. Doch das alles bietet noch keine Garantie dafür, dass man auch die bestmögliche Betreuung bekommt. Es schafft lediglich ein besseres Gefühl.

Die Ukraine hat traditionell sehr gute Ärzte. Sie erhalten eine ausgezeichnete Ausbildung und haben meines Erachtens noch nicht verlernt, den Menschen und seinen Organismus als Ganzes zu betrachten. Zur Diagnostik, aber auch zur Behandlung von mittelschweren Krankheiten würde ich mich ohne Sorge in ein ukrainisches Krankenhaus begeben. Vorausgesetzt, ich könnte für meine Behandlung bezahlen. Die Probleme kommen, wenn es zur eindeutigen Diagnose moderner medizinischer Geräte bedarf.

In der Regel gibt es zwar in jedem Krankenhaus ein Röntgengerät, die Bilder sind aber nicht sofort abrufbar und nur schwer leserlich. In der Regel gibt es fast in jedem Krankenhaus auch ein Ultraschallgerät, doch ist nicht damit zu rechnen, dass es in jedem Fall funktioniert bzw. dass einen Arzt gibt, der damit entsprechend umgehen kann. Deshalb sind für manche Untersuchungen bisweilen Fahrten in eine andere Stadt oder sogar in ein anderes Gebiet notwendig.

In den großen Städten gibt es durchaus modern eingerichtete, aber private Kliniken. Die Preise für einfachste Diagnosen liegen dort so hoch, dass nur vermögende Bürger diese Dienste in Anspruch nehmen können – schätzungsweise etwa zehn Prozent der Bevölkerung. Diese Dienste werden gern angenommen, aus der Überzeugung heraus, dass das, was teuer ist, nur gut sein kann. Deshalb gehen die Reichen in die privaten Kliniken – zahlen für eine Entbindung 6000 Dollar oder für eine Krebsbehandlung mehrere Tausend.

In den Großstädten tun sich die besten medizinischen Kräfte, Professoren und Dozenten der Hochschulen, Chefärzte staatlicher Kliniken, zusammen und gründen private Diagnosezentren, um ihren niedrigen staatlichen Verdienst aufzubessern.

Jeder kennt die Zustände im Gesundheitswesen des Landes, und der Wunsch nach einer solidarischen Krankenversicherung wird größer. Doch die Einführung einer funktionierenden Krankenversicherung geht nur schleppend voran. Dafür gibt es aus meiner Sicht zwei Gründe: Zum einen fehlt es an Erfahrungen und dem richtigen Management (mit einem Know-how-Transfer aus Deutschland wäre dem abzuhelfen), zum anderen – und das ist aus meiner Sicht die größere Schwierigkeit – haben die Menschen meiner Heimat kein Vertrauen in Versicherungen. Und das aus gutem Grund!

Um das Problem zu verdeutlichen, sei eine Episode mit meiner Mutter erzählt: Ich sitze in meinem Geburtshaus, als sie schimpfend ins Zimmer tritt.

»Was ist?«, frage ich.

»Der Versicherungsmann war da und wollte unser Haus versichern, der Halunke. Als ob ich nichts Besseres zu tun habe, als mein Haus zu versichern!«

Meine Mutter hat das Haus, in dem sie seit Jahrzehnten wohnt, »privatisiert«: In den frühen 90er Jahren wurden Häuser spottbillig an die Bewohner abgegeben, ja fast verschenkt; niemand in der Ukraine spricht in diesem Falle von »Verkauf«. Wie alle neuen Besitzer ist auch meine Mutter jetzt für alles zuständig, unter anderem auch für die Versicherung.

»Ist das Haus überhaupt nicht versichert?«, frage ich vorsichtig, und eine böse Vorahnung entströmt meiner »angedeutschten« Seele.

»Natürlich nicht. Warum soll ich das Geld für nichts und wieder nichts aus dem Fenster werfen?«

»Auch nicht gegen Feuer, Wasser und Sturm?«, bete ich die in Deutschland gelernten Grundsätze her.

»Nein!«

Meine Mutter ist eine vernünftige Frau. Aber sie ist 85. In dem Alter ist man ab und an nicht mehr so einsichtig und flexibel wie in jungen Jahren. Deshalb lasse ich mich mit ihr auf keine Diskussion ein und gehe zu einer Bank, die auch Versicherungsdienste anbietet. Ich werde das Haus im Namen meiner Mutter gegen das Nötigste versichern, damit nicht nur sie, sondern auch ich in der Ferne Ruhe habe.

Die Filiale ist klein, ich rede mit dem Filialleiter.

»Haus? Versichern? Wozu denn das?«, fragt er mich verdutzt.

Ich erkläre ihm, dass man große Sachwerte (Immobilien) gegen gängige Gefahren absichern sollte, damit man im Schadensfall nicht ohne Dach überm Kopf auf der Straße steht.

»Ja«, sagt der einsichtige Filialleiter, »wir können Ihr Haus versichern. Aber ich kann natürlich nicht garantieren, dass, wenn das Haus abbrennt, Ihrer Mutter die Versicherungssumme ausgezahlt wird.«

Ich kontere und schlage vor, das Haus sehr großzügig zu versichern, zum Beispiel, für umgerechnet 20 000 Dollar. (Das Haus kostet vermutlich viel weniger.)

»Wissen Sie«, erklärt mir der freundliche Versicherungsmann und schaut mich an wie ein Arzt den Patienten, »wir können das Haus für jede beliebige Summe versichern. Ich rate Ihnen dennoch von dem Abschluss ab, weil die Verträge so formuliert sind, dass die Versicherungsgesellschaft immer Ihr Selbstverschulden nachweisen und die Summe nicht auszahlen wird.«

Für den Fall, dass ich diese Logik nicht verstehe, legt er nach: »In unserer Stadt gibt es keine versicherten Häuser. Die Menschen glauben nicht daran, dass sie irgendwann mal ohne Wenn und Aber ihr Geld bekommen. So sieht es aus!«

Die Ukrainer haben in den 90er Jahren zu viele schmerzliche Erfahrungen mit Betrügern gemacht. Anleger und Versicherungsnehmer wurden so oft geprellt, dass sie heute niemandem mehr glauben, der ihnen Geld abnehmen will und dafür irgendwelche zukünftigen Leistungen verspricht. Warum sollten sie da jetzt an eine Krankenversicherung glauben?

Geschäfte macht man in der Ukraine heute nach dem Prinzip: Geld gegen Ware. Ein Wohnungskauf wird zum Beispiel nicht beim Notar, sondern in einer Bankfiliale vollzogen. Notar, Käufer und Verkäufer kommen zum Schalter, dort wird der Vertrag unterschrieben, das Geld auf Blüten geprüft und eingezahlt.

Bewegte Geschichte

Die 2004, in der Zeit des »orangenen« Aufbruchs, offenbar gewordenen Gegensätze der prowestlichen und prorussischen Lager haben tief sitzende Wurzeln in der Geschichte der Ukraine und finden ihren Niederschlag in der gefühlten Spaltung des Landes in Ost- und Westukraine. Das Gebiet der Westukraine war Teil der westlich gelegenen Mächte – von Polen, Litauen, Ungarn, Österreich, Rumänien, der Tschechoslowakei. Dieser Teil gesellte sich – nicht ganz freiwillig – erst 1939 zur Sowjetunion, und damit zur Ostukraine, nach dem Pakt von Hitler und Stalin, in dem Polen zum wiederholten Male aufgeteilt wurde. Seit die sowjetische Rote Armee 1939 Polen überfiel und die (vorwiegend ukrainisch besiedelten) Gebiete okkupierte, gibt es den Begriff »Westukraine«.

Einige dieser Gebiete (Bessarabien und die nördliche Bukowyna) forderte man 1940 unter Gewaltandrohung von Rumänien und schloss sie der Ukraine an.

Nach dem Zweiten Weltkrieg verschob sich die sowjetische Westgrenze endgültig. Damit fielen einige ehemals tschechoslowakische und polnische Gebiete an die Sowjetunion und formell auch an die Ukraine. Dafür bekam Polen zum Ausgleich Gebiete im Westen – auf Kosten des Kriegsverlierers Deutschland. Polen wurde gewissermaßen gen Westen »verschoben«.

Allgemein bezeichnet man mit dem Begriff »Westukraine« die heutigen Gebiete Wolhynien, Iwano-Frankiwsk, Lwiw, Riwne, Ternopil, Tscherniwzi und Transkarpatien mit einer Gesamtfläche von über 110 000 Quadratkilometern. Das ist um einiges größer als Bayern und Baden-Württemberg zusammengenommen oder in etwa so groß wie die frühere DDR.

Die Verschiebung der westukrainischen Grenze auf die Curzon-Linie[1] von 1919 war ursprünglich ethnisch ausgerichtet, was aber nicht bedeutete, dass der neue Grenzverlauf nicht doch private Tragödien mit sich brachte. Während und nach dem Zweiten Weltkrieg kam es auf beiden Seiten der Grenze zu »ethnischen Säuberungen«, das heißt, zu Vertreibungen von polnischen Bauern aus den Gebieten östlich der Curzon-Linie und von Ukrainern westlich der Linie.

Vor allem diese Umsiedlungen und Vertreibungen von Polen und von Ukrainern – aber auch andere, weiter zurückliegende Konflikte zwischen beiden Nationen – sorgen bis heute für Zündstoff in den polnisch-ukrainischen Beziehungen. Bewegt man sich aber in der westlichen Ukraine, spürt man eine Art Hassliebe: Einerseits fühlen sich viele Westukrainer mit ihren polnischen Nachbarn durch ihre gemeinsamen kulturellen, religiösen und sprachlichen Wurzeln verbunden; viele sprechen Polnisch und Polen ist ihnen näher als Russland. Andererseits schmerzen bis jetzt die Wunden der damaligen Deportationen.

Vertreibung ist ein grauenhafter Akt, das wissen Deutsche nur zu gut. Nach der gewaltigen Verschiebung der Grenzen als Folge des Zweiten Weltkriegs mussten nicht nur Deutsche ihre östlichen Gebiete, die von nun an zu Polen gehörten, verlassen, sondern wurden auch Polen aus den jetzt sowjetisch gewordenen Westgebieten und Ukrainer aus den polnischen Ostgebieten repatriiert. Darüber wurden bereits im September 1944 Verträge zwischen den ukrainischen und polnischen Regierungen geschlossen. Sie sahen einen freiwilligen Bevölkerungsaustausch vor. Die Umsiedlung der Ukrainer aus den polnischen Gebieten war aber von Gewaltausbrüchen begleitet. Um die Räumung zu beschleunigen, wurde den Ukrainern oft das Land entzogen, wurden ukrainische Schulen, Klubs, ukrainische griechisch-katholische Kirchen (katholische Kirche des orthodoxen Ritus) geschlossen. Polnische Quellen besagen, dass zwischen Oktober 1944 und August 1946 etwa eine halbe Million Menschen zwangsumgesiedelt wurden.

Gleichzeitig flüchteten auch Polen aus eben jenen sowjetisch gewordenen Gebieten mit ihrem Hab und Gut in Richtung Polen. Hatte das zumindest aus damaliger Sicht noch den Anschein von Legitimität, so ist das bei der lange generalstabsmäßig vorbereiteten »Aktion Weichsel«, die am 28. April 1947 in Polen begann, fraglich. Als Vorwand zu dieser Aktion nutzte die polnische Regierung den Mord am stellvertretenden Verteidigungsminister, der der Ukrainischen Aufständischen Armee (UPA) zugeschrieben wurde, die in den ukrainisch besiedelten polnischen Gebieten auch nach Ende des Weltkrieges für eine eigenständige Ukraine kämpfte. Daraufhin rückten in diese Gebiete sechs Divisionen (etwa 17 000 Soldaten) der polnischen regulären Armee, unterstützt von Militäreinheiten des polnischen Sicherheitsdienstes, ein, um Ukrainer abzuschieben. Namenslisten der ukrainischen Familien (und zwar nicht nur der rein ukrainischen, sondern auch der Mischehen) waren bereits Monate vorher angefertigt worden. Der große Unterschied zu dem früher durchgeführten »Volksumtausch« lag darin, dass Ukrainer nicht Richtung Osten, in ihre ethnischen Gebiete der Sowjetunion, sondern gen Westen, in die ehemals deutschen – und jetzt frei gewordenen – Provinzen, in die neuen Wojewodschaften Olsztyn (Allenstein), Koszalin (Köslin), Szczecin (Stettin), Wrocław (Breslau), Zielona Góra (Grünberg), Poznań (Posen) und Gdańsk (Danzig) abgeschoben wurden. So wurde manch ein Ukrainer deutscher Nachbar. Im Grunde genommen war dies eine Strafmaßnahme, bei der alle Ukrainer in Sippenhaft genommen wurden. Das geschah übrigens in Absprache mit zwei kommunistischen Nachbarn, der Sowjetunion und der Tschechoslowakei, die Schützenhilfe leisteten und die West- bzw. Südgrenze Polens abriegelten.

Die polnischen Machthaber trauten den neuen Umsiedlern nicht und wollten die Aktivitäten der Unabhängigkeitsarmee nicht auch in die Westregionen des Landes hinaustragen. Daher beschloss das polnische kommunistische Politbüro, die Ukrainer im Nordwesten Polens mit einem Mindestabstand zur Landesgrenze von 50 Kilometern und zur Seegrenze von 30 Kilometern neu anzusiedeln. Sie durften zudem nicht mehr als zehn Prozent der Bevölkerung in den jeweiligen Heimatorten ausmachen, um eine rasche Assimilation der Deportierten sicherzustellen. Verwandte und Nachbarn wurden möglichst getrennt. Diejenigen, die sich wehrten oder in ihre Heimatregionen zurückkehrten, verhaftete man.

Die »Aktion Weichsel« in den Sommermonaten des Jahres 1947 verlief nach Augenzeugenberichten außerordentlich brutal. Etwa 150 000 Ukrainer wurden umgesiedelt. 4000 von ihnen, die sich zu widersetzen versuchten, darunter auch Frauen und Kinder, kamen zeitweilig ins ehemalige Außenlager des KZ Auschwitz-Birkenau Jaworzno. Hunderte von Menschen sind dabei umgekommen.

In den nun geräumten Städten und Dörfern der östlichen Gegenden bei Sanok, Lesko, Przemyśl, Brzozów, Krosno, Lubaczów,
Nowy Targ, Tomaszów Lubelski, Hrubieszów, Jaroslaw und vielen anderen siedelten sich rasch 14 000 »waschechte« Polen an.

Nach dem Ende der »Aktion Weichsel« untermauerte man die
Zwangsräumung auch gesetzlich: Alte ukrainische Besitztümer
wurden enteignet; außerdem gingen die griechisch-katholischen
Kirchen in staatlichen Besitz über.

Die »ukrainische Frage« galt damit in Polen als »gelöst« und
wurde fortan in der offiziellen Geschichtsschreibung totgeschwie-
gen.

Nachdem Polen EU-Mitglied geworden ist und die Ukraine
ebenfalls diesen Status anstrebt, bemühen sich die Regierungen
beider Länder um Schadensbegrenzung, bekunden gegenseitige
Freundschaft und den Willen zur Zusammenarbeit. In der Bevölkerung, besonders unter den betroffenen Ukrainern auf polnischer Seite, sind diese Ereignisse aber nicht vergessen.

Die östlichen ukrainischen Regionen dagegen, vom Donezbecken,
Tschernihiw, Sumy, Charkiw, Saporishsha, Odessa, Cherson, Dnipropetrowsk bis nach Kyiw, Tscherkassy und Schytomyr sind historisch eng mit Russland verbunden. Daraus ergaben sich sprachliche Gemeinsamkeiten und auch politische Übereinstimmungen.[2]
Als Bollwerk gegen den Westen war die Ukraine mit Armeeein-
heiten gespickt. Nach ihrem Dienstende suchten viele Militär-
angehörige – ethnische Russen – in der Ukraine für sich und ihre
Familie ein schönes Plätzchen, Grenzen zwischen den Republiken
gab es in der Sowjetunion nur auf dem Papier.

In diesen Gebieten sprechen viele Menschen deshalb russisch –
nicht nur in den Großstädten, sondern auch in Siedlungen und
Dörfern. Die russische Sprache war gewissermaßen das sowjetische »Englisch« für die Kommunikation zwischen Armeniern,
Esten, Tadschiken, Russen, Letten, Georgiern, Ukrainern ... Weit
verbreitet ist hier das sogenannte »Surshyk«, eine Mischung aus
Russisch und Ukrainisch. Ich selbst habe »Surshyk« immer für
eine Umgangssprache ungebildeter Leute gehalten, bis ich vor kurzem darüber einen Artikel las, in dem diese Mundart »Diglossie«
und »Bilingualismus« genannt wurde. Die Zahl der Sprecher, die
sich dieser gemischten Rede bedienen, bemisst sich in Millionen.
Die Menschen verstehen beide Sprachen, lesen Bücher und Zei-

tungen sowohl in Ukrainisch als auch in Russisch, sprechen aber ein »Gebräu« aus beidem.

In diesen Landstrichen gibt es fast keine Katholiken, nur orthodoxe Christen und viele protestantische Gemeinden.

Außerdem war die Ostukraine über 70 Jahre kommunistisch, die Westregionen 22 Jahre weniger, was im Leben einiger Generationen von Bedeutung ist. Deshalb unterstützt der Osten politisch eher prorussische Parteien »roter« Prägung und ist gegenüber den Anhängern der ukrainischen Nationalisten und der ukrainischen Diaspora, die vorwiegend aus der Westukraine stammten, aber auch gegenüber den Plänen, die Ukraine in die NATO und in die EU zu führen, eher reserviert. Heute sind Regionen im Osten des Landes eine Basis der russlandorientierten Partei von Viktor Janukowytsch.

Das Rückgrat dieses Landstrichs bildet das Donezbecken, der Donbass – eine Kohlebergbau- und Metallurgiedomäne, die in der Ukraine und teilweise in Russland liegt. Sie wird im Norden und Osten von den Tälern des Donez und des Dons begrenzt, im Süden reicht sie bis zu den Asowschen Höhen, im Westen bis zum Quellgebiet des Flusses Samara. Insgesamt bedeckt der Donbass eine Fläche von 23 000 Quadratkilometern, was immerhin mehr als das Bundesland Hessen ausmacht, wobei ca. 75 Prozent auf die ukrainischen Gebiete Donezk und Luhansk entfallen.

Hier gibt es neben der Metallerzeugung Maschinenbau, Elektrotechnik und chemische Industrie, sowie zahlreiche Kraftwerke. Aber das Markenzeichen der Region ist die Kohle und mit ihr der verdiente Arbeiter – der Bergmann.

Aufgrund des reichen Steinkohleaufkommens konnte sich das Donezbecken zur größten Industrieregion Osteuropas entwickeln. Im ukrainischen Teil sind gegenwärtig ca. 200 Steinkohlewerke in Betrieb. Wegen der hohen Methankonzentration unter Tage und den mangelhaften Sicherheitsvorkehrungen gehören die dortigen Gruben gleichzeitig zu den gefährlichsten in Europa. Mit Anbruch der Marktwirtschaft ist die Sicherheit noch weiter in den Schatten der Profite gerückt. Gab es früher – der Schreckensstatistik nach – einen toten Bergarbeiter pro einer Million Tonnen geförderter Kohle, so sind es zurzeit drei. Nach dieser Zahl zu urteilen, sind die Zustände in den ukrainischen Gruben schlechter als in China.

In Donezk gibt es ein Bergwerk namens *Sasjadko*, das die

traurige Liste der Kohle-Opfer anführt. Im Mai 1999 kamen dort 50 Bergarbeiter ums Leben, im August 2001 – wieder 55, im Juli 2002 – 20, im September 2006 – 13, am 18. November 2007 – 101, die größte Tragödie der Bergbaugeschichte der Ukraine. Und all das für nur vier Millionen Tonnen Kohle pro Jahr.

Das Bergwerk liegt im Stadtzentrum. Für die Donezker ist es ein attraktiver Arbeitgeber. Wenn sich dort ein Unglück ereignet, sind viele Familien betroffen, halb Donezk fährt gleich hin.

Nach dem Unglück von 2001 saß ich im Kölner Studio der ukrainischen Redaktion der *Deutschen Welle* und suchte nach Informationen aus Donezk. Unser Korrespondent vor Ort hatte uns bereits etwas geliefert, wir brauchten aber mehr. Das ist bei Journalisten schier krankhaft – der Sog nach immer neuen Informationen. Ich rief meine Freunde in Donezk an – vielleicht könnten sie mir zusätzliche Details erzählen. Die Kollegen selbst waren gerade nicht erreichbar, so nahm die Frau meines Freundes den Hörer ab. »Ja«, sagte sie, »ich war bei *Sasjadko*, als ich zur Arbeit fuhr.« »Und, was hast du dort gesehen?«, fragte ich wissbegierig. »Alles wie immer«, antwortete sie. »Die Menschen stehen vor der Personalabteilung Schlange: Heute sind 55 Arbeitsplätze frei geworden.«

Ich war mehrmals unter Tage im Donbass, bin in die engen Abbauflöze mit verdächtig knackender Zimmerung gekrochen und stundenlang durch Gefahr bergende Methanstollen gewandert. Für einen Zeitungsartikel über verschüttete Kumpel hatte ich sogar das geschätzte Ehrenzeichen »Bergmanns Ruhm« bekommen. Aber nie überkam mich das Grauen so wie bei diesen nüchternen Worten am Telefon.

Die materielle Situation der Bevölkerung im Donezbecken ist im Vergleich zu anderen ukrainischen Regionen – mit Ausnahme Kyiws – relativ gut. Allerdings tragen die niedrige Lebenserwartung und die schwierige ökologische Situation dazu bei, dass im »Human Development Report« der Vereinten Nationen die beiden Gebiete Donezk und Luhansk regelmäßig mit Abstand die beiden letzten Plätze unter allen ukrainischen Gebieten belegen.

Das Donezbecken war während des Zweiten Weltkriegs mehrmals Schauplatz von Kampfhandlungen, die Deutschen hielten es 22 Monate besetzt. Zu Kriegsende waren fast alle Industriebetriebe und Kohleminen zerstört bzw. überflutet. 1949 jedoch konnten Kohleabbau und Metallproduktion bereits wieder das

Vorkriegsniveau erreichen. In den folgenden Jahrzehnten stiegen die Fördermengen stetig an und erreichten ihren Höhepunkt Anfang der 1970er Jahre. Ab Mitte desselben Jahrzehnts entwickelten sich die Produktionszahlen rückläufig – ein erstes Anzeichen dafür, dass das Donezbecken ähnlich wie die früh industrialisierten Gebiete Westeuropas in eine wirtschaftliche Krise geriet. Die Sowjetregierung hatte die Investitionen hier bereits ab den 1960er Jahren zugunsten sibirischer Industrieregionen zurückgefahren.

Aus einem Gefühl der Benachteiligung durch die Sowjetregierung und einer gewissen Zukunftsunsicherheit heraus wuchs auch unter der russischen Bevölkerung des Donezbeckens die Unterstützung für eine ukrainische Unabhängigkeit. Man meinte, die energiearme Ukraine könne auf die Bergwerke nicht verzichten. So stimmte auch die Mehrheit der Bevölkerung des ukrainischen Teils des Donezbeckens 1991 für die ukrainische Selbständigkeit.

Viele Hoffnungen wurden aber schnell enttäuscht. Mitte der 1990er Jahre erhob man Forderungen nach einem Autonomiestatus für die Gebiete Donezk und Luhansk innerhalb des ukrainischen Gesamtstaates, ähnlich wie die mehrheitlich von ethnischen Russen bewohnte Autonome Republik Krim. Die Kyiwer Regierung dämmte die Autonomiebestrebungen dieser wirtschaftlich sehr wichtigen Region erfolgreich ein, indem sie den regionalen Eliten des Donezbeckens wichtige Posten auf nationaler Ebene verschaffte. Grundsätzliche Unstimmigkeiten zwischen West und Ost wurden damit wohl gemildert, aber nicht behoben.

Neben dem Donbass ist auch die Autonome Republik Krim ein andauernder Konfliktherd.

Seltsam, aber Probleme um die Krim entstanden nicht wie viele andere aus Bosheit und Feindschaft, sondern aus Brüderlichkeit und Liebe heraus. 1954 machte Nikita Chruschtschow, Erster Sekretär der KPdSU, den Ukrainern die Halbinsel Krim, die vorher zur Russischen Föderation gehört hatte, zum Geschenk.[3] Da die Grenzen zwischen den Sowjetrepubliken imaginär waren, hatte das für die Menschen kaum Auswirkungen auf ihr tägliches Leben. Sie gingen weiter in die gleichen Schulen, sprachen die gleiche Sprache wie vorher, und zwar zu 99 Prozent Russisch. Wie früher fuhren Millionen Urlauber aus der ganzen Sowjetunion an die Strände der Krim.

Die Probleme kamen 1991 mit der Unabhängigkeit der Ukraine von Russland, das Ansprüche auf die Krim anmeldete. Es verwundert nicht; schließlich ist die Halbinsel eine Perle am Schwarzen Meer: Sonne, trockenes subtropisches Klima, Palmen, eine noch weitgehend intakte Umwelt. Aber auch die ausgebaute Infrastruktur der hier stationierten russischen Schwarzmeerflotte macht die Halbinsel zu einer begehrten Region.

Hitzköpfe auf beiden Seiten der Grenze rasselten bereits mächtig mit den Säbeln, bis der damalige Präsident der Ukraine, Leonid Krawtschuk, der zusammen mit dem russischen Präsidenten Boris Jelzin und dem Belorussischen Parlamentsvorsitzenden Stanislaw Schuschkewitsch die Auflösung der Sowjetunion unterzeichnet hatte, sagte: Der Status quo bleibt. Um jeden Grenzmeter kann viel Blut vergossen werden. Und zwar das von Russen und Ukrainern, die vor drei Jahrhunderten für immer und ewig Brüderschaft schworen.

Man mag über Herrn Krawtschuk, den ehemaligen Propaganda-Sekretär des Ukrainischen Kommunistischen Zentralkomitees, denken, was man will – er hielt, was er verkündet hat.

Allerdings kommen bis heute russische Politiker auf die Krim (darunter der Anführer der russischen Liberaldemokraten Wladimir Shirinowski und der Moskauer Oberbürgermeister Jurij Lushkow), die gebetsmühlenartig die Rückgabe der Krim fordern. Eine Proklamation erklärt die Krim zu »russischem Stammgebiet«. Die Ukraine kontert routiniert mit diplomatischen Noten.

Vor einigen Jahren entbrannte in der Nähe der Krim der Tusla-Konflikt um ein Stück Land in der Meeresenge von Kertsch zwischen dem Asowschen und dem Schwarzen Meer: Ist das eine Insel oder nur eine Sandbank? Wegen dieser Definitionslappalie, deren Klärung gewisse Vor- und Nachteile mit sich brächte, prallten Russland und die Ukraine noch einmal hart aufeinander ...

Aber die Anspannung der 1990er Jahre hat sich gelöst. Vielleicht siegte die Einsicht, dass die Krim in tiefer Vergangenheit weder ukrainisch noch russisch, sondern, wie ein Autor schreibt, »kimmerisch, taurisch, skythisch, griechisch, römisch, gotisch, sarmatisch, byzantinisch, hunnisch, chasarisch, kiptschakisch, mongolisch-tatarisch, venezianisch, genuesisch, osmanisch« war?

Wenn man bedenkt, dass Russen und Ukrainer (nach Auffassungen verschiedener Historiker und Ethnographen) sich erst irgendwann zwischen dem 5. und dem 10. Jahrhundert n. Chr. als Völker herausbildeten, steht eins fest: Die Krim lag mit Sicherheit schon vorher im Schwarzen Meer und war bevölkert.

Ausgerechnet gegen die kampflustige Bevölkerung der Krim – ob Chasaren oder Krim-Tataren – führten die mittelalterlichen Ukrainer erbitterte Feldzüge. Die Ost-Ukraine stellte immer die südliche Grenze des Russischen Imperiums dar, hinter der die hart umkämpfte Krim lag.

Aus dieser Grenzlage rührt übrigens auch der Name Ukraine her, von »okrajina«, »am Rande« oder Außenbezirk, Rand- bzw. Grenzgebiet. Immerhin wurde die Ukraine von Herodot, einem griechischen Historiker, Geograph und Völkerkundler (der im 5. Jahrhundert vor Christus lebte und von Cicero als »Vater der Geschichtsschreibung« bezeichnet wurde), seit dem Mittelalter auch von wandernden Gelehrten, Klerikern und Händlern mehrmals beschrieben.

Die erste Karte der Ukraine fertigte der französische Ingenieur Guillaume Le Vasseur de Beauplan Mitte des 17. Jahrhunderts an. Sie hieß nicht sehr schmeichelhaft, aber dafür plausibel: »Delineatio Generalis *Camporum Desertorum vulgo Ukraina*«; zu Deutsch: »Allgemeinplan *der Wilden Felder*, oder einfach gesagt *der Ukraine*«.

Diese *Wilden Felder* waren allerdings so wild gar nicht mehr: Dort lagen bereits 993 Ortschaften[4]. In einem Begleitschriftstück schrieb Beauplan über die Ukrainer: »Sie sind schlagfertig, spritzig, erfinderisch und großzügig, streben keine großen Reichtümer an, sie lieben besonders die Freiheit, ohne die sie sich ihr Leben nicht vorstellen können.«

Der Drang nach Freiheit und Aufhebung geistiger Zwänge eint das ukrainische Volk. Die erstrittene und gewonnene Freiheit hat das Land in den vergangenen zwei Jahrzehnten grundlegend verändert, wenn auch die Grenzen dieselben blieben, genau wie die Meere, Steppen und Berge. Heute liegt weit hinter Oder und Theiß eine neue, unbekannte und ungeahnte Ukraine.

»Kazantip« – Tanz auf dem Atommeiler

Ein Leben in Freiheit, mit viel Sonne, Meer und Musik – diesen Wunsch nährten Mitte der 1980er Jahre zwei junge Ukrainer bereits in Zeiten eher prüder sozialistischer Verhältnisse. Sie hoben 1984 ein Raver-Festival aus der Taufe, das gut 20 Jahre später, im Jahr 2006, stolze 70 000 Teilnehmer zählen sollte.

Zunächst aber waren da nur Kyrylo und Mykyta, zwei Musikfans, die auf der Krim, genauer auf der nordöstlichen Landzunge Kazantip, in einem stillgelegten Atommeiler ihr bescheidenes privates Festival feierten. Vermutlich ahnten sie damals nicht, was sie damit ins Leben riefen ...

Bekanntlich zählte die Ukraine sechs Atomkraftwerke: Tschornobyl, Riwne, Chmelnyzkyj, Saporishsha sowie das Südukrainische (im Gebiet Mykolajiw) und das auf der Krim. Heute sind noch vier AKWs mit 15 Blöcken am Netz, die 2006 etwa 85 000 Gigawattstunden Strom produzierten. Das würde den Stromverbrauch in ganz Deutschland fast für zwei Monate decken.

Die Geschichte des fünften – von Tschornobyl – hat traurige Berühmtheit erlangt.

Der Atommeiler Nummer 6 auf der Krim führte dagegen lange Zeit ein Schattendasein. Der Bau dieses Werks und der dazugehörenden Stadt Schtscholkino begann 1975. Innerhalb von 14 Jahren verbaute man hier umgerechnet 800 Mio. Dollar, bis man endlich begriff, dass ein Schwachkopf sein müsse, wer auf einer Trauminsel einen Kernreaktor errichtet. Außerdem stellte man fest (nachträglich, wie so oft in sozialistischen Zeiten), dass der Boden tektonisch unsicher und für große Bauvorhaben allgemein, geschweige denn für ein Atomkraftwerk, ungeeignet ist. 1989, als endlich ein Umdenken begann und sich auch der Zerfall der Sowjetunion abzeichnete, entschied man, dass es für das Projekt keine weiteren Gelder geben würde.

1993 war ein von der Stadt Schtscholkino ausgelobter Windsurfing-Pokal willkommener Anlass für 400 Sportler und Musikfans, Kyrylos und Mykytas Idee aufzunehmen und die Nacht hindurch in dem nicht fertiggestellten Atomreaktor am Ufer des Asowschen Meeres zu tanzen. Schon zwei Jahre später wurde daraus das Festival mit dem Namen »Kazantip«. Der Slogan des Festivals war gleichzeitig Programm: »Für einen Sommer überall auf der Welt, für ein Leben ohne Unterhosen!«

Sonne! Meer! Freiheit! Musik! »Kazantip« war immer ein offenes Festival verwandter Seelen bei kostenlosem Eintritt für alle Veranstaltungen. »Allen Gesetzen des Show-Business zum Trotz zäunen wir den Strand nicht mit Stacheldraht ein und nehmen keine Steuer für einen Platz an der Sonne«, schrieben stolz die Veranstalter, deren erklärtes Ziel das Glück der Teilnehmer war. Die Presse berichtete, zum Teil etwas verschämt, von der »totalen Freiheit«: »Kazantip ist kein Platz für einen guten Familienurlaub. Das ist eine irre Veranstaltung, eine Flut von Emotionen und Eindrücken – Beach-Partys rund um die Uhr, Druck von Hunderten Kilowatt Sound, Liebe auf dem Strand, Portwein aus der Plastikflasche, Übernachtung unter freiem Himmel.« Das sprach sich rum in der Welt und lockte Massen von jungen Leuten an, die hier ihre Sehnsucht nach wilder Romantik stillen wollten.

2000 verlegte man das Festival von Kap Kazantip an das andere Ende der Krim, in die Nähe von Jewpatorija ganz im Westen. Mit einem Dutzend verschiedener Tanzflächen und einer Dauer von sechs Wochen, von Mitte Juli bis Ende August, galt es jetzt als das größte Rave-Festival auf dem Territorium der ehemaligen Sowjetunion. Hierher kamen DJs, Groups und Fans nicht nur aus der Ukraine, sondern aus ganz Russland und Belarus, aber auch aus dem »fernen« Ausland wie Deutschland, Holland, Frankreich, USA und Australien.

2007 markierte »Kazantip« in gewisser Weise die Zäsur der deutschen Loveparade-Geschichte: Dr. Motte, der Gründer der *Loveparade*, weihte hier den neu gestalteten EURO Dancefloor ein. Die in der Szene nahmhaften DJs Timo Maas, Hardy Hard und Robert Babicz legten hier ihre Platten auf.

Mit wachsendem Zuspruch und Erfolg änderte sich auch die Geschäftspolitik des Festivals. Das Gelände wurde eingezäunt (»Eiserner Vorhang!«, schimpften die Teilnehmer). Es wurden Eintrittspreise verlangt, die im Laufe der Zeit von zehn auf 80 Dollar für eine Dauerkarte kletterten. Es verschwanden auch die Zelte am Strand, dafür bot man den Ravern nicht gerade luxuriöse Betten zu üppigen Preisen an. Auf einer Internetseite antworten die Organisatoren auf die Frage »Was soll ich nach Kazantip mitnehmen?«: »Geld. Sie verstehen, ohne ist es schwierig. Das Wichtigste nach Geld ist gute Laune.«

Die Werbung, von Profis übernommen, wurde immer aggressiver: »Verlieren Sie für einen Augenblick Ihren Verstand, finden Sie neue Freunde, relaxen Sie im Rausch der nicht endenden Drives, vergnügen Sie sich mit allem, was man sich – auf keinen Fall! – im biederen Leben erlauben kann. Kazantip – das ist eine ansteckende und unheilbare Krankheit.«

Dank dieser Werbung, die das Paradies auf Erden suggeriert, kamen Jahr für Jahr mehr Leute. Die Veranstaltung nahm zunehmend globale und unüberschaubare Züge an. Damit ging die Exklusivität des Festivals verloren, so die Raver »mit Körper und Seele«. In der Masse der neugierigen Neureichen wurden echte Fans, die Rave als »ihr Haus« verstehen, zur Minderheit. Es kam zu einer Unterteilung in VIP-Gäste (die mehr als das Dreifache für den Eintritt zahlen) und einfache Besucher, was den ursprünglichen Charakter der Underground-Veranstaltung weitgehend veränderte. Dickbäuchige Geschäftsleute trafen auf musikbegeisterte Studenten; weniger gut betuchte Raver fühlten sich immer weniger in den zahlreichen Bars willkommen, wo sich ein Trinkgeld von 50 Dollar pro Bestellung eingebürgert hatte.

Inzwischen haben auch Agenturen in Deutschland »Kazantip« für sich entdeckt. Das Angebot hat aber nichts mit einem Low-Budget-Abenteuertrip zu tun. Ein Urlaub dort wird inzwischen für bis zu 300 Euro pro Nacht vermittelt – zuzüglich Hinfahrt und Eintritt, versteht sich. Die Unterbringungsmöglichkeiten reichen von einfachen Zimmern über Luxusappartements bis zur Residenz auf einer Jacht. Für eine Yacht reichen 300 Euro natürlich nicht. »Book now!« ist heute die Devise, das »Leben ohne Unterhosen« ist passé. Für angepriesene »freie Liebe« wird keine Garantie übernommen. Gerade damit sieht es in letzter Zeit eher erbärmlich aus. Ein Besucher, der über etliche Tausende Kilometer aus dem russischen Krasnojarsk auf die Krim kam und sich Dr. Rocker nennt, schrieb offen über seine Erfahrungen auf dem Gebiet: »Ich persönlich hatte keinen Sex, meine alleinstehenden

Freunde auch nicht. Ich würde gern mit einem Mädchen einen Kilometer ins Meer hinein schwimmen und dort mit ihr Sex haben. Aber solche Mädchen sind nicht auffindbar. Ich kann sagen, dass es auf *Kazantip* keinen unentgeltlichen Sex gibt. Klar gibt es hier Huren, die man für Geld und Getränke kaufen kann … Also, wenn sie eine großartige und pure Liebe auf dem *Kazantip* möchten, nehmen sie lieber ihren Freund oder ihre Freundin mit. Oder den einen und die andere gleichzeitig.«

Man sieht, der Mammon scheint jetzt auch hier das Festival zu regieren. Man munkelt, der Präsident der »Republik Kazantip« Mykyta (erinnern Sie sich noch an einen der zwei einsamen Tänzer aus dem Jahr 1984?) kassiert sechs Millionen Dollar pro Festival und lebt in Goa. Was nichts Besonderes ist. Den gleichen Weg der »Monetisierung« hat auch die Berliner *Loveparade* durchschritten.

Was in Berlin selbstverständlich ist, mussten die Ukrainer erst lernen. Und sie haben es gelernt: Sie tanzen frei, sie bewegen sich frei, sie versammeln sich frei – trotz Grenzen und Visa, trotz unfreundlicher Behörden. Die Jugendlichen haben auch gelernt, dass man sich ohne Geld nicht »entertainen« kann, und dass man fürs eigene Vergnügen auch selbst zuständig ist – das war im Sozialismus anders. Die Lebensumstände haben sich verändert, die Menschen selbst auch?

Ich suchte einen gemeinsamen Nenner für diese Veränderungen. Ist es die gewonnene Freiheit? Na, nicht ganz: Der gemeinsame Nenner ist eher die Einstellung der Ukrainer zur Freiheit – der ökonomischen, politischen und sozialen. Aus einem Phänomen, das irgendwo zwischen Willkür und Willen angesiedelt war, wird sie zu einem felsenfesten Bestandteil des Lebens. Die Überwindung der Schranken, die Aufhebung der geistigen Zwänge werden für die Menschen genauso wichtig wie Wasser und Brot.

Dafür steht »Kazantip«. Wenn es in den Wirren der Profil- und Profitsuche sterben sollte, hat das Festival doch »seine Schuldigkeit getan«. Deshalb: Es lebe »Kazantip«, eine freie Schule für freie Menschen eines freien (Kultur-)Marktes.

Die Ursprünge der Ukraine

Wenn Touristen nach Kyiw kommen, besichtigen sie mit Sicherheit die Katakomben des Höhlenklosters auf dem hohen rechten Dniproufer – das gehört zum Pflichtprogramm. In eben diesen Höhlen saß der Mönch und Einsiedler Nestor (1050–1113), der die für alle Slawen bedeutende Schrift »Geschichte der vergangenen Jahre« (bekannt als »Nestorchronik«) verfasste. Es ist die erste russische Geschichtsdarstellung. Überhaupt lieferte der alte Mönch Nestor gute wissenschaftliche Arbeit und schöpfte aus unterschiedlichen Quellen: aus slawischen schriftlichen und mündlichen Überlieferungen, aus Klosterchroniken, historischen Sammlungen, byzantinischen Schriften, Berichten von Händlern, Soldaten und Handwerkern. Seine Chronik beginnt mit der ersten Erwähnung der Rus im Jahre 856; er erzählt von der Erfindung des slawischen Alphabets durch Kyrill und Method aus Saloniki (Griechenland), er berichtet von der ersten orthodoxen Kirche in Kyiw (945) …

Lassen Sie sich nicht verwirren: Man spricht von Rus, bleibt aber immer in Kyiw, auf dem Gebiet der heutigen Ukraine. Kyiw gilt – schon bei Nestor – als »Mutter der russischen Städte«. Der erste ostslawische Staat, dessen Gründung bis in die Mitte des 8. Jahrhunderts zurückreicht, hieß Kyiwer Rus. Deshalb halten die Ukrainer den Russen immer wieder gern unter die Nase, dass sie ja eigentlich von den Ukrainern abstammen.

Die Herkunft der Altslawen, die als Vorfahren der Ukrainer gelten könnten, ist unklar. Die Wissenschaft vertritt im Wesentlichen zwei Meinungen: Die einen halten schwedische Wikinger für die ersten Russen; sie seien es gewesen, die ab 750 auf dem Gebiet der späteren Ukraine, Russlands und Weißrusslands siedelten und an der Gründung der Kyiwer Rus beteiligt waren. Nach der Slawisierung der schwedischen Händler und Krieger ab dem späten 10. Jahrhundert sei der Name Rus auf alle Einwohner des

Kyiwer Reiches übergegangen. Er sei aus dem Wort *Ruotsi* entstanden, wie die Finnen ihre schwedischen Nachbarn nannten. Das finnische *Ruotsi* wiederum sei dem altnordischen Wort für *Ruder* entlehnt.

Eine andere, ostslawische Theorie – eher schlicht, für mich aber durchaus nachvollziehbar – sieht die Ursprünge der Rus im gleichnamigen Teil des ostslawischen Stammes der Poljanen, der südlich von Kyiw am Fluss Ros (der heute noch zum Baden einlädt) ansässig war. Der Name des Stammes, so nimmt man an, hat seine Wurzeln entweder im Namen des Flusses oder im slawischen Wort »russyj« für hellhaarig.

Wie nebulös die Geschichte der Slawen auch sein mag, so eindeutig ist die Entstehung von Kyiw und seines Namens belegt. Die Stadt wurde von den Gebrüdern Kyj, Schtschek, Horyw und ihrer Schwester Lybid gegründet. Nach dem einen von ihnen benannte man die Stadt, den Namen Horyw trägt eine Straße im Kyiwer Stadtteil Podol, und Lybid gab einem Fluss ihren Namen, der leider in unterirdischen Rinnen durch Kyiw plätschert. Der Berg Schtschekawyzja erinnert an den dritten Bruder.

Der Platz für die Stadtgründung war wohlüberlegt. Am Dnipro entlang verlief ein Weg von Norden nach Süden; in den umliegenden Wäldern gab es genug Holz für Hütten, und weite Steppe, um Getreide anzubauen und Tiere zu weiden. Der Dnipro selbst war eine Kostbarkeit. Kein Geringerer als der Vater aller Geschichtsschreiber, Herodot, hatte den Fluss bereits tausend Jahre vor der Gründung Kyiws in seinen Schriften hervorgehoben. Er sei unter den Flüssen, abgesehen vom Nil, der »fruchtbarste, da er die schönsten und dem Vieh zuträglichsten Weiden hat und ohne Widerrede die besten und die meisten Fische; und sein Wasser schmeckt sehr süß, und er ist klar, die anderen aber sind trübe; das vortrefflichste Korn wächst an seinen Ufern, und da, wo kein Korn gesät wird, sehr hohes Gras; an seiner Mündung schließt von selbst eine unendliche Menge von Salz an, und große Haifische ohne Gräten liefert er ... und viele andere bewundernswerte Dinge.«[5]

Und wie Recht Herodot hatte. Weiden stehen auch zweieinhalbtausend Jahre später noch, und das Wasser ist hier wirklich für mich das süßeste auf der Welt ...

In der Kyiwer Rus regierten die Kyiwer Fürsten: erst Askold und Dir – direkte Nachkommen von Kyj –, dann Oleh, nach ihm

Ihor und seine Frau Olha; es folgten Swjatoslaw, Wolodymyr der Große, dann Swjatopolk der Verdammte und Jaroslaw der Weise. Sie alle haben ihre Spuren in der Geschichte des Landes und auch in Kyiw hinterlassen: Jaroslaw baute in Kyiw das Goldene Tor, die Sophienkathedrale mit einer der größten Bibliotheken der damaligen Zeit und das Höhlenkloster, in dem besagter Mönch Nestor saß. Alle drei Sehenswürdigkeiten stehen noch heute und sind bekannte Touristenmagnete in der Hauptstadt. Unter Jaroslaw wurden im 11. Jahrhundert sämtliche Gesetze des Landes in der »Ruska prawda«, dem »Russischen Recht«, niedergeschrieben. Jaroslaw der Weise wusste auch internationale Beziehungen zu pflegen. Er selbst heiratete Ingigerd, die Tochter des Königs Olaf von Schweden. Die aus der Ehe hervorgegangenen Söhne und Töchter wurden in die Königshäuser von Frankreich, Norwegen, Ungarn und Byzanz und an deutsche Fürsten verheiratet. Der polnische Thronanwärter Kasimir heiratete eine Schwester Jaroslaws.

Sein Bruder Swjatopolk, der auch in Kyiw regieren wollte, brachte seine Brüder Borys, Glib und Oleh um, zog mit einem Militäraufgebot gegen Jaroslaw, verlor und flüchtete nach Polen zu seinem Schwiegervater Bolesław dem Tapferen. Den überzeugte Swjatopolk, nach Kyiw zu gehen und die Stadt zu erobern. Das gelang, Swjatopolk wurde Fürst. Die polnischen Eroberer plünderten die Kyiwer Rus, bis das Volk aufstand und die Bolesław'schen Truppen verjagte. Ohne fremde Hilfe vermochte sich auch Swjatopolk nicht zu halten.

Bemerkenswert, dass das Volk Swjatopolk erst verdammte und verfluchte, nachdem er Okkupanten ins Land gebracht hatte und nicht bereits nach dem Mord an seinen drei Brüdern. Freiheit rangierte scheinbar auf der Wertigkeitsskala schon damals höher als die Moral.

Der Vater von Jaroslaw dem Weisen, Wolodymyr der Große, christianisierte die Rus 988. Er baute Kirchen und eröffnete Schulen, unter seiner Herrschaft wurden gelehrte Schriften verfasst. Schon bald zählte man an die 400 Kirchen und acht Märkte in Kyiw, mehr und mehr Volk siedelte sich an.

Alle Kyiwer Fürsten waren gute Krieger und gingen mit bemerkenswerter Regelmäßigkeit gegen ihre Feinde vor, die erstaunlicherweise fast immer in der Stadt Zaregrad saßen. Lange hatte ich keine Vorstellung davon, wo dieses Zaregrad liegt. Es klang in meinen Ohren ganz russisch nach »Zar« und nach »Grad«, wie Petrograd und Stalingrad, bis ich später erfuhr, Zaregrad nannten die Ur-Slawen die Stadt am Goldenen Horn: Konstantinopel, heute Istanbul.

Oho, Konstantinopel ist nicht nur Konstantinopel! 660 v. Chr. gegründet, hieß Konstantinopel erst Byzanz, das dem Byzantinischen Reich seinen Namen gab. Das auf sieben Hügeln gebaute Konstantinopel nannte man Nova Roma, das Neue Rom, also eine Weltmetropole ersten Ranges! Um Konstantinopel zu erobern, mussten die tapferen Ukrainer mit ihren »Tschaiken«, wie die heimischen leichten Schiffe hießen, über das Schwarze Meer setzen. Das Meer ist zwar kein Ozean, trotzdem war das eine beachtliche seemännische Leistung.

Die Kyiwer Rus fand ihren Niedergang im Jahre 1240, als die Goldene Horde unter Batu Khan Kyiw einnahm und zerstörte. Was folgte, war eine 300-jährige Schreckensherrschaft der Tatar-Mongolen. Die Reihe der Märtyrer, die im Kampf um die Heimat ihr Leben ließen, führen Hunderte Kyiwer an; sie fanden in der Desjatynna-Kirche ihr Ende, als das 996 n. Chr. gebaute Gotteshaus unter dem Beschuss der Feinde zusammenbrach.

Wie die Geschichte der Neuzeit, so wird auch die Geschichte der Ukraine vor allem als eine Geschichte von Kriegen, Feldzügen, Eroberungen und Verlusten erzählt. Doch der deutsche Geschichts- und Religionsphilosoph Johann Gottfried Herder entdeckte an den Slawen neben ihren kämpferischen Fähigkeiten auch ganz andere Seiten. In seiner Schrift »Ideen zur Philosophie der Geschichte der Menschheit« (1784 – 91) schreibt er im Kapitel über die »Slawischen Völker«: »Trotz ihrer Taten hie und da waren sie nie ein unternehmendes Kriegs- und Abenteuervolk wie die Deutschen ... Sie liebten die Landwirtschaft, einen Vorrat von Herden und Getreide, auch mancherlei häusliche Künste und eröffneten allenthalben mit den Erzeugnissen ihres Landes und Fleißes einen nützlichen Handel ... Am Dnepr hatten sie Kiew, am Wolchow Nowgorod gebaut, welche bald blühende Handelsstädte wurden, indem sie das Schwarze Meer mit der Ostsee vereinigten und die Produkte der Morgenwelt dem nord- und westlichen Europa zuführten. In Deutschland trieben sie den Bergbau, verstanden das Schmelzen und Gießen der Metalle, bereiteten das Salz, verfertigten Leinwand, brauten Met, pflanzten Fruchtbäume und führten nach ihrer Art ein fröhliches, musikalisches Leben. Sie waren mildtätig, bis zur Verschwendung gastfrei, Liebhaber der ländlichen Freiheit, aber unterwürfig und gehorsam, des Raubens und Plünderns Feinde.«[6]

Ganz ähnlich charakterisiert der ukrainische Dichter Taras Schewtschenko seine Landsleute; sie seien fleißig, arbeitsam, lyrisch, romantisch, duldsam, nicht aufmüpfig – friedliche »Buchweizensäer«.

Das ist natürlich nur bedingt richtig; ganz so friedlich ging es nicht immer zu. Es gibt Berichte über wütende Kosaken, die ihre Feinde grausam, ja bestialisch zur Strecke brachten. Wer waren diese Kosaken?

Die Ukraine war über Jahrhunderte kein selbständiger Staat, immer tummelten sich dort fremde Herren. Diejenigen im Lande, die dem wirtschaftlichen, nationalen und oft fremden religiösen Druck nicht standhalten konnten, flohen in unwegsame Gebiete der Südukraine – ein gefährliches Terrain wegen der Überfälle der Krimtataren. Oder sie suchten auf den Dniproinseln Schutz, »hinter den Stromschnellen« (ukr. sa porohamy). Einige Inseln wurden mit dem Sammelbegriff Saporishsha oder Saporiska Sitsch bezeichnet, die dort Ansässigen nannte man »Saporoger Kosaken« oder »Saporoshzi«.

Die Kosaken leisteten verschiedenen und oft verfeindeten Herren Militärdienste, waren wirtschaftlich mal von russischen Zaren, mal von polnischen Königen abhängig, aber – zumindest mental – frei. Alle Herren wollten Kosaken für ihre mehr oder weniger gerechte Sache mal als gute und erfahrene Krieger, mal einfach als Kanonenfutter ausnutzen. Bald rebellierten die Kosaken gegen Russen, bald gegen Polen, bis 1654 der Hetman, ihr Anführer Bohdan Chmelnyzkyj, einen Vertrag mit den Russen unterschrieb. Seitdem gilt das Jahr 1654 als Jahr der Vereinigung Russlands und der Ukraine. Der 300. Jahrestag des Ereignisses wurde in der Sowjetunion ausgiebig gefeiert: Die Stadt Proskuriw in der Ukraine erhielt den Namen Chmelnyzkyj; der kommunistische Parteiführer Nikita Chruschtschow schenkte den Ukrainern die Krim.

Seit 1654 kämpften Saporoger Kosaken auf russischer Seite und gerieten zwangsläufig in Gewissenskonflikte gegenüber ihrem ukrainischen Volk. Eine solche tragische Figur der ukrainischen Geschichte war Hetman Iwan Masepa (altertümliche Schreibweise Mazeppa). Lord Byron machte Masepa zum Helden eines seiner schönsten Gedichte, der russische Schriftsteller Faddei Bulgarin zum Helden eines Romans. Rudolf Gottschall schuf aus dem Stoff das Drama »Mazeppa«, Horace Vernet hat ihn durch zwei Gemälde verherrlicht. Welcher Taten bedurfte es, dass Alexander Puschkin ein Poem, »Poltawa«, und Bertolt Brecht eine Ballade über ihn schrieben, dass das Leben des Hetmans von Pjotr Tschaikowski in der Oper »Mazeppa« verarbeitet wurde sowie in der Sinfonischen Dichtung »Mazeppa« von Franz Liszt?

Masepas Geschichte ist eine Geschichte von Heldentum und Verrat – je nach Blickwinkel – und gibt eine Ahnung davon, wie bewegend die Historie des ukrainischen Volkes ist.

Iwan Masepa, geboren ca. 1644 in Masepynzi bei Kyiw, kam als Page an den Hof des Königs Johann Kasimir von Polen nach Warschau. In allzu vertraulichem Umgang mit der Gattin eines Magnaten überrascht, wurde er 1663 nackt auf den Rücken seines Pferdes gebunden und davongejagt. Das Pferd, so die Legende, brachte Masepa in die Ukraine, wo er in die Reihen der Kosaken eintrat. Dies galt als offener Treuebruch dem polnischen König gegenüber. Masepa scherte sich nicht darum. Gebildet und mehrsprachig, bekannte er sich zu Machiavellis Politikverständnis, dem für das Erreichen eines Ziels kein Mittel zu schmutzig war, und stieg zum Vertrauten des Hetmans der ukrainischen Gebiete auf dem rechten Dniproufer, Petro Doroschenko, auf. Das gilt als Masepas Verrat Nummer eins.

Die Ukraine war wie eh und je geteilt in die Gebiete rechts und links des Dnipros. Über das rechte Ufer der Ukraine herrschte Doroschenko, der mit Unterstützung der Tataren die Polen bekämpfte, auf dem linken Hetman Iwan Samojlowytsch, bekannt für seine Affinität zu den Russen. Beide Teile der Ukraine waren bitter verfeindet.

In geheimem Auftrag Doroschenkos unterwegs, geriet Masepa in die Hände eines Kosaken-Obersts, der Iwan Samojlowytsch unterstand. Nur dank seiner Redekünste entging Masepa dem sicheren Tod. Man überstellte ihn nach Moskau in dem Glauben, dort werde dem feindlichen Botschafter seine gerechte Strafe zuteil. Nichts dergleichen geschah. Es gibt einige Hinweise darauf, dass Masepa seinen Herrscher Doroschenko an die Russen verriet und dafür einen Posten bei den Feinden bekam, wo er es bald zum Sekretär und Adjutanten des Hetmans Iwan Samojlowytsch brachte. Das zählt als Verrat Nummer zwei.

Samojlowytsch wusste nicht, was für eine giftige Schlange er an seinem Busen nährte: Masepa intrigierte gegen seinen Vorgesetzten, der auf Betreiben Masepas abgesetzt, verhaftet und verbannt wurde. Hetman wurde der Intrigant selbst.

In dieser Stellung festigte er seine Macht nach außen und innen und schützte die Grenzen gegen türkische und tatarische Überfälle. Als der russische Zar Peter I. (später Peter der Große genannt) gegen die Türken kämpfte, leistete ihm Masepa wichtige Dienste. 1704/05 zog Masepa im Großen Nordischen Krieg mit seinen Kosaken gegen die Schweden. Das brachte ihm das unbegrenzte Vertrauen des Zaren, der 1707 Masepas Widersacher, den Kosaken-Generalrichter Wassyl Kotschubej verhaften, foltern und am Ende Masepa übergeben ließ. Der inzwischen 64-jährige Hetman war – wie es in Briefen aus seiner Hand überliefert ist – in Kotschubejs 18-jährige Tochter verliebt und ließ den Vater seiner Angebeteten, der die ungleiche Verbindung nicht duldete, im Juli 1708 köpfen.

Drei Monate später wechselte Masepa mit 3000 Kosaken die Seiten und trat für den schwedischen König Karl XII. und gegen seinen Schutzpatron Peter den Großen auf – Verrat Nummer drei.

Als der Zar davon erfuhr, ließ er Masepas Bildnis am Galgen aufhängen; von der russisch-orthodoxen Kirche wurde Masepa exkommuniziert, was dem im Katholizismus erzogenen ukrainischen Hetman vermutlich nicht sehr wehtat. Der russische General Alexander Menschikow machte Masepas Hauptstadt Baturyn, wo sich Masepas Anhänger aufhielten, zur Strafe dem Erdboden gleich.

König Karl belagerte währenddessen die ukrainische Stadt Poltawa. Die verlorene Schlacht, nach der die schwedische Armee nicht mehr existierte, zwang ihn und Masepa zur Flucht – nach Bender, das zum Osmanischen Reich gehörte. Dort beging Masepa seinen letzten Verrat: Er bot Peter dem Großen den Kopf des Schwedenkönigs, wenn der Zar ihm seinen Treuebruch verziehe. Der aber lehnte ab. Am 22. September 1709 starb Masepa – oder setzte seinem Leben selbst ein Ende, so eine der Auslegungen. Seitdem steht Masepa in der Geschichte Russlands (und der ehemaligen Sowjetunion) für die Inkarnation arglistigen Verrats.

Doch das ist nur eine Lesart; sie ist sicher nicht ausschlaggebend dafür gewesen, Masepa heute in der Ukraine auf der Zehn-

Hrywnja-Banknote abzubilden. Viele im Land erzählen eine andere Geschichte. Hier ihre Version:

Masepa, der große Sohn der Ukraine, liebte seine Heimat über alles. Er studierte in Holland, bis er zum Pagen des polnischen Königs aufstieg, trug aber immer die Ukraine im Herzen. Seinen Übertritt von den Polen zu den Ukrainern sowie innerhalb der verfeindeten Kosaken-Staaten erklären seine Verteidiger mit Heimatliebe. Ihm sei es nur um die Unabhängigkeit und Souveränität der Ukraine gegangen, als er Anfang des 18. Jahrhunderts erst Geheimgespräche mit dem polnischen und dem schwedischen König führte, um sich dann mit Letzterem gegen die verhassten Russen zu verbünden. Für Masepa war entscheidend, dass die schwedische Armee Anfang des 18. Jahrhunderts als die stärkste Europas galt, weniger die Frage, ob die Schweden für die Ukrainer bessere Herren abgegeben hätten als die Russen.

Aus dem schwedischen Lager schrieb Masepa im Oktober 1708 an seinen Nachfolger beim russischen Zaren: »Die Moskauer Macht hat seit langem böse Absichten uns gegenüber, und in letzter Zeit begann sie, sich ukrainische Städte einzuverleiben, vertreibt die ausgeraubten und bettelarm gemachten Einwohner daraus und bevölkert sie mit ihren eigenen Truppen ... Ich sah deutlich, dass der Feind ... den Namen Saporishsha ausrotten und uns alle zu Dragunen und Soldaten und das ganze ukrainische Volk zum ewigen Sklaven machen will. Ich verstand, dass die schwache und unkriegerische Moskauer Macht, die immerzu vor den unbesiegbaren schwedischen Truppen floh, nicht zu uns kam, um uns vor den Schweden zu schützen, sondern um uns mit Feuer, Raub und Mord zu vernichten. Und jetzt, im Einvernehmen mit der ganzen (Kosaken-)Obrigkeit, haben wir gewagt, uns in die Hand des schwedischen Königs zu begeben, in der Hoffnung, dass er uns vor Moskaus tyrannischem Joch schützt und uns nicht nur die Rechte unserer Freiheit zurückgibt, sondern sie noch vervielfacht und erweitert; das versicherte uns Ihre Majestät mit seinem unabänderbaren königlichen Wort und seiner schriftlichen Beteuerung.«[7]

Aus Liebe zur Ukraine, so seine Fürsprecher, habe Masepa auch den »Verräter« Kotschubej und dessen »Komplizen« hinrichten lassen, die den Zaren über Masepas Absichten aufklären wollten.

Die umstrittene Person Masepas gewann in der Ukraine Ende des 20. Jahrhunderts an Popularität. Massive Zweifel an Masepas Moral wurden mit der machiavellistischen Überlegung ausgeräumt, das Ziel heilige die Mittel.

Das Masepa-Syndrom ist charakteristisch für den Umgang mit der ukrainischen Geschichte: So wurde auch versucht, die Rolle der ukrainischen Division der Waffen-SS *Galizien* und der Abwehr-Bataillone *Nachtigal* und *Roland* umzudeuten. Ukrainische Nationalisten, sogenannte Nationalbewusste, verbreiten die Ansicht, die Angehörigen der Waffen-SS seien Kämpfer für die ukrainische Unabhängigkeit und gegen bolschewistische Unterjochung gewesen – nur leider unter der falschen Fahne Nazideutschlands. Soldaten der Roten Armee, die gegen Hitler kämpften, und Angehörige der ukrainischen Militäreinheiten auf der Seite Hitlers bzw. Menschen, die in vier Kriegsjahren als Angehörige der Ukrainischen Aufständischen Armee beiden Mächten gegenüberstanden, sollen nach den Vorstellungen mancher Politiker gleichgestellt werden. Das können ehemalige Rotarmisten nicht akzeptieren, deshalb gibt es ein- bis zweimal im Jahr eine mehr oder minder blutige Straßenschlacht der betagten Kriegsveteranen auf dem Chreschtschatyk.

Ähnlich überdenkt man heute auch die Rolle der UNR, der Ukrainischen Volksrepublik in den Jahren 1918–1919, die auf deutschen Bajonetten in der Ukraine installiert worden war. Was ist als Kampf für die ukrainische Idee einzustufen, was als ein Gefecht für allgemein menschliche Werte? Wer war ein arglistiger Mörder, wer ein Freiheitskämpfer – alles ist jetzt in der ukrainischen Geschichte durcheinandergeraten.

Der Systemwechsel Ende des 20. Jahrhunderts zieht eine Neubefragung der Geschichte nach sich; sie gerät in einen Strudel der Um- und Neubewertungen, nichts scheint mehr gesichert. Hinterfragt wird gleichermaßen die Kiewer Rus, die Zeit des Zweiten Weltkrieges und die neueste Geschichte des Kampfes für diese oder für eine ganz andere Ukraine.

Mit dem Systemwechsel hält auch der Antisemitismus verstärkt Einzug in die ukrainischen Köpfe. In der Vergangenheit liegende einzelne Steine der Gehässigkeit gegenüber Juden werden durch einen Teil der Bevölkerung in ein festes ideologisches Fundament betoniert.

Dies wurde deutlich, als 2006 im Ukrainischen Haus in Kyiw eine Ausstellung zum 65. Jahrestag der Ermordung von hunderttausend Menschen in Babyn Jar stattfand. Veranstalter war die israelische Gedenkstätte Yad Vashem. Die Israelis stellten heraus, dass es sich dabei vor allem um ein Verbrechen an ukrainischen Juden handelte. Seit Jahrzehnten ist Babyn Jar ein Synonym für den Holocaust, ein Ort des Gedenkens der Juden aus aller Welt. Daher wurden in der Ausstellung auch nur einmal Ukrainer erwähnt, und zwar als Handlanger der Deutschen, die halfen, die Weiberschlucht (so die Übersetzung von Babyn Jar) abzuriegeln, damit die Juden nicht entfliehen konnten. In der gesamten Ausstellung, deren Eröffnung auch der ukrainische Präsident beiwohnte, fiel sonst kein Wort über die Tausenden von Ukrainern, die an gleicher Stelle ebenfalls hingerichtet wurden.

Das empörte einige. Andere verteidigten die Sicht der Ausstellungsmacher, schließlich könne man nicht darüber hinwegsehen, dass 1941 in Babyn Jar ein Plakat auf Ukrainisch hing: »Wir erfüllen den Willen des ukrainischen Volkes.« Historiker verweisen darauf, dass an den Exekutionen zwei Bataillone ukrainischer Polizisten teilgenommen haben sowie eine Militäreinheit der Organisation der Ukrainischen Nationalisten (OUN), der *Bukowyner Kurin*, unter dem Anführer Petro Wojnowskyj, der schon zuvor für seine Juden-Pogrome berüchtigt war.

Ja, entgegnen die Nationalisten, es gibt in jedem Volk Kreaturen, die der Bezeichnung »Mensch« nicht würdig sind, aber deshalb darf man doch die eigenen Opfer nicht übergehen. Eine extremere Position vertrat der Abgeordnete des Stadtrates von Riwne Viktor Schkuratjuk, der gleich nach Erlangung der ukrainischen Unabhängigkeit erklärte, er sei »stolz auf die Tatsache, dass unter 1500 Teilnehmern an den Exekutionen in Babyn Jar 1200 Polizisten aus der OUN und nur 300 Deutsche waren.«

Der Kampf um die Geschichte hält an und manchmal fühlt man sich an einen Witz aus der alten Sowjetunion erinnert: Anfrage an Radio Jerewan: »Kann man die Zukunft vorhersagen?« Antwort: »Im Prinzip ja, auch wenn es sich um ein sehr kompliziertes Verfahren handelt. Viel schwieriger ist es dagegen, über die Vergangenheit Bescheid zu wissen.«

Ist Ukrainisch nur ein russischer Dialekt? Kleine Lesehilfe für Schewtschenko, Borschtsch und Chreschtschatyk

Wie groß sind die Sprachunterschiede zwischen Ukrainisch und Russisch tatsächlich? Vielleicht ist der Streit darum nur ein Sturm im Wasserglas?

Meine Frau meint, die Polen »zischen«, wenn sie sprechen. Ich widerspreche ihr (in dieser Frage!) immer. Vor allem wahrscheinlich deshalb, weil ich als Autodidakt nach einem polnischen Buch Polnisch lernte. Fazit: Je mehr Wissen, desto weniger Vorurteile. Um sie zu vermeiden, folgt nun ein Ukrainisch-Crashkurs, bei dem man hoffentlich begreifen wird, wie toll die ukrainische Sprache ist.

Also, viele slawische Sprachen verwenden nicht das lateinische, sondern das kyrillische Alphabet. *Kyrillisch* heißt es, weil es im 9. Jahrhundert von den Gelehrten Kyrill und Method entwickelt wurde. Manche Buchstaben bereiten dem Latein-erzogenen Ausländer keine Probleme: *a* bleibt auch im Ukrainischen *a* und *i* ist *i*. Wenn man kyrillisch geschriebene Wörter mit lateinischen Buchstaben umschreibt, heißt der Prozess Transkribierung und das Ergebnis nennt man Transkription. Daneben gibt es noch die Transliteration nach DIN 1460 (Duden), die Häkchen verwendet: ч ist č, ш ist š und щ ist šč. Das wird aber fast ausschließlich in der Sprachwissenschaft benutzt.

Für alle, die sich in der Transkribierung versuchen möchten, um etwas leichter in der Ukraine zurechtzukommen, folgt hier ein kleines ukrainisch-deutsches ABC:

а	a
б	b
в	w
г	h
ґ	g
д	d
е	e

з	s	(weiches s, wie in dem Wort *Sand*)
і	i	
й	j	
к	k	
л	l	
м	m	
н	n	
о	o	
п	p	
р	r	
с	ß, s	(scharfes s, wie in den Worten *Floß, Erlass* oder *Ergebnis*)
т	t	
у	u	
ф	f	
ц	z	

Diese Liste ist, wie die Kenner gewiss gemerkt haben, nicht vollständig. Manche Laute und Konsonanten werden in ukrainischer Sprache mit einem Buchstaben, in deutscher aber mit mehreren wiedergegeben. So zum Beispiel:

х	ch
ï	ji
я	ja
ю	ju
є	je

Besonders große Angst rufen die ukrainischen Buchstaben ч, ш und щ hervor. Sehr kompliziert sind sie nicht.

ч ist *tsch*

ш ist *sch*

щ (mit Schwänzchen) ist *schtsch*.

Große Probleme haben Deutsche mit dem Buchstaben und Konsonanten ж, der in slawischen Sprachen oft vorkommt. Den Laut kann jeder Deutsche aussprechen, z. B. am Anfang in den Worten *Gérard* (Depardieu), *Jules* (Verne) sowie *Jalousie, Jargon* und *Journal* und sogar zweimal bei *Jean-Jacques* (Rousseau).

Aber all das gilt für französische Worte. Nicht für ukrainische oder russische.

Der *Duden* schlägt für die Transkribierung von ж die Buchstabeneinheit *sch* vor, die gleiche, die er auch für das Kyrillische *ш* vorschreibt. Aber das sind im Ukrainischen zwei VERSCHIEDENE

Buchstaben und zwei VERSCHIEDENE Laute, einmal scharf und einmal weich (stumpf). Deutsche wären vielleicht auch dagegen, wenn ich vorschlüge, anstelle von *b* immer *p* zu schreiben, und statt *d* nur *t*, oder? Auf dem Unterschied zwischen *ш* und *ж* ist in der Ukraine manch Witz aufgebaut. Als man vor kurzem anstelle von *Laden* im Ukrainischen das englische Wort *shop* benutzte, gab es eine scheinbar schlichte Artikelüberschrift, die breite Volksschichten zum Schmunzeln brachte: »*Ми в шопі*« (Wir sind im Shop). Die auf eine feine Paronymie[8] aufgebaute Analogie zu dem volkstümlichen Ausdruck »*Ми в жопі*« (Wir sind im Arsch) ging voll auf. Deshalb bin ich bei *ж* ganz gegen *sch* und für das Buchstabengefüge *sh*, das bei den (Duden-)Transkribierungsangeboten nicht belegt ist.[9] Als ich 1993 mein Buch über den russischen Rechtspopulisten *Shirinowski* schrieb, gab es beim Verlag regelrecht wissenschaftliche Kämpfe, wie das Wort *Жириновский* auf Deutsch wiedergegeben werden soll. Ich war für *Sh* und *j* am Ende, also *Shirinowskij*. Meine Opponenten plädierten für *Sch* und auf keinen Fall *j*. Aus meiner Sicht mutierte *Shirinowski* ohne *j* vom Halbrussen zum Halbpolen – im Ukrainischen (und im Russischen auch) sollte man alle Namen mit *й* mit *j* am Ende schreiben, um den Unterschied zum Polnischen deutlich zu machen, wo so etwas nicht vorkommt. Als die Fronten sich verhärteten, haben radikale Sprachgenies (übrigens auch mit *ж*!) vorgeschlagen, *Žirinovskij* zu schreiben. Als ich mir das vorstellte, wurde mir übel und ich kapitulierte. Das Buch erschien kompromissvoll mit *Shirinowski*.

Warum ich auf Häkchen überm Z verstört reagiere, liegt in der Familie begründet. Meine Frau ist eine geborene *Růžička*. Genau so: mit einem Kringel und zwei Häkchen. Können Sie das jemandem erklären, der Ihnen nach der Abflussreparatur eine Quittung ausstellen will? Durchgehalten hat bei dem Namen nur mein Schwiegervater, der als deutscher Linguistikprofessor so – mit Kringel und Häkchen – seine Artikel und Bücher erscheinen ließ. Aber diese Bücher haben auch nur (angehende) Linguistikprofessoren gelesen, und sie kamen mit den Kringeln klar. Meine Schwiegermutter nuschelte beim Gespräch mit Unbekannten »Rushitschka« und buchstabierte dann in einem Atemzug »R, U, Z, I, C, K, A«, also *Ruzicka*.

Deshalb war meine Frau über unsere Hochzeit heilfroh, um endlich einen einfacheren Namen zu tragen!

Ab und zu sieht man in den ukrainischen Transkriptionen einen Apostroph (z. B. in dem Wort *Rus*). Das ist ein Hinweis auf »Weichheit« des Konsonanten (auf Ukrainisch macht man das mit dem Weichheitszeichen – ь). Zu erklären, wie »weiche« und »harte« Konsonanten klingen, ist in einem Buch unmöglich. Aber, glauben Sie mir, ein Ukrainer kann keine Transkription ohne diesen Apostroph schreiben, wenn er weiß, dass im Ukrainischen an der bestimmten Stelle ein kleines ь steht!

Der »komplizierteste« Laut im Ukrainischen ist *u* (das entspricht voll und ganz dem russischen ы, falls sie irgendwann mal Russischunterricht hatten …), was im Deutschen sehr vage mit *y* wiedergegeben wird. Das ähnelt dem *i*, klingt aber viel härter, weil man dabei die Mundwinkel so breit wie nur möglich in beide Richtungen verziehen muss. Diese Verzerrung brachte unseren Freund Benni eine Zeit lang zur Verzweiflung. Auf alle Fragen, die er bekam, sagte er nur *ty*, was *du* heißt, obwohl wir uns siezen. Am Ende hat er es doch geschafft, was für alle von slawischer Umgebung unbelasteten Deutschen ein Hoffnungszeichen setzt.

Dieser Unterschied zwischen *u* und *i* (bzw. in die deutsche Sprache transkribiert zwischen *y* und *i*) wäre nicht der Rede wert, wenn dahinter nicht große politische Auseinandersetzungen stünden. Es ist kaum zu glauben, aber *i* ist mehr Russisch, *y* ganz ukrainisch! Wenn Sie Meldungen aus der Ukraine genau verfolgen, heißt die Politikerin mit dem Zopf manchmal *Timoschenko*, aber ab und zu auch *Tymoschenko*.

Was ist sprachlich richtig?

Beides.

Aber *Timoschenko* ist sinnwidrig politisch!

Ich erkläre, warum.

Mit meinem recht einfachen Namen hatte ich allerdings auch Probleme – mit den Ukrainern. Man kann *Timtschenko*, aber auch *Tymtschenko* schreiben. Die Russen werden immer nur *Ti* sagen, während die echten Ukrainer dieses *Ti* kaum aussprechen können – und da liegt der Hund begraben. Sie könnten, wenn sie es denn wollten. Sie wollen aber nicht – und basta.

Diese Variabilität liegt in der sowjetischen Geschichte der Ukraine, wo Russisch »die Sprache der internationalen Kommunikation der Sowjetvölker« war. Den ukrainischen Namen für den Reisepass konnte man mit lateinischen Buchstaben aus dem Ukrainischen transkribieren, aber auch aus dem Russischen.

Die Behörden, die damals nur Russisch sprachen, transkribierten immer aus dem Russischen. Deshalb gibt es *Timtschenko* und *Timoschenko*. Mit so einem Pass kam ich vor fast 20 Jahren nach Deutschland. Und als die Ukraine später selbständig wurde und die Ukrainer sich mehr als Ukrainer und nicht als »homo sowjeticus« zu fühlen begannen, hatte ich schon Frau und Kinder, die *Timtschenko* hießen, und es war für mich zu spät, mein nationales Gewissen durch deutsche Behörden prüfen und meinen Namen auf *Tymtschenko* ändern zu lassen.

Einen Versuch habe ich doch unternommen, als meine Frau ein Familienbuch anlegen wollte. Mit Vatersnamen, der im Ukrainischen üblich ist, heiße ich *Wasyljowytsch*, das steht (auf Ukrainisch *Васильович*) in meiner Geburtsurkunde. Nachdem ich gelesen habe, was Staatsdiener in meiner Wahlheimat Markkleeberg nach Vorschrift daraus machten (und meine Meinung verschmähten), unterließen wir (auch im Gedanken an meinen verstorbenen Vater) jegliche weiteren Aktivitäten in dieser Richtung. Die Angst vor einer Blamage (auch mit ж!) für Generationen hielt mich davon ab.

Jetzt entbrannte in der Ukraine ein Sprachkampf um die ukrainische Transkribierung. Ein aufgeklärter und ukrainisch angehauchter Bürger schreibt *Tymoschenko* statt *Timoschenko*, *Chreschtschatyk* anstelle von *Kreschtschatik*. Auf Ukrainisch heißt der Ort des Atomgaus *Чорнобиль*, also *Tschornobyl*, auf Russisch *Чернобыль (Tschernobyl)*, und so ging er auch um die Welt. Die Hauptstadt der Republik heißt dementsprechend *Київ*, also (zu Deutsch) *Kyjiw*, auf Russisch aber *Киев*, also *Kiew* in deutscher oder *Kiev* in englischer Schreibweise.

»Warum schreiben wir unseren eigenen Namen von den Russen ab?«, empören sich besonders national bewusste Bewohner. Die größten Hitzköpfe verlangen, dass die Stadt auf Russisch *Кыйив* geschrieben und ausgesprochen werden soll, was rein phonetisch keinem Russen zuzumuten ist.

Ich würde diese Bewegung auch gern unterstützen. Wenn ich aber *Kyjiw* sage oder schreibe, denken Menschen in Deutschland – aus einem mir schleierhaften Grund – zumeist an Israel. Inzwischen merkten selbst die sonst kompromisslosen Verfechter der Ukrainisierung der Übersetzungen, dass der Wechsel von *Kiew* zu *Kyjiw* etwas wuchtiger als gewünscht ausgefallen ist. Jetzt geben sie sich mit der »abgemilderten« Änderung der Schreibweise *Kyiw* zufrieden, die wir auch – aus gutem Willen – hier im Text übernehmen.

Dem internationalen Kampf für die ukrainischen Bezeichnungen der ukrainischen Städte und ukrainischen Namen fehlt grundsätzlich, wie es scheint, internationale Unterstützung. Eine Zeit lang schrieb ich für die ukrainische englischsprachige Zeitung *Kyiv Weekly*. Als Auslandskorrespondent wollte ich mich auf der Leipziger Messe akkreditieren lassen. Als *Timtschenko*, wusste ich, ist es auf jeden Fall ratsam, Visitenkarten für die Damen am Schalter des Pressezentrums dabeizuhaben. Ich hatte sogar die von *Kyiv Weekly*. Die Frau hat meine Karte lange angeschaut, ihre Gesichtszüge verrieten dabei eine diffizile geistige Arbeit an einem Problem. Nach einer Weile fragte sie mich ganz dezent, ob sie eventuell für ein besseres Verständnis den Zeitungstitel auf meinem Presseausweis mit *Kiew* umschreiben dürfte. *Weekly* in der Bezeichnung einer ukrainischen Zeitung hat sie nicht gestört.

Das ukrainische Volk kämpft für die ukrainische Sprache, gehört aber nicht zu den Sprachpuristen und gesteht sich selbst einige sprachliche Freiheiten zu. So heißt zum Beispiel die Hauptstadt von Mexiko nicht Mexiko-City, sondern auf Ukrainisch (kyrillisch) *Мехіко*, also (lateinisch) *Mechiko*, geschweige denn, dass Wien auf Ukrainisch *Відень* (Widen) heißt.

Überhaupt gibt es auf der Welt, was geographische Namen anbelangt, einige Ungereimtheiten. So heißt die chinesische Hauptstadt auf Deutsch *Peking*, auf Ukrainisch *Пекін (Pekin)*, auf Englisch aber *Beijing*. Und dafür gehen die Chinesen nicht auf die Barrikaden. Lange Zeit habe ich auch die Bezeichnung *Brünner Straße* in Leipzig als ein schleichendes Zugeständnis gegenüber den Revanchisten angesehen. Dann sprach ich darüber mit einem deutschen Kumpel und habe meine Einstellung vollkommen revidiert: Er konnte *Brnoer Straße* nicht aussprechen.

Und jetzt wird es interessant: Warum ist Kiew-Kyiw für Ukrainer so wichtig und *Peking-Beijing* für Chinesen nicht?

Die Antwort: Weil es aus dem RUSSISCHEN kommt. Wäre *Kiew* aus dem Deutschen, Chinesischen oder Mongolischen transkribiert, würde das die Ukrainer vermutlich genauso kalt lassen wie die Summe der Winkel eines Dreiecks.

Nach Unterschieden zwischen Russisch und Ukrainisch gefragt, sage ich jetzt: wohl wie zwischen Deutsch und Holländisch, obwohl ich vom Holländischen keine Ahnung habe. Mir scheint es so. Aber meine Ansprechpartner sind meistens mit meiner Erklärung zufrieden, sie ist nachvollziehbar. Hätte ich gesagt, wie zwischen Serbisch und Mazedonisch, hätten sie mir vielleicht anschließend noch mehr Fragen gestellt.

Zwischen Ukrainisch und Russisch gibt es spürbare Unterschiede im Wortschatz. Zahlreiche Worte verstehen Russen nicht, weil sie im Russischen absolut anders lauten. Es gibt auch Unterschiede in der Aussprache, aber nur wenige im grammatischen Aufbau. Aber es gibt sie. Der grammatische Abstand zwischen dem Russischen und Ukrainischen ist vielleicht genauso wie zwischen dem Ukrainischen und Polnischen, oder noch besser, zwischen Tschechisch und Slowakisch, weil Russisch, Ukrainisch und Belorussisch zu den OSTslawischen, Polnisch, Tschechisch und Slowakisch zu den WESTslawischen Sprachen gehören.

Ob die Unterschiede groß oder klein sind, kann man praktisch noch daran messen, ob ein Russe den Ukrainer verstehen würde.

Natürlich verstehen wir alles, sagen Russen, die in der Ukraine leben. Ich behaupte aber, dass ein Russe, der nie mit der ukrainischen Sprache Kontakt hatte und kein Sprachwissenschaftler ist, die normierte, nicht mit *Russizismen* verunreinigte, ukrainische Sprache nicht verstehen wird. Das haben mir mehrere Experimente in den russischen Provinzen während meiner Journalistenjahre bestätigt.

Meine Mutter ist Russin, sie stammt aus Wjatka, das liegt noch 1000 Kilometer nördlich von Moskau. In unserer Kindheit sind meine Eltern mit mir und meinem Bruder einmal dorthin gereist. Ich versuchte mich mit meinem gleichaltrigen Cousin zu unterhalten. Nach einer Weile sah er uns verzweifelt an, rannte dann plötzlich auf die Straße und schrie: »Leute, zu uns sind die Chinesen gekommen!«

Andersherum gilt das auch. Die Ukrainer in der amerikanischen und kanadischen Diaspora, die selbst oder deren Eltern und Großeltern vor Jahrzehnten (manche aber auch bereits vor einem Jahrhundert) ausgewandert sind und ihre ukrainische Sprache über diese Zeit bewahrt haben (also beste Kandidaten für die Reinheit des Experiments), verstehen kein Russisch.

In den Wirren der Souveränitätsfindung blieb logischerweise auch die ukrainische Grammatik nicht von politischen Rangeleien verschont. Problemwörtchen, die Millionen Menschen auf die Barrikaden führten, wurden die bescheidenen Präpositionen *на* und *в*, die auf Deutsch nicht mehr als *auf* und *in* bedeuten. Man sagte seit Jahrhunderten *на Україні*, also *in der Ukraine*. Der ukrainische Klassiker Taras Schewtschenko schrieb in seiner berühmten literarischen Dichtung *Testament* von »*на Україні милій*«, also *in der gelobten Ukraine*. Und das störte niemanden.

Nach der ukrainischen »Wende« wurde plötzlich die Präposition *на* zum Problem größerer Natur. Man bemerkte, dass in der ukrainischen Sprache, wenn es um Länder geht, fast ausnahmslos die Präposition *в* genommen wird, bei Gebieten oder Regionen – gebrauchte man *на*.

Aber die Ukraine ist ein selbständiges Land und keine »Region des imperialistisch gesinnten Russlands«, so die Wortwahl der *на*-Gegner. Wie kann man jetzt in der unabhängigen Ukraine *на* anstelle von *в* sagen und schreiben?

Also haben sich auch in der Sprache zwei Parteien herausgebildet: Die eine sagt stur *на Україні*, die andere verbissen *в Україні*. Es ist natürlich nicht verwunderlich, dass die Grenzen der Befürworter und Gegner des *на* fast identisch mit den politischen Präferenzen der Menschen sind. Die Ukraine ist ein einzigartiges Land: Nach einem Satz, den man von jemandem hört, kann man mit großer Gewissheit behaupten, woher er kommt, welche politischen Ansichten er hat, welche Partei er wählt, ob er sich mehr Anlehnung an Russland oder an Europa wünscht und wie er zum NATO-Beitritt der Ukraine steht ...

Ein leichtes Spiel für Herrn Higgins[10]!

Der Majdan – Revolution in Orange

Majdan bedeutet eigentlich nicht mehr als Platz, genauer: großer Platz. Wenn aber heute in der Ukraine vom Majdan die Rede ist, kann nur ein Majdan gemeint sein – Majdan nesaleshnosti, der Unabhängigkeitsplatz auf dem Chreschtschatyk.

An den winterlichen Majdan von 2004 erinnern sich die Ukrainer gern wie an einen Menschen: »Majdan hat gesagt ...«, »Er hat dem Majdan versprochen ...«, auch »Sie haben den Majdan verraten« und »Noch einen Majdan wird es nicht geben«.

Bis Anfang der 90er Jahre hieß er »Platz der Oktoberrevolution«. Hier stand die Tribüne des ukrainischen kommunistischen Politbüros, an ihr vorbei defilierten die Massen der Werktätigen am 1. Mai und am 7. November, dem Tag der sozialistischen Oktoberrevolution. Hinter der Tribüne stand als stummer Zeuge ein riesiges Denkmal des Anführers besagter Revolution und des Gründers der Sowjetunion, Wladimir Iljitsch Lenin. Es wurde 1977, zum 60. Jahrestag der Oktoberrevolution, errichtet, als man den Platz zwischen Post, Konservatorium, Gewerkschaftshaus und dem Haus der Genossenschaftler umgestaltete.

Es gab bereits ein Lenin-Denkmal auf der Kyiwer Prachtstraße, dem Chreschtschatyk, und zwar gegenüber dem zentralen Kyiwer Markt Bessarabka. Entweder störte die buchstäbliche Nähe zum Markt oder aus einem anderen, nicht ganz nachvollziehbaren Grund reichte den ukrainischen Kommunisten ein Denkmal auf dem Chreschtschatyk für den genialen Lenin nicht aus. Somit musste ein zweites, monumentaleres her. Das hatte einen im Wortsinn grundlegenden Richtungswandel zur Folge: Die Demonstranten, die früher vom heutigen Europäischen Platz zum Bessarabka gingen, mussten sich jetzt der Straßenverkehrsordnung wegen vom Bessarabka-Markt zum Europäischen Platz bewegen. Die Kyiwer zogen daraus ihre Lehre: »60 Jahre lang sind wir in die falsche Richtung gelaufen«, witzelten sie.

Nachdem die Ukraine 1991 ihre Unabhängigkeit erlangt hatte, wurde das Lenin-Denkmal vom Majdan nesaleshnosti, wie der Platz jetzt hieß, entfernt. An seine Stelle kam, den Gesetzen der Marktwirtschaft folgend, das riesige unterirdische Einkaufszentrum »Globus«.

Während der »Orangenen Revolution« wurde der Majdan zum Hauptschauplatz der politischen Kämpfe zwischen dem »prowestlichen« Präsidentschaftskandidaten Viktor Juschtschenko und dem »prorussischen« Viktor Janukowytsch. Viele Einheimische hätten sich damals einen »proukrainischen« gewünscht.

Die Auseinandersetzung zwischen den Kräften hatte sich im Herbst 2004, im Vorfeld der Präsidentschaftswahl, allmählich, eher unauffällig entwickelt.

Ich war damals mit meinen Kollegen vom Rundfunkteam der *Deutschen Welle* zur Berichterstattung angereist. Unter 26 Präsidentschaftskandidaten hatten tatsächlich nur zwei eine reale Chance, Juschtschenko und Janukowytsch. Das manifestierte sich auch im Straßenbild: Man sah Orange – die Farbe der Juschtschenko-Anhänger – und Blau-Weiß für Janukowytsch.

Es gab in diesen Tagen kein anderes Gesprächsthema als die bevorstehende Wahl und ihr Ausgang – man sprach weder über Männer bzw. Frauen noch über das Wetter. Da Realisten immer Mangelware sind, teilte sich die ukrainische Bevölkerung in Optimisten und Pessimisten. Die Pessimisten behaupteten, die Wahlen seien von Kutschma (dem amtierenden Präsidenten des Landes) und von Janukowytsch (dem amtierenden Ministerpräsidenten der Ukraine) manipuliert, und deshalb werde Janukowytsch die Wahlen mit absoluter Mehrheit bereits im ersten Urnengang gewinnen. Auch die Optimisten waren von Manipulation überzeugt, nur nicht so massiv. Deshalb würde Janukowytsch ohne absolute Mehrheit gewinnen, was einen zweiten Wahlgang nach sich zöge. Nur eine verschwindend geringe Gruppe gewiefter Schlauköpfe entwarf ein total irres Szenario: Bei unbestritten manipulierten Wahlen im ersten Wahlgang würde Juschtschenko gewinnen. Damit werde dem Wählervolk vorgegaukelt, dass die Wahlen nicht manipuliert seien und die Zentrale Wahlkommission nicht gekauft sei. Erst in der zweiten Runde würden dann alle Hebel der Macht (in der Ukraine hieß das »administrative Ressource«) in Gang gesetzt werden, um Janukowytsch zum Sieg zu verhelfen. Es wurden Wetten abgeschlossen – oft nur darauf, wie viele Prozentpunkte die das Land beherrschende Clique um Kutschma und Janukowytsch dem Gegenkandidaten Juschtschenko zugestehen würden.

In dieser Stimmung warteten wir, meine Kollegen und ich, auf den 31. Oktober, den Wahltag. Die Aufgaben innerhalb unseres Teams waren verteilt: Einer sollte aus der Zentralen Wahlkommission berichten, ein anderer musste zu Janukowytsch gehen. Ich war der Berichterstattung aus dem Juschtschenko-Stab zugeteilt. Als ich am Vortag der Wahl bei Freunden in Kyiw mit einer schweren Grippe und hohem Fieber kämpfte und alles tat, um am Wahltag wieder auf den Beinen zu sein, erreichte mich ein Anruf unseres Kyiwer Korrespondenten Sascha, der mir mitteilte, dass »Die Janukowytschs« ihn auf keinen Fall in ihrem Wahlstab akkreditieren wollten.

Der Stab von Viktor Janukowytsch war westlichen Medien gegenüber grundsätzlich abweisend und wenig kooperativ. Sascha hatte sich mit seinen Berichten im Vorfeld bereits persönlich unbeliebt gemacht. Er ist ein erfahrener Mann, klang aber in diesem Moment verzweifelt, weil uns eine erhebliche Informationslücke drohte. Wir beschlossen, unsere Einsatzorte zu tauschen. Jetzt musste ich um eine Akkreditierung bei Janukowytsch buhlen. Ich schmiss mich in meinen Paradeanzug und fuhr zum Filmtheater »Sorjanyj« im Kyiwer Gebiet Petschersk, das zum Wahlstab der Blau-Weißen umfunktioniert worden war.

Ich hatte Sascha gegenüber einige Vorteile. Er war Kyiwer, ich besaß einen deutschen Pass. Impulsiver Respekt vor Ausländern sitzt gerade bei Funktionären noch heute sehr tief. Außerdem war ich beim Außenministerium angemeldet und hatte ein entsprechendes Schriftstück dabei, das alle aufforderte, mich bei der Erfüllung meiner journalistischen Aufgaben zu unterstützen. Ich ging davon aus, dass niemand eine Konfrontation mit einem Mitarbeiter der *Deutschen Welle* und im Zweifelsfall mit der Deutschen Botschaft riskieren würde. Aber die beiden jungen Mitarbeiter des Pressezentrums im »Sorjanyj« blieben stur. Als sich die Lage zuspitzte und ich mich schon aufs Drohen verstieg, kam ein bärtiger Bursche, der neben uns gestanden und den ich für einen Sicherheitsmann gehalten hatte, auf mich zu und fragte: »Kannst du dich nicht an mich erinnern?«

Konnte ich nicht, wusste aber im selben Moment, dass er die Lösung bringen würde.

»Ich bin Gena«, sagte er. Ich schaute ihn genauer an und erkannte meinen Kollegen aus verflossenen journalistischen Zeiten, den ich etwa zwei Jahrzehnte nicht gesehen hatte. »Ich bin der Leiter des Pressezentrums«, erklärte er und gab mir seine Visitenkarte. Damit war meine Akkreditierung in wenigen Augenblicken vollzogen.

Die Kyiwer mochten Janukowytsch nicht. Für sie war der zweimal einschlägig vorbestrafte Ministerpräsident des Landes eine Marionette des Präsidenten Leonid Kutschma und des Donezker Oligarchen und Milliardärs Rinat Achmetow, mit einer gewissen Ergebenheit gegenüber Russland.

Juschtschenko dagegen wurde gemocht. Er war zwar seinerzeit Zentralbankpräsident und Ministerpräsident unter Kutschma und diesem ergeben; er beschimpfte Demonstranten, die gegen das Kutschma-Regime auf die Straße gingen; er hatte noch dazu eine amerikanische Frau, eine ehemalige Mitarbeiterin des amerikanischen Außenministeriums, und seine Nähe zu den USA war nicht zu übersehen, aber all das störte die Kyiwer nicht. Die Medien, die ihre Herzenswärme offen zeigen konnten, liebten Juschtschenko. Ihn liebten Journalisten, die in den staatlichen Zeitungen und im elektronischen Sender untergekommen waren und Kutschma und Janukowytsch zwangsläufig beweihräuchern mussten. Ihn liebten westliche Diplomaten. Ihn liebten Menschen auf der Straße, Männer und Frauen, die Letzteren besonders, weil er auch äußerlich wirklich ein sehr attraktiver Präsidentschaftskandidat war.

Janukowytsch spürte das, deshalb versuchte er Medien, die ihm nicht gewogen waren, auszugrenzen. Das war nicht immer geschickt und bewirkte, wie auch bei mir, nur eine Gegenreaktion. Daher saßen bei Janukowytsch nur etwa zehn Pressevertreter, während sich im Wahlstab von Juschtschenko gleich Hunderte tummelten.

Die Anspannung war jedem Mitarbeiter Janukowytschs ins Gesicht geschrieben. Sie hatten zwar Vorkehrungen getroffen, um die Wahlen zu gewinnen (von denen noch die Rede sein wird), waren sich aber trotzdem ihrer Sache nicht sicher. Es herrschte hier – ungeachtet aller Worte – eine Verlierer-Stimmung. Bei Juschtschenko, zu dem ich auch noch in die Nacht gefahren war, wirkten alle auch angespannt – aber sie lächelten, wie die Sieger.

Die *Deutsche Welle* strahlte an dem Abend eine Live-Sendung zur Wahl aus. Es lagen noch keine Ergebnisse vor, aber Hochrechnungen verschiedenster soziologischer Dienste und einige Zahlen aus der Zentralen Wahlkommission, der ZWK.

Ich stand mit meinem Handy bereit und hörte die Sendung. Ich musste wissen, was andere bereits gesagt haben, bevor ich meinen Part übernahm. Alle waren guter Laune – der als Demokrat geltende Juschtschenko sei der Gewinner, hieß es. Sascha, der bei Juschtschenko saß, erzählte euphorisch von Partystimmung in der Wahlzentrale, von Musik, Liedern und Sekt. Dann fragte mich Andrej, der Moderator aus Bonn, wie es bei den Verlierern aussehe. Ich stutzte: Meinen Zahlen zufolge, die ich wenige Minuten zuvor bekommen hatte, würde eindeutig Janukowytsch gewinnen; es gab bereits Meldungen der ihm ergebenen Medien und »unabhängiger« Interpretatoren, die Janukowytsch zu seinem Sieg gratulierten. »Da stimmt irgendwas nicht«, stellten wir irritiert fest. Und das sollte sich in den folgenden Tagen bewahrheiten.

Noch in der Nacht fuhr ich auch in die Zentrale Wahlkommission. Die Zahlen aus den Regionen, die am großen Bildschirm zu sehen waren, belegten: Es gab keinen eindeutigen Gewinner, es war ein Kopf-an-Kopf-Rennen. Erst zehn Tage später (für unser Computerzeitalter unvorstellbar lange!), erst nach dem Vergleich aller originalen Unterlagen, kam die ZWK unter der Leitung des Juraprofessors Serhij Kiwalow zu dem Ergebnis: Mit einem Vorsprung von 0,55 Prozent hatte Viktor Juschtschenko gesiegt.

Was hatte das zu bedeuten, fragten sich alle Beobachter. Hatte sich tatsächlich die Demokratie in der Ukraine durchgesetzt, oder hatten die »Kassandras« Recht und die Machthaber trieben ein fein ausgeklügeltes Spiel?

Der nächste Wahltermin am 21. November und der Gewinn von Janukowytsch machten klar, dass es sich nicht nur um ein Spiel, sondern um einen erbitterten Kampf um die Macht handelte. Einen Tag nach den Wahlen und noch vor Bekanntgabe der offiziellen Zahlen sandte der russische Präsident Wladimir Putin ein Gratulationsschreiben an Janukowytsch – und trat damit in einen Fettnapf! Viele Ukrainer werden ihm diese Voreiligkeit nicht verzeihen.

Schon bald darauf stellte sich heraus, dass sich die Machthaber über die allgemein bekannten Wahlmanipulationen hinaus etwas

Besonderes hatten einfallen lassen. Die Wahlergebnisse liefen auf elektronischem Weg nicht direkt bei der ZWK ein, sondern zunächst bei einem dazwischengeschalteten Rechner. Dort wurden sie manipuliert und erst dann als »offizielle« Zahlen an die ZWK weitergeleitet. Hacker? Nein, keine Hacker. Über den Zugangscode zu den Daten verfügte der Kutschma zutiefst ergebene Vorsitzende der ZWK Serhij Kiwalow. Nur er konnte diesen Code freigeben, so dass vertraute »User« den Datenfluss kontrollierten und regelten. All das bestätigte Halyna Mandrusowa, die Chefentwicklerin des Systems, vor dem Obersten Gericht, und dieses fällte eine denkwürdige Entscheidung: Es erklärte die Wahlergebnisse für ungültig; die gesamte Zentrale Wahlkommission wurde ausgetauscht.

Doch bevor es dazu kam, ahnte bereits in der Wahlnacht des 21. November 2004 auch der Letzte, dass es nicht mit rechten Dingen zuging, und deshalb schlugen die Menschen auf dem Majdan ihre Zelte auf. Die im deutschen Fernsehen ausführlich beleuchtete »Orangene Revolution« nahm ihren Lauf, die mit dem Sieg Viktor Juschtschenkos endete, der ihn aber beinahe sein Leben gekostet hätte.

Zwischen dem zweiten Urnengang am 21. November und dem dritten am 26. Dezember 2004 geschah etwas, was die politischen Machtverhältnisse kräftig beeinflusste: Viktor Juschtschenko wurde Opfer eines Giftanschlags.

Bis heute gibt es noch keine vollständige Antwort darauf, wo und wann Juschtschenko vergiftet worden sein könnte, aber ein Dutzend denkbare Szenarien. Ich gebe eins davon wieder, das unmittelbar nach dem Anschlag bekannt geworden ist und bis jetzt als das glaubhafteste gilt: Nach der verkündeten Niederlage beim zweiten Urnengang sucht Juschtschenko Verbündete in allen Lagern, darunter auch bei den Schlapphüten. Er folgt deshalb einer Einladung des Vorsitzenden des ukrainischen Sicherheitsdienstes, SBU, Ihor Smjeschkos, und seines Stellvertreters, Wolodymyr Sazjuks, und fährt am 5. Dezember auf die Datsche von Sazjuk. Dort essen die Männer Sushi und Obst, trinken etwas Kognak und Tee.

Als der Präsidentschaftskandidat nach Hause kommt und seine Frau küsst, bemerkt Kateryna einen »metallischen Beigeschmack« auf den Lippen. Bereits in derselben Nacht wird Juschtschenko übel. Eine Sauna am nächsten Tag hilft nicht. Juschtschenko verspürt höllische Schmerzen und sagt alle Termine ab. Der Wahlkampf droht zu platzen. Juschtschenko selbst nennt das Abendbrot bei den Geheimdienstlern als Ort und Zeit seiner Vergiftung.

Sich in der Ukraine behandeln zu lassen, hält Juschtschenko für äußerst riskant; wer die Absicht hatte, ihn umzubringen, könnte vielleicht noch nachlegen. Deshalb fliegt der Präsidentschaftskandidat am 9. Dezember nach Österreich und wird dort im Wiener Hospital Rudolfinerhaus behandelt. Die Diagnose der österreichischen Professoren lautet auf akute Pankreatitis. Die Ursachen dafür werden zwei Tage später präsentiert: Vergiftung durch Dioxine. Diese höchst giftigen Substanzen in Juschtschenkos Blut wiesen später auch Chemiker aus den Niederlanden und Deutschland nach.[11]

Als Juschtschenko wieder nach Kyiw kam, vermochten ihn seine Anhänger auf dem Majdan nicht wiederzuerkennen: Sein Gesicht war verwundet, vereitert und vernarbt, aus einem jungen gesunden Mann war ein Greis geworden. Fotos von Juschtschenko, die ihn vor und nach der Vergiftung zeigten, gingen um die Welt. Die Menschen verspürten Solidarität mit Juschtschenko und Hass gegenüber seinen Feinden. Er wurde zur Legende.

Aufmerksame Beobachter registrierten, dass Juschtschenko, der lange Zeit seinen Widersachern gegenüber eher lasch aufgetreten war, nach der Vergiftung härter und entschlossener wirkte. Der Vorfall veränderte seine Denk- und Gangart.

Am 26. Dezember 2004 gewann Juschtschenko schließlich die Präsidentschaftswahl. Ohne Zweifel war seine erlittene Vergiftung einer der Siegesfaktoren. Als gewählter Präsident war es jetzt an ihm, seine Versprechungen auf dem Majdan einzulösen, die Ziele zu verwirklichen, die auch gern die »Ideale vom Majdan« genannt werden. Sie liefen auf die Forderung nach Freiheit, vor allem der Wahl- und Pressefreiheit hinaus; auf Gerechtigkeit; Kontrollierbarkeit der Macht; auf Entkriminalisierung all ihrer Zweige; auf die Teilhabe des Volkes an der Macht; die Besetzung der Machtposten durch moralisch integre Menschen.

»Die Freiheit kann nicht gestoppt werden!«, »Gefängnisse – für Banditen« und »Der Lüge keinen Fußbreit!« – diese Spruchbänder beherrschten den Majdan. Eine Verbesserung der materiellen Lebensumstände versprachen die Anführer der Orangenen Revolution dem Volk unaufgefordert.

Es gab jedoch auch drei sehr konkrete Forderungen der »Revolutionäre«: Erstens: Die Wahlfälscher müssen zur Verantwortung gezogen werden. Zweitens: Der Giftanschlag auf Juschtschenko muss aufgeklärt und die Schuldigen müssen vor Gericht gestellt werden. Drittens: Die Mörder des kritischen Journalisten Heorhij Gongadse und vor allem ihre Auftraggeber müssen gefunden und bestraft werden.

Aus der Sicht der »Straße« waren diese Forderungen leicht zu erfüllen. Die Fälscher waren ja namentlich bekannt. Die Täter, die seine Vergiftung herbeiführten, wolle Juschtschenko sicher selbst ausfindig machen, dachten die arglosen Bürger. Und die Strafsache Gongadse erklärte Juschtschenko zu seiner persönlichen »Ehrensache«. Doch das Volk wartete auf die Ergebnisse vergeblich.

Die Geschichte um Heorhij Gongadse, Sohn einer Ukrainerin und eines Georgiers, ist exemplarisch. Im Sommer 2000 meldete sich Gongadse, der Chefredakteur der mit amerikanischen Geldern finanzierten Internet-Zeitung *Ukrajinska prawda* (Ukrainische Wahrheit), bei der Generalstaatsanwaltschaft und wies darauf hin, dass ihn Unbekannte heimlich verfolgten, ausspionierten. Er bat um Schutz. Was er nicht wusste: Ihn verfolgten Banditen in Uniform, hohe Offiziere des Observierungsdienstes des ukrainischen Innenministeriums – angeführt von einem Milizgeneral.

Der Generalstaatsanwalt reagierte nicht. Mitte September war der kritische Journalist verschwunden. Nach sechs Wochen gab es Gewissheit – Gongadse war bestialisch umgebracht worden, seine Leiche in einem Waldstück nahe Kyiw verscharrt. Seinen Kopf hatte man abgetrennt und er ist bis jetzt nicht gefunden.

Es waren nicht wenige Journalisten, die in der Ukraine in den wirren Jahren umgekommen sind und deren Tod bis jetzt nicht aufgeklärt ist. Doch keiner der Fälle hatte eine politische Wirkung solchen Ausmaßes. Grund dafür sind die Gesprächsaufzeichnungen aus dem Kabinett Kutschmas, die der Vorsitzende der Sozialisten, Olexandr Moros, im November 2000 veröffentlichte:

»Kutschma: Und mit dem, von *Ukrajinska prawda*, wir müssen entscheiden, was wir mit ihm machen. Er ist absolut unberechenbar ... Abschaum, dieser Georgier.

Lytwyn (ein Referent Kutschmas): Ich denke, Krawtschenko (Innenminister – V. T.) muss man Bescheid geben, damit sie auf ihn mit anderen Methoden Einfluss nehmen könnten.

Kutschma: Den muss man nach Georgien deportieren und dort zum Teufel jagen. Nach Georgien verschleppen und wegwerfen. Die Tschetschenen sollen ihn kidnappen und Lösegeld ...«[12]

Die Bürger, die zum ersten Mal hörten, wie die politische Elite spricht (und das war die ekelhafte Gossensprache der Gefängnisse), ist doch mehr noch von den Inhalten überrascht: Der Präsident des Landes erwägt im Gespräch mit seinem Referenten (und künftigen Parlamentsvorsitzenden) die Entführung eines Journalisten. Später legt Kutschma im Gespräch mit dem Chef des ukrainischen Sicherheitsdienstes Leonid Derkatsch nach:

»*Kutschma:* Ist das wieder Gongadse? Könnt ihr den Scheißkerl um die Ecke bringen?

Derkatsch: Klar, abgemacht, jetzt mache ich ihn kalt. Ich werde ihn, den Hurensohn, auf Schritt und Tritt verfolgen. Gongadse, dieses Vieh.«[13]

Die Ukraine las und hörte diese Worte, als sie schon wusste: Gongadse ist eines schrecklichen Todes gestorben.

Damals gingen die Ukrainer auf die Straße mit der Losung »Ukraine ohne Kutschma!«. Erfolglos. Ministerpräsident des Landes war zu jener Zeit Viktor Juschtschenko, der den der Mordanstiftung verdächtigten Kutschma innigst »Vater« und die Menschen auf der Straße »Faschisten« nannte.

Auf dem Majdan, als der Machtwechsel bevorstand, glaubten aber viele den Worten Juschtschenkos, dass nach seiner Wahl nicht nur die unmittelbaren, physischen Henker, sondern auch die Auftraggeber für den Mord an dem Journalisten gesucht, gerichtlich verfolgt und bestraft werden würden. Als Juschtschenko das versprach, hatte er nach amerikanischer Art seine Hand auf die Brust gelegt, dorthin, wo das Herz schlägt. Vielleicht hatten ihm gerade deshalb viele geglaubt.

Juschtschenko und seine Mannschaft haben ihre Versprechungen jedoch nicht erfüllt.

Auch gegen die Wahlfälscher wurde nicht ermittelt. Alle wären leicht zu finden gewesen. Professor Kiwalow ist inzwischen Rektor der Juristischen Akademie in Odessa. Die anderen sind auf ihren Posten geblieben, und einer der mutmaßlichen Verbrecher wurde sogar zum Volksabgeordneten. Halyna Mandrusowa, die mit ihren Enthüllungen die Neuwahlen erzwungen hatte, stellte verbittert fest: »Alle haben es geschafft, sich mit der neuen Macht zu arrangieren.«

Auch die Suche nach Beweisen für die Vergiftung des Präsidenten verlief halbherzig. Die Schuldigen sind bis heute nicht festgesetzt worden, obwohl der Präsident selbst auf einer Pressekonferenz im Dezember 2006 davon sprach, dass man bereits Namen habe und den Betreffenden nur noch Handschellen anzulegen brauche. Die Hände der Verbrecher blieben aber frei.

Warum? Warum will Juschtschenko diese Untersuchung nicht vorantreiben und die Namen, die er vermeintlich kennt, öffentlich nennen, fragten sich Wähler.

Die fehlenden Untersuchungsergebnisse, Ratlosigkeit der Generalstaatsanwaltschaft, eine Fülle ungeklärter Fragen, die Fachleute und Journalisten stellten, riefen andere Vergiftungsversionen hervor. Die schäbigste von allen war: Die Vergifter waren die »Orangenen« selbst, die durch diese Aktion (ohne Wissen Juschtschenkos) eine PR-Kampagne durchführten – erfolgreich. Hinweise darauf, dass diese Idee alles ad absurdum führe und deshalb irrsinnig sei, taten die Verfechter ab. Sie meinten, der Verdacht sei gerade deswegen berechtigt, weil kein normaler Mensch darauf kommen könnte.

Für so eine, wie es vielen scheint, »Verdrehung der Tatsachen«, gab es auch ausreichend Indizien. Der Direktor des Forschungsinstituts für Toxikologie, Medizinprofessor Mykola Prodantschuk, brachte sein Fachwissen in die Diskussion um die Vergiftung ein und fasste die Argumente zusammen. Erstens, meinte er, kann man jemanden an einem gemeinsamen Esstisch nicht mit Dioxin vergiften, weil durch giftige Miasmen alle anderen auch vergiftet worden wären. Er behauptete, dass die Geschichte der Medizin Dioxinvergiftungen »zu Hause« nicht kennt. Zweitens, »Dioxin ist das falsche Gift, um jemanden zu töten«: Letalfolgen treten nicht unbedingt auf (im Unterschied zum kampferprobten Zyankali oder Rizin), nachweisbar ist Dioxin jahrzehntelang – als gute Hilfe für Untersuchungsrichter. Und drittens, Dioxinvergiftungen sind immer »sichtbar« und können sehr gut politisch instrumentalisiert werden.

In der Sache Gongadse ging es auch nicht recht voran. Am 25. Januar 2005, dem zweiten Tag nach seiner Amtseinführung, erklärte Juschtschenko öffentlich, die Strafsache über den Mord an Gongadse werde innerhalb von zwei Monaten dem Gericht vorgelegt. Einen Monat später wurden die mutmaßlichen Mörder wirklich verhaftet. Die Staatsanwaltschaft beschuldigte den streng geheimen Kriminalkundschafterdienst des Innenministeriums unter der Leitung von General Olexij Pukatsch des Mordes. Erst wurde dieser vermeintliche Schwerstverbrecher festgenommen, dann aus rechtsstaatlich unerklärlichen Gründen freigelassen – und tauchte unter. Auf der Anklagebank saßen direkt an dem Mord beteiligte »Milizionäre«: zwei Oberste, ein Hauptmann. Wer könnte dem General und den hohen Offizieren den Mordauftrag gegeben haben, fragte sich der Durchschnittsbürger. Und antwortet: ihr Vorgesetzter. Alle Blicke richteten sich auf Jurij Krawtschenko, Innenminister unter Kutschma, der dem Präsidenten des Landes oft seine »Adler ohne Moral« anpries, die zu »allem fähig« wären.

Doch es kam zu keiner Vernehmung des Ex-Ministers; einen Tag nachdem die Staatsanwaltschaft im März 2005 Krawtschenko eine Vorladung zustellte, fand man ihn tot in seiner Garage. »Selbstmord«, lautete der endgültige Beschluss der staatshörigen Gerichtsmediziner und der staatshörigen Staatsanwaltschaft. Die Staatshörigkeit betone ich absichtlich: Viktor Juschtschenko und Julia Tymoschenko sind gerade an der Macht. Aber Medien und unabhängige Experten haben berechtigte Zweifel an der »Selbstmordgeschichte«. Krawtschenko jagt sich nicht eine Kugel in den Kopf, sondern schießt ZWEIMAL. Mit dem ersten Schuss fegt er den halben Unterkiefer, sieben Zähne, Oberkiefer, Nase und Zunge weg. Nach so einem traumatischen Schock konnte er nicht bei Bewusstsein bleiben, um noch einen zweiten Schuss abzugeben, so einer der besten Experten des Landes auf dem Gebiet der Kopfschüsse Mykola Polischtschuk.[14] Irgendjemand, so die naheliegende Vermutung, war interessiert daran, sich Krawtschenkos zu entledigen.

Vorher, im August 2003, starb in Untersuchungshaft noch ein Schlüsselzeuge in der Sache Gongadse – der Milizoberstleutnant Ihor Hontscharow. »Selbstmord«, beschlossen auch damals die Rechtsschutzorgane.

In dem Gerichtssaal, wo die »Sache Gongadse« verhandelt wurde, stellte ich erschüttert fest, wie wenig das Verfahren einem offenen und schnellen Prozess entsprach[15], den Präsident Juschtschenko versprochen hatte. Journalisten wurden aus dem Gerichtssaal entfernt, weil man dort angeblich Staatsgeheimnisse besprach. Diese »Geheimnisse« fußen auf der ukrainischen Gesetzgebung, wonach alle Angaben zur personellen Besetzung, zu

Arbeitsmethoden und Ergebnissen der operativen Tätigkeit einiger Milizdienste geheim zu halten sind. In diesem Falle also die Taten der Mörder. Ihre Arbeitsmethode, die das Gesetz jetzt vor der Öffentlichkeit schützt, war Mord, und das »Ergebnis« ihrer Arbeit war der Tod eines Menschen. Niemand sollte davon erfahren. Ich fühlte mich in tiefe Breschnew-Zeiten versetzt. So verliefen die Prozesse gegen sowjetische Dissidenten – unter Ausschluss der Öffentlichkeit. Aber das war nicht die neue, transparentere Politik, die das couragierte Volk auf dem Majdan verlangt hatte!

Gab es Gründe für Juschtschenko, den Gongadse-Prozess zu torpedieren? Nach einigen Insiderberichten soll Juschtschenko Kutschma sein Wort gegeben haben, ihn nicht vor Gericht zu stellen. Sollte er der letztverantwortliche Auftraggeber für den Mord gewesen sein, hätte die Prozessverschleppung eine gewisse Logik.

Ende 2005 wurde in der Ukraine das Thema »Verrat am Majdan« laut. Als Erste nahmen das Wort gerade die in den Mund, die den Verrat in ihren eigenen Reihen fürchten mussten: die »Orangenen« selbst. Und tatsächlich sollte die erstaunte Öffentlichkeit feststellen, dass es ausgerechnet in den Reihen der »orangenen« Politiker von Verrätern nur so wimmelte.

Zum Verräter Nummer eins wurde Olexandr Moros, derjenige Politiker, der seinerzeit die brisanten Tonbänder aus Kutschmas Kabinett veröffentlicht hatte, Dritter im »orangenen« Bunde Juschtschenko-Tymoschenko-Moros. Dieser als »Judas der ukrainischen Politik« bezeichnete Sozialist wechselte die Seiten, um bei Janukowytsch Parlamentssprecher zu werden. Damit platzte die »orangene« Regierungskoalition in letzter Sekunde. Das war kein »gewöhnlicher« Verrat, das war ein Dolchstoß in den Rücken der »Revolution«. Mit Hilfe von Moros konnte der erbittertste Widersacher Juschtschenkos, Viktor Janukowytsch, Ministerpräsident werden. Schließlich gerieten auch die beiden »orangenen« Kultfiguren Viktor Juschtschenko und Julia Tymoschenko aneinander und gingen getrennte Wege.

Daraufhin legte Juschtschenko nach und unterzeichnete ein Abkommen mit Janukowytsch über die gegenseitige Tolerierung und partielle Zusammenarbeit. Das war ein Verrat an den Anhängern, am Volk mit seinen Forderungen nach mehr Demokratie und Transparenz.

Langsam wusste man nicht mehr, was Recht und was Unrecht ist. Die Grenzen zwischen »sauberen« und »redlichen Orangenen«

und »schmutzigen«, »kriminellen Blau-Weißen« verwischten sich. Man merkte – mancher zum ersten Mal: Auf beiden Seiten stehen Machtpragmatiker und Oligarchen, die ausschließlich ihre eigenen Interessen verfolgen. Die Bürger verstanden: Eine Krähe hackt der anderen kein Auge aus.

Die Ideale vom Majdan sind Ideale geblieben, verwirklicht wurde keines. Im Land verbreitete sich eine Stimmung der Enttäuschung und Niedergeschlagenheit. Die Forderungen nach mehr Freiheit und Gerechtigkeit blieben unerfüllt. Das Land trat auf der Stelle – politisch wie wirtschaftlich.

Inzwischen, Jahre später, weiß man: Die »Orangenen« konzentrierten sich 2004 auf die Machtübernahme, hatten aber keine konkreten Vorstellungen, was danach geschehen solle. Der Forderung »Kutschma muss weg!« folgten weder schlüssige Pläne zur Zerschlagung der diktatorischen Staatsstrukturen, noch zeichneten sich Grundrisse für den Übergang zur Demokratie ab. Somit ist es auch fraglich, ob der Begriff »Revolution« für die Ereignisse 2004/2005 wirklich gerechtfertigt ist – es gab keine grundlegenden Veränderungen in Staat oder Gesellschaft. Eine politische und wirtschaftliche Elite wurde lediglich durch eine ähnliche ersetzt.

Zudem bleibt die Frage, inwieweit amerikanische Einflüsse und Dollar zur »Orangenen Revolution« beigetragen haben[16]. Wie auch immer: In jedem Fall erwies sich der Sieg als trügerisch und die verpflanzte »Demokratie« als Ware mit kurzem Verfallsdatum. Zwar ging die Willkürherrschaft Kutschmas auf dem Majdan zu Ende, die Demokratie aber ist noch längst nicht durchgesetzt. Das merkten auch Politologen: Egal zu welchen politischen Auseinandersetzungen es auch kommt, einen neuen »Majdan« wird es nicht mehr geben, so ihr erschöpfendes Urteil.

»Ich bin nicht enttäuscht«, sagte mir eine alte Bekannte, »ich habe für Janukowytsch gestimmt. Aber meine Tochter, die einen Monat lang in Kyiw für die Demonstranten Essen kochte – wie ist es mit ihr?« Und ein anderer, der gerade im Pro-Janukowytsch-Milieu für Juschtschenko kämpfte, fasste zusammen: »Im seligsten der Gefühle wurden wir aufs Böseste hintergangen.«

Die Sprache als Brühe zum Garkochen der Widerspenstigen

In der Ukraine kommt man heutzutage nicht ohne die Amtssprache aus. Zu der wurde nach der Unabhängigkeit ausschließlich das Ukrainische erklärt. Selbst Präsident Kutschma musste nach seiner Amtseinführung 1994 erst einmal Ukrainisch lernen. Er sprach wie die Hälfte der Bevölkerung bis dahin nur Russisch.

Im Unterschied zur Schweiz, wo alle vier Sprachen Amtssprachen sind, wurde in der Ukraine das Russische keine Amtssprache. Um aber einen Posten im Staatsapparat zu bekommen, muss man anständig Ukrainisch sprechen können, und nicht alle dürfen wie Präsident Kutschma sich erst im Nachhinein die »Fremdsprache« aneignen.

Woher kommt diese verbohrte Einseitigkeit?

Die Ukraine war in der Geschichte vor 1991 nie ein selbständiger Staat, wenn man die wenigen Jahre des Hetmanats im 17. Jahrhundert und die kurze Zeit Anfang des 20. Jahrhunderts außer Acht lässt. Hier tummelten sich immer Fremdländer, die den Ukrainern fremde Sprache, fremde Religion und fremde kulturelle Werte aufzwangen. Die Sprache ist bekanntlich ein Kommunikationsmittel, ohne das man ein fremdes Land nicht regieren kann, aber sie ist auch ein Erziehungsmittel zum Umpolen der geistigen Elite des besetzten Landes auf die Werte der Eroberer. Die Sprache ist die Brühe, in der man Menschen gar kocht, damit sie dem Besatzer gegenüber loyal werden.

Die zumeist herrschenden Russen versuchten deswegen, den Ukrainern Russisch schmackhaft zu machen. Schwer war das nicht, weil die russische Kultur, Wirtschaft und Wissenschaft eine ganze Reihe von Weltspitzenleistungen aufweisen konnten. Namen wie Lomonossow, Puschkin, Tschaikowski, Mendelejew, Glinka, Rachmaninow, Lermontow, Repin, Tschechow, Gogol, Achmatowa bürgen dafür.

Es ist aber nicht so einfach mit dem »Russischen« und »Ukrainischen«, wie man denken könnte. Nikolaj Gogol, Autor der »Toten Seelen« und schöner »Kleinrussischer« Erzählungen, ist eigentlich Ukrainer, der – zu Zeiten des Verbotes der ukrainischen Sprache in Russland – ausschließlich auf Russisch schrieb. Gogol ist vielleicht das typischste Beispiel des gut (russisch) erzogenen Ukrainers, der es zum russischen Klassiker gebracht hatte und der die ukrainische Sprache – nicht unter Folter, sondern aus freien Stücken – nicht mochte. Seine Überzeugungen hat er so formuliert: »Wir müssen auf Russisch schreiben; wir müssen die Unterstützung und Festigung der bei allen mit uns verwandten Volksstämmen herrschenden Sprache anstreben. Zur Dominante für Russen, Tschechen, Ukrainer und Serben soll unser gemeinschaftliches Heiligtum werden – die Sprache Puschkins; so wie das Evangelium für alle Christen eins ist.«[17]

Aus der Ukraine stammen auch andere Klassiker der russischen Literatur wie Michail Bulgakow, Wladimir Korolenko, Konstantin Paustowskij, Maximilian Woloschin, Nikolaj Nekrassow, Anna Achmatowa ... Wie Gogol, wollte auch Achmatowa (ukrainischer Mädchenname *Gorenko*, geboren in Odessa, Ausbildung in Kyiw ...) keine ukrainische Schriftstellerin werden. Der in intellektuellen Kreisen als »Don Quichotte« der russischen Literatur bezeichnete Wladimir Korolenko, in der Ukraine geboren und verstorben, der vom russischen Zarenreich nur Gefängnisse und sibirische Straflager sah, bekannte sich stets bewusst zur großen russischen Literatur.

Wer eine breite Leserschaft erreichen wollte, musste im zaristischen Russland auf Russisch schreiben. Sogar die Verteidigung der ukrainischen Sprache durch national bewusste Ukrainer nahm ab und zu bizarre Formen an. Als Pantelejmon Kulisch, ein ukrainischer Literat, William Shakespeare ins Ukrainische übersetzte, lachten die Ukrainophoben ihn aus. Kulisch, einer der begnadetsten ukrainischen Gelehrten, musste sich nun auf Russisch zur Wehr setzen – damit die Angreifer ihn auch verstehen konnten.

Aus vielerlei Gründen sprachen breite Schichten der ukrainischen Intelligenz Russisch, eine schöne Sprache, die den Eindruck erweckte, man sei gebildet und aufgeklärt.

In Russland selbst sprachen wiederum die oberen Zehntausend ab dem frühen 18. Jahrhundert wenig Russisch – das stank der Crème de la Crème der Gesellschaft nach Mist und Holzteer –, man bevorzugte das Französische. Tatjana Larina, die »typische russische Frau« in dem zum Volksepos gewordenen »Jewgeni Onegin« von Puschkin (Deutsche kennen das Werk eher als Oper von Pjotr Tschaikowski), schrieb ihren Liebesbrief an Jewgeni auf Französisch, weil Russisch, aus ihrer Sicht, nicht fein genug für Liebeserklärungen war: »Она по-русски плохо знала, / журналов наших не читала / и изъяснялася с трудом / на языке своем родном.« (»Sie sprach wenig russisch, las keine unserer Zeitschriften und konnte sich nur mühselig in ihrer Muttersprache ausdrücken.«)[18]

Aber es gab noch eine politische Komponente der Fehde des Russischen gegen das Ukrainische. Russische Herrscher sahen darin gleichzeitig einen Kampf gegen Polen und dessen kulturelle und politische Einflüsse auf die Ukraine. Propagandistisch erklärte man, die ukrainische Sprache sei das Gestammel der »niederen« Bauern, die des gehobenen Russischen nicht mächtig wären.

In den Jahrhunderten des russisch-ukrainischen Zusammenlebens wurden deshalb Hunderte von Einschränkungen und Dutzende von Zaren-Ukasen, sprich Gesetze zum Umgang mit der ukrainischen Sprache, erlassen.

Bereits der Moskauer Zar Alexej Michajlowitsch entschied 1627, ukrainische Bücher auszumerzen. Damals schuf der ukrainische Philosoph, Dichter, Schriftsteller, Prediger und Verleger Kyrylo Trankwilion-Stawrowezkyj mit seinem »Lehrer Evangelium« die Grundlagen des sogenannten ukrainischen Renaissance-Humanismus. Ausgerechnet dieses Buch und der »Katechismus« von Stefan Sysanius wurden in Moskau auf Zarenbefehl verbrannt. Vom »Katechismus« ist kein einziges Exemplar erhalten geblieben, und die Nachwelt hätte ohne die Verfolger nie etwas von diesem Werk erfahren. In ihrem Vernichtungseifer haben sie allerdings selbst für das Weiterleben der Schrift gesorgt: Deren Inhalt wurde nämlich detailliert in dem Brief des russischen Metropoliten an Sysanius mit dem Verbot zu predigen festgehalten. Was der Metropolit überging, vervollständigte der Jesuit Martin Lasz in seiner Invektive mit dem durchschlagenden Titel »Kornrade, die Stefan Sysanius in den russischen Kirchen in Wilna sät« (1595)[19].

Einen schweren Schlag gegen die ukrainische Sprache bedeutete 1863 das sogenannte »Walujewsche Zirkular« des russischen Innenministers Pjotr Walujew. Es verbot Lehr-, Sach- und religiöse Bücher in ukrainischer Sprache.

Das Zirkular an alle Zensurbehörden untersagte außerdem die Nutzung der ukrainischen Sprache in den Hauptschulen. In höheren Schulen unterrichtete man schon vorher nur auf Russisch. Die Sonntagsschulen mit Stunden in Ukrainisch wurden geschlossen, eine Reihe von ukrainischen Gelehrten in weit entlegene Gouvernements Russlands verbannt, vorwiegend nach Sibirien. Danach verbot auch die Synode der russischen-orthodoxen Kirche Predigten »in der Mundart«.

Das Zirkular erlaubte aber die Herausgabe ukrainischer schöngeistiger Literatur. Diese Gesetzeslücke schloss 13 Jahre später ein Zarenerlass, den Alexander II. im deutschen Mineral-Kurort Bad Ems unterzeichnete und der seitdem als *Emser Ukas von 1876* für die Ukrainer ein Begriff ist. Die vier wesentlichen Punkte beinhalten:

1. Verbot der Einfuhr von Büchern im »kleinrussischen Dialekt« (die in dem zu Österreich gehörenden Teil der Ukraine herausgegeben wurden);

2. Verbot der Originaltexte oder Übersetzungen »in der gleichen Mundart«. Für schöngeistige Literatur wurde eine Ausnahme gemacht mit dem zynischen Zusatz, ukrainische Bücher dürften »in russischer Orthographie« erscheinen und mit ausdrücklicher Genehmigung der russischen Hauptverwaltung für Druckangelegenheiten, wie damals die Zensur hieß. (Als ob man z.B. deutsche Bücher in französischer Orthographie herausgeben könnte!)

3. Verbot jeglicher Theateraufführungen und Lesungen auf Ukrainisch sowie Verbot des Drucks von Texten zu Noten, sprich Verbot von Volksliedern und musikalischen Komödien.

4. Verbot der ukrainischsprachigen Zeitung *Kyiwer Telegraph*.

Beide Erlasse waren geheim, was schon den Verdacht aufkommen lässt, dass russische Chauvinisten nicht unbedingt das Wohl des »kleinrussischen« Volkes im Auge hatten. (Wahrheitsgemäß muss man anfügen, dass solche barschen Verbote von Sprachen oder Dialekten im damaligen Europa keine Seltenheit darstellten. Nachdem 1871 König Wilhelm I. von Preußen zum Kaiser ausgerufen und das Deutsche Reich proklamiert worden war, gab es in Deutschland ähnliche Entwicklungen, da davon ausgegangen wurde, dass eine einheitliche Sprache zur inneren Einheit des Landes beitrüge. Im Frankreich des 19. Jahrhunderts gab es Differenzen zwischen der französischen und den provenzalischen und bretonischen Sprachen; in Italien zwischen »Hochitalienisch« und Neapolitanisch und Venezianisch ...)

Dem *Emser Ukas* folgten noch zahlreiche Anordnungen und Verfügungen, die die Benutzung der ukrainischen Sprache weiter einengten.

Ohne breitere Anwendung in allen Lebensbereichen konnte sich Ukrainisch auch nicht auf natürliche Weise entwickeln – was den Ukrainophoben ein neues Argument gab: Der Wortschatz sei lückenhaft. Dieses Argument wird noch bis heute vorgebracht.

Auch im Alltag hatten es die Ukrainischsprachigen nicht leicht: Wer privat ukrainisch sprach, riskierte seine Karriere und erwarb sich den Ruf eines Separatisten.

Einige Lockerungen in Bezug auf die ukrainische Sprache kamen erst 1905, dem Jahr der ersten russischen Revolution, die den Filmliebhabern vorwiegend aus Sergej Eisensteins »Panzerkreuzer Potjomkin« bekannt ist. In jenem Jahr regte die russische Reichsakademie der Wissenschaften an, das *Walujewsche Zirkular* sowie den *Emser Ukas* auszusetzen und den Ukrainern das Recht einzuräumen, »öffentlich in ihrer Muttersprache zu reden und zu publizieren«.

Von 1917 bis 1990 war die Erhaltung des großen, nunmehr sowjetischen Reiches unverändertes Ziel, daher unterschied sich die Politik der Kommunistischen Partei in ihrem Wesen kaum von der Russifizierungspolitik im zaristischen Russland. Russisch wurde zur Sprache der staatsinternen Verständigung erklärt. Sie wurde zum wichtigen kulturellen und wirtschaftlichen Faktor. Die »Sprache Moskaus« galt auch als Kommunikationsmittel im Rat für gegenseitige Wirtschaftshilfe (RGW), einem sozialistischen Pendant zur Europäischen Wirtschaftsgemeinschaft. Die Mitgliedsstaaten von der Mongolei bis Kuba förderten Russischunterricht und Russischkenntnisse. (Ein überzeugender Beweis dafür ist die Russisch-Tüchtigkeit der Kanzlerin Merkel.)

Die Entwicklung der nationalen Sprachen, unter anderem auch der ukrainischen, wurde von den Kommunisten zwar deklariert, nicht aber wirklich vorangetrieben (abgesehen von der kurzen ukrainophilen Phase Ende der 20er Jahre). Man erarbeitete eine recht verklausulierte politische Formel, die als Keule gegen »zu viel« Ukrainisches geschwungen wurde. Die Kultur, darunter auch Literatur, sollte »eine nationale Form, aber einen sozialistischen Inhalt« haben. So wurde einer der sensibelsten ukrainischen Lyriker Wolodymyr Sosjura für das Gedicht Любіть Україну! (»Liebt die Ukraine!«) scharf verurteilt. Viele ukrainische Schriftsteller und Dichter landeten im GULAG[20] oder bezahlten ihre Liebe zur Ukraine mit dem Leben. Die Anklagen vor Gericht lauteten nicht immer auf Nationalismus, der in der Sowjetunion immer als »bourgeois« galt, sondern auch auf Sabotage, Spionage, antisowjetische Agitation und Propaganda, Mitgliedschaft in einer antisowjetischen Organisation oder Hochverrat. Hier einige wenige Namen von Repressalien ausgesetzten Sprach- und Literaturwissenschaftlern, Schriftstellern, Dichtern und Kritikern: Serhij Jefremow, Jewhen Plushnyk, Hryhorij Kosynka, Mykola Kulisch, Mykola Chwyljowyj, Les Kurbas, Mykola Serow, Hryhorij Epik, Geo Schkurupij. Womöglich sagen alle hier angeführten Namen dem Leser in Deutschland wenig, vielleicht gerade deshalb, weil vielen von ihnen bereits in jungen Jahren ihr Schaffensprozess oder gar ihr Lebensfaden abgeschnitten wurde. Es waren viele, zu viele Vertreter der ukrainischen Elite, die als Feinde des Regimes in den 20er, Anfang der 30er Jahre hinter Gitter geworfen wurden oder vor Verzweiflung selbst eine Schlinge suchten. Verschiedenen Angaben nach verschwanden in der Zeit 200 der 240 registrierten ukrainischen Schriftsteller spurlos, von 85 anerkannten Sprachwissenschaftlern wurden 62 »liquidiert«. Eine grausame Bilanz, man spricht von der »Erschossenen Generation«.

Die Verfolgung traf auch kommunistische Funktionäre, die dem »nationalistischen« Flügel der Partei angehörten und eine politisch unerwünschte Ukrainisierung der Republik erlaubten, unterstützten, gar förderten. Eine Symbolfigur ist Mykola Skrypnyk, von 1927 bis 1933 Bildungsminister der Ukraine.

Man wusste in der Sowjetzeit nicht viel von ihm, obwohl man ihn eigentlich hätte kennen müssen. So war die Schule, die ich in meiner Heimatstadt besuchte, nach einem mir damals unbekannten kommunistischen Funktionär benannt – eben nach Mykola Skrypnyk. Er stammte aus meinem Landstrich und ging zwei Jahre lang in »meine« Schule in Barwinkowe, daher der Name. Erst später erfuhr ich, dass Skrypnyk für die nationalbewussten Ukrainer DER Kommunist war, der die »Ukrainisierung der Ukraine« versucht hatte. Unter seiner Leitung wurden ukrainische Zeitungen und Zeitschriften herausgegeben, die Schulen, auch Hochschulen, gingen zum Ukrainischen als Unterrichtssprache über. Auf der Rechtschreibkonferenz 1927 wurde die ukrainische

Grammatik überarbeitet und ein Jahr später für verbindlich erklärt. Sie verbannte russische Einflüsse aus der normierten ukrainischen Sprache. Den Kernspruch dieser Jahre formulierte der Schriftsteller, auch Kommunist, Mykola Chwyljowyj: »Weg von Moskau, vorwärts zu Europa!« Minister Skrypnyk, der solche radikalen Forderungen formell nicht unterstützen durfte, tat im Stillen alles, um sie durchzusetzen. Als 1933 die schrecklichste Hungersnot in der Geschichte der Ukraine wütete (dazu mehr im Kapitel *Holodomor*), wurde die erschütternde Lage auf die hinterhältigen Umtriebe der Nationalisten unter Führung von Skrypnyk und Chwyljowyj geschoben. Chwyljowyj nahm sich im Mai 1933 das Leben. Im Juli 1933 legten »linientreue Genossen« auch Skrypnyk eine Pistole in die Hand ... Nach seinem Tod sprach im November 1933 das ZK der ukrainischen Kommunisten in einem Beschluss von der »nationalistischen Abweichung in der Partei, angeführt von M. Skrypnyk«. Im März 1934 wurden Skrypnyks Werke verboten, aus den Regalen verbannt und vernichtet.

Nach dem Tode Stalins 1953 und dem 20. Parteitag der KPdSU 1956, auf dem der neue Parteichef Nikita Chruschtschow den Stalin-Kult verurteilte, gelangte die frische Luft des *Tauwetters* auch in die Ukraine. In den 60er Jahren entstanden hier kraftvolle Bewegungen für eine Wiedergeburt der ukrainischen Sprache, der ukrainischen Kultur, gepaart mit der Forderung nach Demokratisierung der (sozialistischen) Gesellschaft. Man wollte einen »Sozialismus mit menschlichem Antlitz« noch bevor der tschechoslowakische Parteichef Alexander Dubček dies formulierte.

Im Rausch der fast unbegrenzt scheinenden Freiheit merkten die Beteiligten nicht, dass das *Tauwetter* schon nach wenigen Jahren vorbei war und unter Leonid Breschnew wieder ein eisiger Wind blies. Oles Berdnyk, Iwan Dsjuba, Wasyl Stus, Walentyn Moros, Leonid Pljuschtsch, Mykola Rudenko, Iwan Switlytschnyj, Jewhen Swerstjuk, Olexa Tychyj, Helij Snjehirjow, Walerij Martschenko[21] und viele, viele andere »Andersdenkende« und »Anderssprechende« zahlten für ihren geistigen Aufstand einen hohen Zoll ...

In die Geschichte ging die nationale Bewegung der 60er Jahre als »Revolution der Dichter« ein, denn sie waren es, die sich hauptsächlich für die ukrainische Sprache einsetzten. 1972 wurde diese Bewegung durch den KGB brutal zerschlagen, Dutzende ukrainische Intellektuelle landeten in Gefängnissen und Arbeits-

lagern oder starben, wie die Malerin Alla Horska, unter mysteriö-
sen Umständen.

Aus dieser Geschichte erklärt sich, dass nach der Unabhängigkeit von 1991 ein neuer Kampf für die ukrainische Sprache auf-
loderte und Ukrainisch zur einzigen Staatssprache erklärt wurde.
Die Intelligenzler in Kyiw schämten sich nicht mehr, Ukrainisch
zu sprechen, es wurden viele Zeitungen und Zeitschriften gegründet, die (oft mit Unterstützung der Auslandsukrainer) die Heimat-
sprache propagierten. Die Regierung beschloss sogar steuerliche
Privilegien für Publikationen in ukrainischer Sprache; Funk- und
Fernsehstationen mussten einen bestimmten Anteil der Sendezeit
auf Ukrainisch ausstrahlen, russische oder in russisch synchroni-
sierte Filme durften nur mit ukrainischen Untertiteln gezeigt
werden.

Da in der Ukraine ein großer Teil der Bevölkerung gar nicht
oder kaum Ukrainisch sprach und spricht (die meisten verstehen
es, haben aber keine aktiven Sprachkenntnisse), wurde die gesetzliche Verankerung von Ukrainisch als einziger Amtssprache zum
großen Politikum. Russisch als zweite Amtssprache ist das erklärte
Ziel mehrerer politischer Parteien, die ihre Wähler vorwiegend in
den östlichen Regionen der Ukraine und auf der Krim sehen.

Verabscheuen Ukrainer alles Russische? Nein, aber.

In letzter Zeit gehört es in der Ukraine immer mehr zum guten
Ton, hässliche und abstoßende Russenwitze zu erzählen. Wenn
man »hässlich und abstoßend« sagt, so habe ich als Journalist
gelernt, ist das nicht sehr aufschlussreich. Man braucht ein plas-
tisches Beispiel. Hier ist eine besonders widerliche Kostprobe:
»Ein Ukrainer geht durch den Wald und trifft seinen Nachbarn,
der einem an den Baum gefesselten Russen mit einer Säge die
Kehle durchschneidet.

Lieber Nachbar Petro, was machen Sie denn da?

Ich zersäge einem Russen die Kehle.

Dafür kann ich Ihnen auch eine Axt ausborgen.

Nein, danke, lieber Nachbar Stepan, ich hab' Zeit.«

Solche Witze kann ich mir nicht einmal bei den Tschetschenen
vorstellen, die durchaus auf Russen böse sein könnten. Nicht aber
bei einem Brudervolk. Wie gesagt, das ist nicht nur ein vereinzel-

ter Witz, es gibt einen Haufen davon. Wenn ich nur diesen einen Witz über russisch-ukrainische Beziehungen kennen würde, müsste ich denken, das seien erbitterte Erzfeinde auf Ewigkeit.

So ist es aber nicht.

Die Hälfte der Ukrainer[22] spricht Russisch als Muttersprache. Viele haben in Russland enge Verwandtschaft. Russische Bücher überwiegen auf dem ukrainischen Markt, und es wird auf Russisch viel gelesen. Erstens, weil das eine der großen Weltliteraturen ist, und zweitens, weil fast die ganze Weltliteratur in der Ukraine zunächst auf Russisch und erst viel später (wenn überhaupt) auf Ukrainisch erscheint. Es gibt in der Ukraine – allen ukrainisch ausgerichteten Bemühungen des Staates zum Trotz – sehr viele russischsprachige Zeitungen und Zeitschriften, Theateraufführungen und Theater, Filme, Fernsehsendungen usw. Viele Ukrainer der älteren Generationen haben in Russland studiert, in der Armee gedient oder Urlaub verbracht. Die Ukraine ist mit Millionen Fäden – ethnischen, historischen, kulturellen, wirtschaftlichen, militärischen – mit Russland verbunden.

Woher kommt dieses »Ich habe Zeit«?

Alles liegt wahrlich in der Geschichte.

Erst waren es Tataren und Mongolen (drei Jahrhunderte seit 1242), dann Russen, dann Litauer und Polen, dann wieder Russen, die das Gebiet beherrschten. Deshalb gibt es irgendwo im Unterbewusstsein einiger (aber weiß Gott nicht aller!) Ukrainer gewisse schleichende Aversionen – nicht mehr gegen Tataren und Mongolen – aber gegen Russen. Die 73 Jahre Sowjetzeit wurden von ihnen oft auch als russisches Joch verstanden – oder zumindest nachträglich so interpretiert.

Das ist nicht nur in der Ukraine so. Als ich vor Jahrzehnten in einem estnischen Restaurant saß und die Menschen russisch – wie denn sonst? – ansprach, sahen sie mich schief an – ein Russe! Als ich erklärte, ich käme aus Kyiw, drehte sich die Stimmung um 180 Grad: Ich war also kein Herrscher und Ausbeuter, ich wurde gleich zum Unterjochten und somit zum Freund. Wir rückten die Tische zusammen, tranken Brüderschaft und schwatzten – wohlgemerkt, auf Russisch.

Ob es Ausbeutung der Ukraine durch Russland gab, ob die sowjetische, in Moskau sitzende und deshalb *russische*, Regierung die Ukraine BEWUSST mehrmals ausbluten ließ, darin scheiden sich die Geister.

Was war wirklich in der Sowjetzeit?

Die politische Führung Russlands verstand seit der Oktoberrevolution von 1917, dass in dem Vielvölkerstaat nationale Probleme langfristig zu Spaltungssprengstoff werden könnten. Die Nationalfrage, die auf dem Postulat der Völkerfreundschaft fußte, war eines der Fundamente der kommunistischen Ideologie. Sie bildete den Kitt, ohne den die große Sowjetunion vielleicht noch eher zusammengebrochen wäre. Obwohl kommunistische Ideologen recht viel und gern von der nationalen Kultur redeten, langfristig setzte man auf die Verwässerung des Nationalen durch Beimischung des Russischen. Ab zweiter Klasse war die russische Sprache bis zum Ende der Schulzeit ein Pflichtfach an allen nationalen Schulen. Russische Literatur wurde extra unterrichtet, und das war auch ein Pflichtfach ab Klasse 5. Das Ziel war, einen national homogenen Staat zu schaffen, der von der Spaltung nicht bedroht ist. Da Ukrainer und Russen sich äußerlich kaum unterscheiden (jedenfalls ich kann das nicht), eine jahrtausendalte gemeinsame Geschichte haben und ihre Sprachen zu einer Gruppe gehören[23], verstanden viele russische Herrscher eine unumkehrbare Zusammenführung der Ukrainer und Russen als ein leichtes Spiel. Die Statistik musste es schon richten: Da Russen gegenüber den Ukrainern immer in der Mehrheit waren, sollten die Ukrainer ihre wahre Identität über kurz oder lang abgeben – zugunsten der russischen. Und nicht umgekehrt.

Die Assimilierungsversuche startete man mit der Sprache. Die Geschichte der Unterdrückung des Ukrainischen in Russland und in der Sowjetunion währte Jahrhunderte.

Den unverhohlenen Sprachzwang empfanden einige Ukrainer mit Genugtuung (Gogol), die anderen schmerzte er bitterlich. Eine der ukrainischen Größen, meines Erachtens der allergrößte unter den Kulturschaffenden in der Ukraine, Taras Schewtschenko (1814–1861), war einer von denen, die dieses Leid der Nation, das die Russen ihr angetan haben, weitertrugen.

Wer war, wer ist Taras Schewtschenko? Wenn ich persönlich einen Dichter der ukrainischen Literatur auswählen sollte, würde ich Schewtschenko nennen, obwohl es auch Iwan Franko, Lesja Ukrajinka, Pawlo Hrabowskyj, Olexandr Oles, Wolodymyr Sosjura, Maxym Rylskyj, Lina Kostenko, Wassyl Symonenko und viele, viele Hunderte andere gibt. Aber bei keinem der Dichter habe ich beim Lesen so ein Gefühl: Das sind keine Verse mit Reim und

Rhythmus, sondern hier wird eine Geschichte erzählt, die aus ihrem Inneren heraus einen Rhythmus und Reim hat. Der Dichter Bulat Okudshawa nannte solch eine Schreibweise »Er schreibt, wie er atmet«.

So schrieb Schewtschenko.

Unter den großen Dichtern habe ich nur beim Russen Alexander Puschkin ein ähnliches Gefühl. Aber Puschkin war adelig, Puschkin war ein Partylöwe, Puschkin war ein Günstling des Schicksals. Er reimte wunderschöne Liebesgedichte und fertigte zugleich lange Listen der von ihm gebrauchten Frauen an.

Schewtschenko war ein Sklave, ein Leibeigener. Weil er bereits als Kind gut malen konnte, fuhr er mit 17 Jahren als Hofmaler mit seinem Herrscher aus der Ukraine nach Sankt Petersburg, der damaligen Hauptstadt Russlands. Dort wurde er von aufgeklärten Kulturschaffenden aus der Knechtschaft freigekauft.

Dahinter steckt eine edle und leidvolle, erhabene und niedere Geschichte: Schewtschenko schreibt ukrainische Gedichte und malt in dem bekannten Petersburger *Sommergarten*. Tagsüber muss er schuften, also geht er nachts in den *Sommergarten*. Seine einzige Lichtquelle sind die berühmten »weißen Nächte«. Der Junge fällt zufällig einem Ukrainer namens Iwan Soschenko auf. Der erzählt seinem Freund von der Begegnung, einem der besten Maler Russlands des 19. Jahrhunderts, Karl Brüllow. Der Autor des gefeierten romantischen »Letzten Tags von Pompeji« porträtiert das russische Dichter-Genie und den Hofpoeten Wassilij Shukowskij und versteigert das Bild. Der Erlös ist für Schewtschenkos Freikauf bestimmt.

Der befreite 24-Jährige fängt an, in der Petersburger Kunstakademie zu studieren – als Lehrling von Karl Brüllow. Die Ukraine ist weit weg. Die ukrainische Sprache ist in Sankt Petersburg, in seiner Umgebung verpönt. Er spricht Russisch. Das Leben unter Russen nimmt ihm seine Heimat. Russland erzieht ihn zum makellosen Russen.

Er wehrt sich. Er bleibt ein Ukrainer, dichtet weiter auf Ukrainisch, fällt in Ungnade, wird für zehn Jahre in die kasachische Steppe als Soldat verfrachtet, mit Schreib- und Malverbot. Er kann aber nicht »nicht schreiben und nicht malen«, deshalb trägt er heimlich ein Notizbuch im Stiefelschaft.

Und schreibt.

Und malt.

Zehn Jahre lang. Dort, in der kasachischen Steppe, bleibt er ein ukrainischer Dichter, der viel zu gut versteht, was Joch, was Schmerz, was Erniedrigung ist. Was Vergleichbares, außer Liebeskummer, hat dagegen der geniale Puschkin erfahren?

Aus der Soldaten-Verbannung kehrt Taras Schewtschenko krank und seelisch gealtert zurück – nach Sankt Petersburg. Nach vier Jahren stirbt er. Am 10. März 1861, mit 47, im Jahr der Befreiung der Bauern aus der Leibeigenschaft.

Seine sterblichen Überreste wurden auf den langen Weg in die Ukraine gebracht. Der Trauerzug kam am 23. Mai an. Unter kommunistischer Herrschaft galt dieser Termin als »Festtag der ukrainischen bürgerlichen Nationalisten«. Auch nach einem Jahrhundert war dies Datum ein Schreckensdatum für die sowjetische Parteinomenklatura: An dem Tag war es uns Studenten verboten, sich dem Schewtschenko-Denkmal in dem vor der Uni liegenden Schewtschenko-Park zu nähern. Zuwiderhandlung wurde mit Exmatrikulation bestraft. Danach war man als politisch unzuverlässig abgestempelt und konnte weitere Studiumspläne ad acta legen. Die sowjetische Macht, die Schewtschenko offiziell ehrte und anbetete, konnte ihm die Liebe zur Ukraine und seinen offenen Hass gegen die russischen Herrscher nicht verzeihen. Der Assimilierungsgedanke war den russischen Kommunisten ebenso eigen wie den russischen Zaren.

Viele Demographen, Demoskopen, Ethnographen, Ethnologen und einfache Historiker werden das sicherlich – zu Recht – anfechten. Aber für mich fängt die Geschichte des ukrainischen Volkes mit Taras Schewtschenko an.

Natürlich, wenn das ein Russe läse, würde er es kaum nachvollziehen können. Die Russen und die Ukrainer verstehen eben vieles anders, gar konträr. So verschieden wie ein Hammer und ein Amboss den Schlag »verstehen«. Aus der Sicht der Russen gibt es in der russischen Geschichte keinen anderen größeren Zaren als Peter den Ersten. Er herrschte in Russland mit eiserner Hand, war »Gosudarstwennik«, also ein Erbauer des Staates, wie heute Wladimir Putin und seine Mitstreiter sich »Gosudarstwenniki« nennen. Anstelle des Kommunisten Wladimir Lenin hat Putin das Porträt des harten Zaren Peter in seinem Arbeitszimmer. Peter führte den Julianischen Kalender ein, verhundertfachte die Anzahl der Werke und Fabriken im Land, initiierte die Gründung der Akademie der Wissenschaften, baute eine mächtige russische

Flotte und eine noch mächtigere Armee auf, er gewann den Krieg gegen den schwedischen König Karl XII., der zu jener Zeit als »unbesiegbar« galt, Peter »schlug ein Fenster nach Europa«, indem er Russland bis zur Ostsee erweiterte und dort eine Stadt, Sankt Petersburg, erbauen ließ. Und, und, und.

Schewtschenko sieht das anders. Für ihn ist Petersburg in einem Sumpfgebiet auf den Knochen von ukrainischen Kosaken – 25 000 sollen dort ihr Leben gelassen haben – gebaut worden und sei deshalb verdammt, du, Russlands Hauptstadt!

In seiner Dichtung »Der Traum« schreibt Schewtschenko[24] im Juli 1844:

Siehe da:
Paläste, Paläste stehen
entlang des stillen Flusses;
Und das Ufer ganz
in Stein verkleidet. Ich wundere mich
wahnsinnig!
Wie ist das möglich gewesen,
dass aus der Pfütze
so ein Wunder entstand ... Es wurde hier
viel menschliches Blut vergossen –
und ohne Messer.[25]

Einigen Strophen später geht der Dichter mit dem Zaren hart ins Gericht:

O Zar, du schrecklicher,
du verdammter, du arglistiger,
nimmersattes Scheusal!
Was hast du mit Kosaken gemacht?
Die Sümpfe hast du
mit edlen Knochen verfüllt;
ließest eine Hauptstadt
auf ihren gefolterten Leichen erbauen![26]

Auch vor Katharina der Großen macht seine bissige Kritik nicht Halt. Einmal steht er vor dem bekannten Denkmal Peters I., das die deutschstämmige Zarin erbauen ließ, und spuckt aus:

Wer ist das?
Ich lese vor mich hin
die Inschrift auf dem Felsen:
Dem Ersten die Zweite
so ein Wunder errichtete.
Jetzt weiß ich:
das ist der Erste,
der unsere Ukraine kreuzigte,
und die Zweite der Ärmsten
den Rest gab.
Henker! Henker! Menschenfresser!
Beide satt geworden,
stahlen viel, was nahmen sie aber
davon mit ins Grab?
Es ist mir schwer, schwer geworden,
als ob ich die Geschichte der Ukraine läse.[27]

Es ist bekannt, dass die hier unvorteilhaft erwähnte Katharina II. (1729–1796) Angela Merkels »heimliches Idol« ist. Ein Stich der russischen Zarin ziert Merkels Zimmer im Kanzleramt. Sie beschreibt das Faszinierende: »Katharina die Große war in manchem, aber wahrlich nicht in allem, ein Beispiel für eine starke Frau.«[28] Diese russische Zarin schrieb Briefe an Montesquieu zum Thema Gewaltenteilung, unterhielt sich mit Denis Diderot, und Voltaire verehrte ihr Reformwerk als »das Evangelium der gesamten Menschheit«. Wir wissen von ihren Dutzenden Liebhabern (und das meinte vermutlich Frau Merkel mit ihrer Einschränkung), aber nicht deswegen, sondern wegen ihrer erbarmungslosen imperialen Politik ist sie von den Ukrainern geächtet.

Unter Katharina nahm die Russifizierung der Ukraine besonders exorbitante Maßstäbe an. Russisch wurde als einzige Sprache für die Schulen, Bücher und kirchliche Messen festgelegt. Auf Russisch musste auch die Kyiwer Mohyla-Akademie ihre Studenten unterrichten. Eine Bitte des Kyiwer Höhlenklosters, wenigstens ein ukrainisches »ABC« für Kinder zu drucken, wurde 1769 von der Synode der russischen Kirche abgelehnt.

Katharina II. gilt in der russischen, aber auch der europäischen Historiographie als aufgeklärte, gar liberale Zarin. Das hinderte sie nicht, den adeligen Schriftsteller (und Leipziger Studenten) Alexander Radischtschew – allein für sein Werk »Eine Reise von

Petersburg nach Moskau«, in dem er die Zustände im Imperium beschrieb – erst zum Tode zu verurteilen und später »milde« für zehn Jahre nach Sibirien zu verbannen. Aber auch die russische Krone bekam die »Zarin« nur, weil sie gegen ihren Mann putschte und ihn umbringen ließ bzw. ihren Liebhaber und Zarenmörder nicht daran hinderte – egal welche anders lautenden Märchen darüber Hollywood auch erzählt. In der Außenpolitik teilte sie Polen dreimal auf, und in der Innenpolitik führte sie für Juden den Ansiedlungsrayon ein, der deren Lebensraum stark einschränkte und als Synonym für staatlichen Antisemitismus gilt.

Was hat Angela Merkel an ihr so Faszinierendes gefunden?

Den erbitterten, noch heute lebendigen Hass der Ukrainer zog Katharina II. auf sich durch Abschaffung des ukrainischen *Hetmanat* und Zerschlagung des *Saporiska Sitsch*.

Durch ständige Kämpfe gegen Polen erreichten die zentralen und nordöstlichen Gebiete der Ukraine gegen Mitte des 17. Jahrhunderts den besonderen Status eines »Staates im Staate«. Einerseits blieben wichtige Hebel der Macht bei Russland, andererseits besaß das ukrainische Hetmanat, eine Art der Staatsbildung, eine weit reichende Unabhängigkeit. Moskau nannte das Hetmanat offiziell »Kleinrussischer Staat«. Dieser Staat verfügte über ein Oberhaupt, den Hetman, eine eigene Regierung, eigene Streitkräfte, eigene Außenpolitik, eigene Gesetzgebung und Gerichtsbarkeit, eigene Finanzen und ein autonomes kirchliches und kulturelles Leben. Die »liberale« Katharina duldete diese ukrainischen Freiheiten nicht. Als »Grenztruppen« brachten die Ukrainer keinen Nutzen mehr: Die russische Armee feierte Siege an allen Fronten. Deshalb wurde das Hetmanat 1764 aufgelöst und die Verwaltung der Ukraine den russischen Staatsdienern übertragen.

Der einzige Flecken Land mit ukrainischer Autonomie blieb danach nur *Saporiska Sitsch*, jener Kosakenstaat, der seit Anfang des 16. Jahrhunderts auf den Dniproinseln existierte. Im Juni 1775 belagerte die russische Armee die *Sitsch*. Der Anführer der Kosaken Petro Kalnyschewskyj musste sich schließlich ergeben. Er und seine Kosakenführer wurden verhaftet und auf die Insel Solowki am Polarkreis verbannt, wo seit dem russischen Zaren Iwan dem Schrecklichen bis zum Anführer der Kommunisten Josef Stalin tatsächliche oder vermeintliche Gegner des Regimes eingekerkert waren. Die Kosakenarmee wurde aufgelöst und freiheitlich gesinnte Kosaken selbst versklavt.

Auf die Rechnung der »fortschrittlichen« Monarchin geht auch die Wiedereinführung des Sklaventums in der Ukraine. Seit Hetman Bohdan Chmelnyzkyj, also seit Mitte des 17. Jahrhunderts, gab es in der Ukraine keine Leibeigenschaft. Man durfte seinen Herren wechseln, umsiedeln. Am 3. Mai 1783 unterzeichnete Zarin Katharina II. einen Erlass, der es den ukrainischen Bauern verbot, ihre Ortschaft zu verlassen. So wurden die Ukrainer die gleichen Knechte wie die russischen Bauern. Etwa 300 000 Ukrainer gerieten in völlige Abhängigkeit vom Gutsbesitzer, auf dessen Boden sie lebten. Sie mussten jetzt für ihn arbeiten, zahlten Steuern und Abgaben. Der Grundherr durfte seine Leibeigenen verkaufen, gegen einen nützlicheren Gegenstand tauschen, Mann und Frau, Eltern und Kinder trennen. Der Sklave selbst verfügte nicht mehr über seine Hütte, und seine Aussagen vor Gericht wurden nicht anerkannt.

Darauf bezog sich Taras Schewtschenko, als er über »die Zweite« schrieb, die der ärmsten Ukraine »den Rest gab«.

In seiner Dichtung klingt auch an, was ihm persönlich während der langen Jahre in Russland drohte, der Verlust seiner nationalen Identität. Der kirgisische Autor Tschingis Aitmatow hat dafür ein Wort geprägt: Mankurt. Ein Mensch, der nicht nur seine Wurzeln verloren und seine Herkunft vergessen hat, sondern froh ist, sie abgeschüttelt zu haben[29]. Schewtschenko erschreckt dieses Bild, und er sagt etwas, was viele Russen anderthalb Jahrhunderte lang nicht verdauen konnten:

Gott sei Dank, gab er zu,
dass er ein Ukrainer, aber im Staatsdienst ist:
»Woher kommst du?«, fragte er auf Russisch.
»Aus der Ukraine.« – »Das heißt,
du kannst die hiesige Sprache nicht?« »Ach wo«, sage ich,
»sprechen kann ich,
will aber nicht.«[30]

»Will aber nicht«! Das ist der Schlüssel! Nach so einem Gedicht (bei Schewtschenko gibt es noch viel mehr in gleicher Qualität und Ausrichtung) war es nicht verwunderlich, dass der Zar den freigekommenen Leibeigenen (und freiheitlich gesinnte ehemalige Sklaven sind besonders gefährlich!) nach Kasachstan[31] schickte.

Sei verdammt, du russischer Zar!

Taras Schewtschenko starb, die Gedichte blieben. Sie standen sogar in den russifizierten sowjetischen Schulen auf dem Programm. Lehrer bemühten sich redlich, sie »richtig« – im Sinne der neuen Ideologie – zu interpretieren und mit den Taten des großen »Kulturträgers« der Russen, Peters des Großen, zu vereinbaren. Das hat in der Ukraine nicht immer funktioniert. Auch für Spanier ist der Konquistador Hernán Cortés freilich ein großer Mann. Die Azteken im 16. Jahrhundert, die er zu Tausenden niederstechen ließ, gleichfalls die heutigen Mexikaner, sind womöglich über seine historische Rolle anderer Meinung?[32]

Peter I., Katharina II., Schewtschenko – bedeutende Persönlichkeiten des 18. und 19. Jahrhunderts – prägen die Beziehungen zwischen Russen und Ukrainern bis heute. Die intensive Verbindung beider Völker erschöpft sich allerdings damit nicht. Zum gemeinsamen Stolz gehört der Bau von Werken und Gruben nicht nur im Donezbecken, sondern auch in den industriell eher schwach entwickelten westlichen Regionen des Landes. Zu den Ruhmesblättern beider Völker zählen auch der Kampf gegen den Faschismus und die Siegesfahne auf dem Reichstag.

Es gibt Millionen Fäden, die beide Völker verbinden. Man ist verwandt und verschwägert bis zum siebenten Glied, und ein russischer Minister Chrystenko oder die Schauspielerin Hurtschenko (die Familiennamen mit der Endung »-ko« sind typisch ukrainisch) sind in Russland genau so NORMAL und nicht fremdländisch wie der Kybernetiker Viktor Hluschkow, der Enzyklopädist Mykola Amossow oder der »Vater der sowjetischen Raumfahrt« Serhij Koroljow (Namen mit der Endung »-w« sind typisch russisch) in der Ukraine. Nach repräsentativen Umfragen von russischen und ukrainischen Soziologen[33] ist die Mehrheit der Bürger beider Länder der Meinung, dass es zwischen den Russen und Ukrainern mehr Dinge gibt, die sie vereinen, als solche, die sie trennen. Diese Ansichten vertreten fast 70 Prozent der Russen und 80 Prozent der Ukrainer.

Und gerade deshalb ist die Situation so tragisch. Wenn man einen Nachbarn nicht gern hat, ist das verständlich. Wenn einem aber der Blutsbruder verhasst ist, dann ist einem selbst bisweilen nach einem Strick zumute.

Probleme, Probleme –
Die russisch-ukrainischen Beziehungen
nach der Unabhängigkeit

Die Ursachen der anhaltenden Konflikte liegen sicherlich nicht allein in der Geschichte begründet, sondern auch in der jüngsten Politik und den unterschiedlichen wirtschaftlichen Interessen der Eliten. Warum kam es überhaupt zur Trennung zwischen den beiden Republiken im Dezember 1991? Oh, das kann Ihnen in der Ukraine jeder erzählen! Man wird Ihnen Tausende Gründe nennen, politische, wirtschaftliche, nationale, religiöse, historische, soziale. Und am Ende wird die Frage weiter im Raum stehen: warum eigentlich?

Als unter Gorbatschow Ende der 1980er Jahre über alle Probleme langsam offen gesprochen werden durfte, veröffentlichten ukrainische Ökonomen ihre Ansicht, dass Russland die Ukraine ausbeute. In der Selbstständigkeit, ohne Blutegel auf dem Rücken würden die Ukrainer viel besser leben, hieß es. Wirtschaftliche Emanzipation – das sollte eine der Triebfedern zu besserem Lebensstandard sein. Die ukrainische Zuversicht gründete sich auf den hohen Stand der Wissenschaft und Technik in der Republik, einige wichtige Rohstoffe und den fruchtbaren Boden. Die später zum Verhängnis gewordene Abhängigkeit von russischem Erdgas und Erdöl wurde sträflich unterschätzt (die Begründung damals: *Japaner und Deutsche leben auch ohne ...*): Man nahm an, die Preise für Energieträger würden weiterhin auf »sowjetischem Niveau« bleiben, an eine Angleichung an die Weltmarktpreise hatte anscheinend niemand gedacht. Es entstand eine Art nationaler Rausch. Man hörte damals keine einzige (öffentliche) Stimme für einen Verbleib in der Sowjetunion. Bei einem Referendum am 1. Dezember 1991 votierten über 90 Prozent der Bürger für die Unabhängigkeit der Ukraine, allen voran die Westukrainer.

Gleichzeitig strebte die westukrainische Bevölkerung politische Souveränität an. Nach dem Ende des Zweiten Weltkrieges kämpfte in den Westregionen der Ukraine bzw. Ostregionen Polens die

Ukrainische Aufständischen Armee (UPA) gegen die Kommunisten und für eine freie Ukraine. Der Guerillakampf war aussichtslos, deshalb wurde von beiden Seiten wild massakriert. Echte oder vermeintliche Helfer der UPA wurden zu Hunderttausenden von Strafkommandos des NKWD umgebracht, verhaftet, verurteilt, eingekerkert, deportiert. Egal, wie die Henker hießen und woher sie stammten, für die Menschen in der Westukraine waren es *Russen*, wie nur *Russen* in Ostdeutschland Besatzer waren. Im Jahre 1991 wollten die Westukrainer endlich weg aus der tödlichen Umarmung des Bären.

Unmittelbar danach nahmen Privatisierungsprozesse im Land ihren schnellen Lauf. Die ukrainische Führungsschicht (damals machten Parteisekretäre und Mafiapaten zusammen Geschäfte) wollte die Reichtümer des Landes unter sich aufteilen und nicht an die russische Partei- und Kriminellenelite abgeben. Auch deshalb wurde unter die Existenz der Sowjetunion am 8. Dezember 1991 ein rascher Schlussstrich gezogen.[34]

Mit einem Wort, die politische Elite der Sowjetunion unter Gorbatschow konnte das Reich nicht mehr regieren, die politischen Eliten der Republiken wollten nicht weiter regiert werden. Die eigentliche Spaltung zwischen Russland und der Ukraine fand nach dem formellen Abschied statt.

Zur ersten Kraftprobe wurde die Krim – nicht die bekannte All-Unions-Heilstätte, sondern der alt eingesessene Stützpunkt der russischen Marine in Sewastopol.

Russland und die Ukraine schlossen einen »Scheidungsvertrag« (ohne je einen vernünftigen »Ehevertrag« gehabt zu haben), und in dem wurde unter anderem festgeschrieben, wie man die sowjetische Schwarzmeerflotte teilt. Die Ukraine wollte all die Kreuzer und Torpedoboote nicht haben, aber Sewastopol behalten. Russland wiederum konnte den wichtigsten Militärschiffhafen nicht aufgeben. Man fand einen Kompromiss auf finanzieller Basis: Russland pachtet Sewastopol und die dazugehörende Infrastruktur. Preis: 97 Millionen Dollar im Jahr, was damals für die Ukraine aussah wie ein Geschenk aus dem Schlaraffenland. Gelten sollte dies bis 2017, was damals eine Ewigkeit schien. Es gibt vielleicht weltweit keinen ähnlichen Fall: Die Pacht von Sewastopol wurde in die ukrainische Verfassung aufgenommen.

Von da an gingen beide Staaten getrennte Wege: Trotz anderslautender Behauptungen über die Gemeinschaft Unabhängiger

Staaten (GUS) zog es die Ukraine schon seit langem nur in eine Richtung – Richtung Europäische Union, was zwangsläufig auch Richtung NATO und USA bedeutet.

Russland kann das nicht akzeptieren. Auch wenn die Beschwörungen anders lauten, stehen USA und NATO sowohl in der alten als auch in der neuen russischen Militärdoktrin eindeutig auf der Feindesseite. Wenn Russland amerikanische Radaranlagen in Tschechien und Abschussrampen für amerikanische Abfangraketen in Polen nicht akzeptieren kann, was ist dann über mögliche Radaranlagen und Raketen in der Ukraine zu sagen, die viel kürzere Anflugzeiten als von Polen aus aufweisen würden?

Daher rühren die Bemühungen Russlands um die Ukraine, daher stammt der Wille, sie in ein wirtschaftliches, politisches, aber vor allem militärisches Bündnis einzubinden. Hieraus erklärt sich auch die scharfe russisch-ukrainische Konfrontation um die Vorherrschaft auf der Insel Tusla in der Wasserstraße zwischen dem Asowschen und dem Schwarzen Meer, um die russischen Leuchttürme auf der Krim, die der russischen Marine, aber auch den ukrainischen Handelsschiffen dienen.

Der Streit um die Erdgaslieferungen, der erst Anfang 2006, dann Anfang 2009 in der westlichen Presse Schlagzeilen machte, passt eindeutig nicht in dieses Auseinandersetzungsraster. Die Gaspreiserhöhung für die Ukraine war kein russischer Erpressungsversuch und steht nicht im Zusammenhang mit einem vermeintlichen ukrainischen NATO-Beitritt. Hier ging es weniger um politische und militärische als vielmehr um ökonomische Interessen.

Unter Präsident Leonid Kutschma[35] strömte bis 2004 Gas zum Preis von etwa 50 Dollar pro 1000 Kubikmeter in die Ukraine. Nach dem russisch-ukrainischen Vertrag vom Januar 2006 wurde ein Gas-Mix (aus billigem turkmenischen und teurem russischen) zum Preis von 95 Dollar verkauft. Im Sommer 2006, zu Zeiten des »moskaufreundlichen« Ministerpräsidenten Viktor Janukowytsch, wuchs der Gaspreis für die Ukraine auf 130 Dollar. Er folgte damit der Weltmarktentwicklung. Das Oxford Institut für Energie-Studien sah schon damals einen Anstieg des Gaspreises für die Ukraine binnen zwei Jahren auf 160 bis 170 Dollar voraus, egal welche Regierung an der Macht ist.

Der »europäische« Gaspreis lag 2007 bei 230 Dollar, im Winter 2008/09 über 500 Dollar pro 1000 Kubikmeter.

Warum denken manche, die Russen sehen die Ukraine (und die Welt) nur durch Kimme und Korn?

Den neuen internationalen Herausforderungen muss die Ukraine sich stellen. Sie gibt ihre eigenen Antworten zur Gaspreiserhöhung. Im Gegenzug verlangt Kyiw von Russland höhere Transitgebühren für den Gastransport, mit denen man auch eigene Gaskäufe verrechnet.

Nun will Russland mit Deutschland eine Nordpipeline durch die Ostsee bauen, um höhere Transitgebühren zu umgehen? Die Ukraine verlangt daraufhin von den Russen anstelle der einst vereinbarten 97 Millionen jetzt 1,8 MILLIARDEN Dollar Pacht für die Stationierung der Flotte in Sewastopol.

Das nennt man gesittet. So macht man Geschäfte unter Freunden.

Oder unter Feinden?

Die russisch-ukrainischen Beziehungen sind nicht einfach und mit wirklichen, oft aber auch eingebildeten Gegensätzen belastet. Doch wessen Nachbarschaftsbeziehungen sind schon sonnenklar? Ich wünsche mir, beide Völker sagten zueinander: Das Glas ist halb voll. Und nicht halb leer. Und trinken Brüderschaft. Wie immer – für immer.

Hungersnot, Holodomor – Holocaust?

Ich glaube nur an Statistiken, die ich selbst gefälscht habe.
Joseph Goebbels

Der Tod eines einzelnen Mannes ist eine Tragödie,
aber der Tod von Millionen nur eine Statistik.
Josef Stalin

Es gibt drei Arten von Lügen: Lügen,
verdammte Lügen und Statistiken.
Benjamin Disraeli, britischer Premierminister

Das Schrecklichste in der Geschichte ist die Statistik.

Die Statistiker in der Ukraine merkten es schon lange: Mit den Zahlen stimmt etwas nicht. Die Bevölkerung der Ukraine (und Kasachstans) entwickelte sich nicht ganz nach statistischen Gesetzen.

Die erste Volkszählung wurde in der Sowjetunion 1926 durchgeführt. Die nächsten veröffentlichten Zahlen stammten aus dem Jahre 1939. Es gab auch 1937 eine Volkszählung, die aber Stalin für falsch erklärte. Zahlen dazu wurden nicht veröffentlicht und diejenigen, die diese Erhebung durchgeführt hatten, landeten im GULAG.

Welcher Sinn lag in der Geheimhaltung von trockenen Zahlen? Was wollte Stalin verbergen? Massenerschießungen und Deportationen? GULAG? Oder noch etwas?

Nach der Veröffentlichung der statistischen Angaben[36] wurde klar, WAS dahintersteckte: ein Verbrechen planetaren Ausmaßes. 1926 lebten in der Ukraine 28 926 000 Menschen, zehn Jahre später, 1937 – nur noch 28 388 000. Defizit: 538 000.

Aber die Bevölkerung der anderen Teile der Sowjetunion WUCHS in diesen Jahren! Stanislaw Kultschyzkyj, ein ukrainischer Historiker, vergleicht Geburten- und Todesraten, errechnet das natürliche Wachstum in zehn Jahren – 4 043 000. Dazu addiert er das oben erwähnte Defizit und erhält die tatsächlichen Verluste: 4 581 000. Grund: unnatürlicher Massentod im Jahre 1933.

An Hunger.

Hunger gab es auch schon früher ab und an in der »Kornkammer Europas«. Bereits im 19. Jahrhundert war es hier aufgrund von Dürre immer wieder zu Missernten und damit zu Hungersnöten gekommen. Während der großen Hungersnot 1891/92 waren trotz staatlicher und öffentlicher Hilfsaktionen 400 000 bis 500 000 Menschen an Hunger und seinen Folgeerscheinungen ums Leben gekommen. Im 20. Jahrhundert, nach vier Jahren Erster Weltkrieg und zwei Jahren Bürgerkrieg, erlebte Russland 1920/21 eine Hungerkatastrophe, die die Dimensionen bisheriger Hungersnöte überstieg. 60 Prozent der landwirtschaftlichen Nutzfläche waren von der Dürre betroffen, die vor allem im zentralen Schwarzerdegebiet und den Gouvernements der Wolga zu folgenschwerer Missernte führte. Zudem litt der Agrarsektor unter den Kriegsfolgen.

Für das Ausmaß der Katastrophe war jedoch auch die von den Bolschewiki betriebene Requirierungspolitik verantwortlich. 1920 wurden die Normen für die staatliche Getreideaufbringung erhöht, obwohl die Versorgungslage in den von der Missernte betroffenen Gebieten bereits zu diesem Zeitpunkt kritisch war. Dies hatte zur Folge, dass in vielen Gebieten im Frühjahr 1921 nur ein geringfügiger Teil des benötigten Saatgutes zur Verfügung stand. Versuche, Russland aus dem Ausland zu helfen, wurden rasch unterbunden. Das Zentralkomitee der russischen Kommunisten teilte der Bauernschaft mit, dass ein Teil der von »konterrevolutionären Imperialisten« im Ausland angebotenen Hungerhilfe nicht angenommen werden könne, weil sie mit einer »Knechtung der russischen Bauernschaft« verbunden sei.[37]

Erst im Dezember 1921 leitete das Politbüro unter Wladimir Lenin Maßnahmen zum Import von Getreide ein. Im Februar 1922 beschloss das Allrussische Zentrale Exekutivkomitee – WZIK – eine Kampagne zur Konfiszierung der Kirchenschätze, aus deren Erlös Nahrungsmittellieferungen für die Hungernden finanziert werden sollten. Die landesweite Aktion dauerte von März bis Ende Mai 1922. Die Kampagne erfüllte nicht die Erwartungen, die Lenin gehegt hatte: Insgesamt wurden 4,6 Mio. Goldrubel eingenommen, während Lenin von »Hunderten Millionen« gesprochen hatte. Am 13. März 1922 wurden zusätzlich 10 Mio. Goldrubel für Nahrungsmittelimporte bereitgestellt.

Durch die Hilfe ausländischer Organisationen konnte der Hunger im Sommer 1922 erheblich eingedämmt werden. Im August wurden 10,5 Mio. Menschen durch die amerikanische Organisation Amcrican Relief Administration (ARA) versorgt. Während einige Vertreter der Parteiführung die Verdienste der ARA würdigten, unterstellten andere wie Josef Stalin der amerikanischen Organisation unlautere Absichten und erteilten Anweisungen, die deren Arbeit behinderten. Obwohl die amerikanische Hilfsorganisation den Hauptteil der Hungerhilfe leistete, wurde sie vom Sicherheitsdienst *Tscheka* massiv eingeschränkt. Man bekam die Hungerkatastrophe erst im Spätsommer 1922 unter Kontrolle, die Ernteprognosen für den Herbst fielen günstig aus.

Nach Angaben der Zentralen Statistischen Verwaltung Sowjetrusslands betrug die Zahl der Menschen, die am Hunger oder den dadurch verursachten Epidemien und Krankheiten starben, mehr als fünf Millionen.[38]

In dieser Zeit arbeitet in Odessa ein junger Schriftsteller und Dramatiker, Mykola Kulisch. Er ist eigentlich noch kein Schriftsteller und Dramatiker, aber er schreibt. Sein erstes dramatisches Werk heißt »97« – und geht unter die Haut. Nach der Veröffentlichung und Aufführung des Stückes wird er zum Klassiker der ukrainischen Literatur der Jungen 20er und 30er Jahre des 20. Jahrhunderts.

Was ist Besonderes an dem Stück?

In einem Dorf geht es um Leben und Tod, weil es nichts zu essen gibt. Die Kulaken, also reichen Großbauern (die schon dann als reich gelten, wenn sie etwas zu beißen haben) verstecken natürlich das, was sie haben, vor dem Staat, den Nachbarn, aber man merkt ihnen schon an, dass sie nicht gerade hungrig sind. Brot ist in dem Stück nicht nur ein Mittel zum Überleben, sondern auch, um Menschen zu bestechen, sie zu kaufen, sie zum Verrat an Idealen und an den Nächsten, gar zum Mord zu zwingen. Hyrja, der durch seine Getreidevorräte zum Wortführer im Dorf wird, kann von den Ausgehungerten alles verlangen, weil sie ihn um eine Handvoll Körner beknien. Manchen gibt er etwas, manchen aber nicht. Am Ende des Stücks erzählt eine der handelnden Personen, Paraska: »Also gab Hyrja der Oryna keinen

Hafer, sagte nur: ›Geh lieber erst beten, beichte dem Pfarrer!‹ Die vor Hunger Halbwahnsinnige ging in die Kirche und zog Larywon (einen taubstummen Kirchenwärter – V.T.) mit. Bei der Beichte sagte sie, sie hätte ihre Kinder zusammen mit Larywon aufgegessen ...«[39]

Getreu der herrschenden Kunstmethode des sozialistischen Realismus kamen in Kulischs Stück dann doch noch die Wagen mit Getreide ins Dorf.

Dieser Alltagskannibalismus inmitten Europas und zeitlich nicht weit entfernt ging mir jahrzehntelang nicht aus dem Kopf. Später habe ich erfahren: Menschen in der Hungersnot zu verspeisen war in der Ukraine weit verbreitet. Obwohl es keinen Paragraphen für Kannibalismus im Strafgesetzbuch gab, wurden mehrere zu dieser Abart gebrachte Verbrecher erschossen, Hunderte von ihnen saßen lebenslänglich in den Arbeitslagern des GULAG.

Aber der Hunger 1921/22 geht in die Geschichte der Ukraine als »mild« ein. Viel schlimmer noch fiel die Hungersnot 1932/33 aus. Wir bleiben bei Kulisch.

1933 fährt der Schriftsteller von der damaligen Hauptstadt Charkiw, wo er lebt, nach Cherson, in seine Heimat. Nach zwei Wochen kehrt er zurück – aufgelöst, niedergeschlagen, krank. Seine Frau Antonina schrieb später in ihren Erinnerungen (die sie nur in den USA zu Ende bringen konnte):

»›Ist unterwegs was passiert? Bist du krank?‹

Er antwortete mir:

›... Wenn du wüsstest, wenn du das gesehen hättest, was in den Dörfern los ist – schrecklich! Das ist schaurig! Stell dir vor: Entlang der Straßen liegen aufgedunsene und tote Menschen, über den Dörfern Stille, Menschen laufen dort nicht herum, weil sie keine Kraft mehr haben, sich zu bewegen. Neben den Müttern liegen tote Kinder, eine stolperte über die Schwelle, fiel um und siechte dahin. Es gibt nicht einmal Köter in den Dörfern ... Ein steinreiches Land, die Erde wie Gold, ein fleißiges und fähiges Volk – was wurde mit ihm gemacht?!‹

Mykola weinte, stöhnte und wurde krank. Als er erzürnt losschrie, beruhigte ich ihn, und er antwortete mir:

›Darüber muss man nicht nur schreiben, sondern schreien, alle Glocken läuten lassen!‹«[40]

Solche Ansichten passten den stalinschen Schergen in der

Ukraine nicht ins Konzept: 1934 wurde Kulisch verhaftet und 1937 erschossen.

Was war in den Jahren 1932/1933 passiert, in denen Millionen Menschen gestorben sein sollen; wieso wird jetzt den Russen und den Kommunisten organisierter Völkermord an Ukrainern vorgeworfen?

Jahr für Jahr lieferten die Ukraine und der Nordkaukasus die Hälfte des ganzen Getreides an die Sowjetunion. 1926, in dem besten Jahr vor der Kollektivierung der Landwirtschaft, bekam der Staat 3,3 Mio. Tonnen Getreide aus der Ukraine, 21 Prozent der Gesamternte. Von der guten Ernte 1930 wurden schon 7,7 Mio. Tonnen an den Staat abgeführt. 1931 wollte der Staat von der Ukraine die gleichen 7,7 Mio. Tonnen, die Ernte fiel jedoch miserabel aus und lag bei nur 18,3 Mio. Tonnen. Das waren schon 42 Prozent der ukrainischen Ernte.

Immer weniger blieb für die Nahrung, immer weniger als Saatgut.

1932 forderte Stalin 7,7 Millionen Tonnen, in der kollektivierten Ukraine wurden aber nur 14,7 Mio. Tonnen geerntet. 7,7 Millionen Tonnen konnte die Ukraine nicht abgeben. 7,7 stand außer Frage, waren einfach nicht zu schaffen. Die Hungersnot rückte in sichtbare Nähe. Die ukrainische Führung wehrte sich und – ein seltener Fall! – die festen Pläne der Getreideabgabe wurden auf 6,6 Mio. Tonnen nach unten korrigiert. Trotzdem war allen in der Ukraine (aber auch vermutlich in Moskau) klar: Die Aufgabe ist unerfüllbar. Der Schriftsteller Wassilij Grossman fasste den stalinschen Erlass über Planaufgaben zu Getreidelieferungen zusammen: »Der Erlass verlangte, dass die Bauern in der Ukraine, am Don und im Kuban zusammen mit ihren Kleinkindern aussterben.«

Aber die Kommunisten meinten es ernst. Ihnen standen alle Mittel zur Verfügung: Gesetze, die sie selbst in ihrem eigenen Sinne verabschiedeten, ein riesiger Apparat der bewaffneten Rechtsschutzorgane, die kein Verbrechen scheuten, um die Parteibeschlüsse durchzusetzen, und sie hatten »Aktivisten«, die Partei- und Komsomolmitglieder, die sie – gut genährt, wohlgemerkt – mit einem Befehl in die Regionen schickten: »Bringt uns das Korn!«

Es geht nicht um die Abgabe des Überflusses, es geht um Beschlagnahme von allem, was der Bauer hat.

Die Konfiszierung von Getreide und anderen Lebensmitteln

wurde durch Beschlüsse des Kommunistischen ZK in Moskau und Kyiw mehrfach bestätigt. Kolchoseigentum wurde mit Staatseigentum gleichgesetzt.[41] Am 7. August 1932 nahm man ein von Stalin persönlich geschriebenes Gesetz über den Schutz des sozialistischen Eigentums an. Nach diesem Gesetz »über 5 Ähren« sah man die, die dieses Eigentum antasteten, als »Volksfeinde« an und verurteilte sie zum Tode. Bei mildernden Umständen bekamen Männer, Frauen und Kinder Freiheitsstrafen nicht unter zehn Jahren. Eine Amnestie wurde in diesen Fällen verboten. Alles war immer verbunden mit der Konfiszierung des Eigentums. Wenn jemand vom bereits abgeernteten Feld eine Handvoll Ähren oder einen Korb Kartoffeln für die hungernden Kinder nach Hause brachte, war das aus der Sicht der Kommunisten der schleichende Kampf der Kulaken gegen die Sowjetmacht. Nach Darlegungen der OGPU, einem Vorläufer des KGB, klauten sie ständig Kolchosgetreide und versteckten es in Löchern.

In einem Dorf im Gebiet Shytomyr wurde ein Bauer erschossen, weil bei ihm zwölf Kilo Weizen gefunden wurden, die seine Tochter sammelte.[42] Allein im Gebiet um die Hauptstadt Charkiw verhängte man für Vergleichbares in nur einem Monat 1500 Todesurteile.[43] Bis zum Sommer 1933 wurden nach diesem Gesetz 150 000 Menschen verurteilt, darunter auch Kinder.

Wegen solcher »Verbrechen« musste durchaus nicht immer ein Prozess geführt werden. Die Wächter der Fluren waren bewaffnet und hatten Befehl, auf »Diebe« zu schießen. Es gibt Dutzende Berichte über die auf Feldern erschossenen Menschen. Derartige Grausamkeiten wurden als Heldentaten dargestellt.

Die Partei schickte Zehntausende Stadt-Kommunisten und Komsomolzen in die ukrainischen Dörfer, um Getreide einzutreiben. Sie mobilisierten ihrerseits Dorf-Kommunisten und Dorf-Elite – Tierärzte, Lehrer, Feldscher. Die Industrie stellte auch ein Werkzeug dafür her – einen langen spitzen Metallstab mit einem Griff, um alle verdächtigen Hohlräume zu durchstechen. In revolutionärem Eifer beschlagnahmten manche Aktivisten nicht nur Getreide, sondern auch Kartoffeln, Bohnen, Rüben, andere Lebensmittel. Ikonen mit Metalleinfassungen (Gold?), Teppiche und sogar Metallbesteck und Geschirr, das eventuell silbern sein könnte, waren Gegenstand der Begierde. Natürlich nahm man auch Geld mit, das irgendwo versteckt lag. Alles war erlaubt und durch Gesetze legitimiert.

Solche Brigaden gingen nicht nur einmal durch die Höfe, sondern mehrmals im Monat. Nach derartigen Durchsuchungen blieb in der Regel kein Versteck unentdeckt. Irgendwann einmal war alles konfisziert. Die Pläne der Requirierung galten dennoch nicht als erfüllt und blieben weiter bestehen. Diejenigen, die keine Lebensmittel an den Staat liefern konnten, wurden zu Saboteuren erklärt und bestraft.

Bereits 1932 starben die Menschen in der Ukraine wie die Fliegen. Bis zum Massensterben im Frühjahr 1933 war es aber noch lange hin.

Ein Brigadier, ein junger Kommunist, der ins Dorf Merefa (Gebiet Charkiw) geschickt wurde, war verzweifelt und berichtete per Telefon, er sei bereit, die Planziffer für Fleisch zu erfüllen, aber nur mit Menschenleichen. Bald war er selbst spurlos verschwunden.[44]

Dörfer starben straßenweise. Aus der Zeit rührt auch der wahrhaftig nichtslawische Sparsamkeitssinn der Henker: In einigen Orten bestanden sie darauf, dass zusammen mit den Leichen auch die Halbtoten zum Friedhof abtransportiert wurden – um nicht zweimal mit der Kutsche hin- und herfahren zu müssen ...

Oft wurden bei der Auftreibung viel mehr Lebensmittel vergeudet als gesammelt. Probleme mit dem Abtransport führten dazu, dass requiriertes Getreide und die Kartoffeln in großen Haufen unter freiem Himmel lagen, mit Stacheldraht eingezäunt und streng bewacht. Verzweifelte, die diese Lager überfielen, wurden aus schweren Maschinengewehren in Scharen umgelegt (wie zum Beispiel in Nowo-Wosnesensk im Gebiet Mykolajiw) oder verhaftet und in Arbeitslager geschickt (wie in Sahaidaky, Gebiet Poltawa). Es gab auch zahlreiche Aufstände, aber nur solange die Menschen noch Energie dazu hatten. Spätestens ab Winter 1933 rührte sich kein Widerstand mehr.

Man wollte leben und suchte einen Ausweg. Und der Ausweg schien in der Flucht zu liegen – in die Städte, die oft nur einige Kilometer entfernt waren, oder nach Russland, wo es noch Lebensmittel gab. Verschiedenen Quellen nach verließen etwa drei Millionen Bauern allein bis Mitte 1932 die Ukraine. Das Brot war der Motor dieser Massenbewegung.

Aber die Partei war schlau, nicht nur bei Orwell, keiner durfte sie hintergehen. Die Grenzen zu Russland wurden dichtgemacht, Straßen, Wege, Trampelpfade überwacht, und in den Städten, die

auch nicht viel besser dran waren, gab es Razzien gegen Dorfbewohner. Sie wurden im besten Fall aufgesammelt und an den
Stadtrand abtransportiert oder schlimmer – verhaftet und erschossen. Dafür gab es ebenfalls gesetzliche Grundlagen: Im November 1932 wurde ein Ausweissystem in der Sowjetunion eingeführt,
um Städte von »kriminellen und anderen gesellschaftsfeindlichen
Elementen« zu entlasten, hieß es. Dorfbewohner haben nach diesem Plan keine Pässe bekommen, dementsprechend durften sie sich
nicht in den Städten aufhalten. Sie sollten nur dort leben (und
sterben), wo die Interessen des Staates es für nötig erachteten.

Man setzte auch auf monetäre Ausraubung der verhungernden
Bauern: Selbst in kleinen Städten und größeren Dörfern gab es
spezielle Läden – »Torgsin« (Handel mit dem Ausland), wo man
für Gold und Edelsteine Lebensmittel kaufen konnte. Goldene
Münzen, Ketten und Ohrringe, die für orthodoxe Christen heiligen Kreuze gingen für einige Kilo Mehl und Fett über den Tisch.
Für einen silbernen Rubel erhielt man 50 Gramm Zucker oder
ein Stück Seife und 200 Gramm Reis. Deshalb kam es in der Ukraine zu wilden Exhumierungen. Halbverhungerte schaufelten alte
Gräber von reichen Mitbürgern aus, beraubten sie »posthum«
und verkauften die ausgegrabenen Goldzähne im »Torgsin«.

Räuberische Überfälle und Morde – wegen eines Brotlaibs, eines Eimers Kartoffeln, manchmal sogar wegen zweier Rüben –
standen auf der Tagesordnung.

Ab November 1932 bekamen auch die, die weiterhin in den
Kolchosen schufteten, kein Getreide mehr für ihre Arbeit. Die
ukrainische Regierung, die von Stalin eingesetzt war und auch von
Stalin abberufen werden konnte, hatte beschlossen, dass es keine
Zahlungen in Naturalien geben wird bis die staatlichen Planaufgaben erfüllt sind. Geldzahlungen gab es in Kolchosen schon früher nicht.

Diejenigen, die nichts mehr besaßen, erklärte man zu »Agenten
des Imperialismus«. Oft waren ganze Dörfer leergefegt, sie wurden dann zu »Agentennestern«. Der gesamte Handel wurde dort
eingestellt und die vorhandenen Waren abgezogen. Einige Kreise
(im Dezember 1932 waren es 82) wurden regelrecht von der Miliz blockiert, damit da keine Lebensmittel hingelangten, bis diese
Kreise die Pläne erfüllen, hieß es.

Trotz aller Bemühungen ergab sich 1932 nur eine Planerfüllung
von 72 Prozent. Schuld an allem waren die Kulaken, »Volksfeinde,

die sich in der Ukraine organisieren konnten«, schrieb das Moskauer Parteizentralorgan *Prawda*.[45]

Wenn es Feinde gibt, muss auch irgendwo Getreide sein, so die Logik. Anfang 1933 wurde die dritte Zwangslieferung an Getreide aus der Ukraine angeordnet. Als Erstes entdeckte man Saboteure in den Reihen der Partei. 237 hohe Parteifunktionäre und 249 Vorsitzende der Kreisräte wurden ersetzt, weil sie – durch ihre niedrige Ausbeute – die Arbeiterklasse »verraten hätten«.

All das brachte kaum mehr Korn. Die Ukraine war leer. Einem Massensterben stand nichts mehr entgegen. Menschen aßen Mäuse, Ratten, Spatzen, Ameisen, Regenwürmer, sie mahlten Borke, Leder, Unkraut, Wurzeln und Knospen zu Mehl. Linde, Akazie, Löwenzahn, Brennnessel, Sauerampfer bildeten die Grundlage der Ernährung. Angeln war verboten, dafür konnte man im Gefängnis landen. Die Menschen wurden vor Hunger geisteskrank, bevor sie starben. Sie waren keine Menschen mehr. Sie liefen herum und versetzten die Umgebung in Schrecken.

Die Ärzte durften bereits früher keine Diagnose wie *Hungertod* stellen[46]. Seit 1933 wurden in der Ukraine keine Totenscheine mehr ausgestellt: Wozu und für wen denn auch? Sogar die Parteibonzen gaben zu: In einigen Dörfern liegen Leichen auf der Straße. Völlig ausgestorbene Dörfer wurden mit schwarzen Fahnen und mit der Aufschrift »Typhus« an den Dorfeinfahrten markiert, um zufälligen Besuchern die hohe Sterberate zu erklären. In solchen Dörfern gab es niemanden, der die Leichen unter die Erde bringen konnte, deshalb lagen sie monatelang dort, wo sie gestorben waren – Fraß für Ratten und Krähen. Erst aßen Menschen Ratten, jetzt Ratten Menschen.

So beschreibt der schon erwähnte russische Schriftsteller Wassilij Grossman seinen Ukraine-Besuch: In einer ukrainischen Chata, einer Hütte, atmete manch einer noch, manche nicht mehr. »Die Tochter eines Wirtes, den ich kannte, lag auf dem Fußboden in einem irren Zustand und nagte am Tischbein ... Als sie hörte, dass jemand hereinkam, drehte sie ihren Kopf nicht, sondern knurrte böse wie ein Hund, wenn er einen Knochen frisst und ihm irgendjemand zu nahe kommt.«[47]

All das durften vor allem Ausländer nicht erfahren: Das kommunistische ZK in Moskau verordnete den ausländischen Journalisten eine bestimmte Route um die Ukraine herum[48].

Nach Angaben von Robert Conquest[49], dem für die Weltgemeinschaft wichtigsten Aufklärer der ukrainischen Tragödie, starben von der Dorfbevölkerung der Ukraine, die damals 20 – 25 Millionen ausmachte, etwa fünf Millionen, also ein Fünftel.

Das Verbrechen war so grausam, dass es zu Stalin-Chruschtschow-Breshnew-Tschernenko-Andropow-Zeiten verboten war, über die Hungersnot 1932/1933 in der Ukraine zu sprechen. Trotz Millionen Toter gab es darüber keine Notiz, weder in der Presse, noch in der (zugänglichen) Literatur oder im Film, noch in den wissenschaftlichen Forschungen und dementsprechend in den Geschichtsbüchern.

Der Grund für eine derartige Verschwiegenheit lag – seit Stalin – in der offiziellen Parteilinie, dass es keine Hungersnot gegeben habe. Ab und an wurden die Behauptungen eines »dreisten imperialistischen Lügners« dementiert. Jegliche Gespräche über die Hungersnot galten zu Stalinzeiten als »antisowjetische Propaganda« mit dem entsprechenden Paragraphen im Strafgesetzbuch – bis zu fünf Jahren Straflager, manchmal auch mehr, und sogar »zehn Jahre mit Briefverbot«, was ein Euphemismus für Erschießung war. Dieses wie bei Orwell anmutende Verbot, die Wahrheit zu artikulieren, gehörte gewiss zum stalinschen Vernichtungsplan, so einige Forscher.

Also schwieg das sowjetische Volk, mit dem Knebel im Mund – erst aus Angst, dann, nachdem die Generationen der Zeugen ausgestorben waren, nach dem schrecklichen Krieg gegen Nazideutschland – wieder mit Millionen Toten in der Ukraine – schwieg es aus Unkenntnis. Der Plan, die Hungersnot aus dem Volksgedächtnis zu tilgen, schien aufzugehen.

Etwas komplizierter ist zu erklären, warum auch ausländische Politiker, Diplomaten, Medien darüber schwiegen oder immerhin zweifelten. Die Frage wurde vor allem dann brisant, als Dmytro Zlepko 1988 Dokumente des deutschen Auswärtigen Amtes veröffentlichte.[50] Das sind Jahresberichte, Halbjahresberichte und Zwischenberichte der deutschen Generalkonsulate in Charkiw und Kyiw aus den Jahren 1931 bis 1934. Die Konsulatsberichte aus der Ukraine wurden in Zlepkos Publikation durch Meldungen der deutschen Botschaft in Moskau zum Thema »Hungersterben in der Ukraine« ergänzt. Diese Denkschriften belegen eindrucksvoll die Vorgeschichte, das Geschehen und die Auswirkung eines der größten Verbrechens unseres Jahrhunderts: Stalins verschwiegenen Völkermord an Millionen ukrainischen Bauern.

Warum erst 1988? Warum waren die Dokumente sogar in den Zeiten der heftigen Ost-West-Konfrontation während des Kalten Krieges unter Verschluss?

»All diese Berichte wurden unter der Kategorie ›Streng geheim‹ im Archiv des Auswärtigen Amtes fünf Jahrzehnte lang gelagert. Erst seit Anfang der achtziger Jahre, also nach Ablauf der 50-jährigen Sperrfrist für Dokumente dieser Geheimhaltungskategorie, sind diese der Forschung zugänglich und können mit Genehmigung des Auswärtigen Amtes der Öffentlichkeit vorgelegt werden«, schrieb der Verleger Helmut Wild.

Die Perversität der deutschen Beamtenstube ist schwer zu übertreffen: Die Welt kann untergehen, an der einmal beschlossenen Verfügung wird nicht gerüttelt!

Sicherlich gibt es nicht nur Berichte der deutschen, sondern auch von amerikanischen, englischen, französischen, holländischen und anderen Diplomaten. Warum schwieg die Weltgemeinschaft 50 JAHRE LANG zu Stalins Verbrechen?

Keine Antwort. Vielleicht gibt es eine in den Akten von heute, die erst im Jahre 2059 veröffentlicht werden? So abwegig ist der Gedanke nicht: »Kenner der Materie wissen«, so Helmut Wild, »dass zu diesem Thema u. a. auch die Italiener brisantes Dokumentmaterial unter Verschluss halten.«

Bis zum Anfang der 80er Jahre wurde der Hungermord in der Ukraine weitgehend verschwiegen. Dann kam der erste Durchbruch: 1982 erklärte der amerikanische Historiker James Mace (1952 – 2004) auf einer internationalen Konferenz zu Holocaust und Genozid in Tel Aviv: »Um die ganze Macht in den Händen von Stalin zu zentralisieren, musste man das ukrainische Bauerntum, die ukrainischen Intelligenzler, die ukrainische Sprache, die ukrainische Geschichte ... ausrotten, die Ukraine als solche vernichten. Die Kalkulation war einfach und äußerst primitiv: Gibt es kein Volk, gibt es auch kein Land und als Resultat gibt es kein Problem.«[51]

Im Januar 1983 veröffentlichte er zusammen mit Oleksa Voropai ein kleines 40-seitiges Büchlein »Neunter Kreis. In Erinnerung an die Opfer der Hungersnot 1933«. Dieses Thema wird ihn von nun an bis an sein Lebensende begleiten. 1986/87 war James Mace Exekutiv-Direktor der Kommission des US-Kongresses, die sich der Aufgabe annahm, die Hungersnot 1932/33 in der Ukraine zu erforschen und zu bewerten. Mace war derjenige, der seit Anfang der 80er Jahre in enger Zusammenarbeit mit Robert Conquest für dessen Buch die Mehrzahl an Fakten lieferte, und derjenige, der die Regierung der USA aufs schärfste dafür kritisierte, dass sie ausgerechnet 1933 die Sowjetunion diplomatisch anerkannten. Von 1993 bis zu seinem Tod lebte und arbeitete James Mace in Kyiw. »Eure Toten haben mich gewählt«, sagte er.

1986 veröffentlichte der Brite Robert Conquest das Buch »Ernte des Todes«. Glücklicherweise fiel das mit dem Erwachen des Freiheitssinns in der Sowjetunion und in der Ukraine zusammen. Erst seit dieser Zeit gibt es in der ukrainischen Geschichte die Hungersnot 1932/33 und seit dieser Zeit gibt es auch eine neue Belastung der ukrainisch-russischen Beziehungen.

Man streitet heute noch um Zahlen: Waren es zwei Millionen Tote, wie es sich einige russische Erforscher wünschen würden, fünf oder sogar zehn? Jedoch nicht diese Zahlen sind für die Debatte prägend. Die Frage lautet anders: War dieser Hunger ein Ergebnis vieler unglücklicher Umstände (Missernte, allgemeine Wirtschaftsineffizienz, drohender Krieg mit Japan, der größere Vorräte an Getreide verlangte, Fehler der Politik – z. B. die Verbannung der Großbauern, Sabotageakte der Feinde der Sowjetmacht – die es auch vereinzelt gab) oder, so die radikalen Ukrainer in In- und Ausland, war die Vernichtung des ukrainischen Volkes von Stalin und seinen Schergen im Kreml kaltblütig geplant und hart durchgezogen worden?

Also, Hungermord: ungewollt oder absichtlich?

Wenn das absichtlich geschehen sollte, wem hätte es Nutzen gebracht? Aus welchem Grund sollten die Ukrainer ALS VOLK vernichtet werden?

Die Vertreter der Genozidthese geben eine Antwort: Mit Holodomor, einem von Ukrainern allein für die Hungersnot 1932/33 kreierten Begriff [52], wollte Stalin der ukrainischen nationalen Befreiungsbewegung das Genick brechen, die vorhatte, einen unabhängigen ukrainischen Staat zu etablieren. Diese These unterstützte auch James Mace: »Das Ziel (des Holodomor) war, soweit wir verstehen, die Vernichtung der ukrainischen Nation als politischen Faktor und gesellschaftlichen Organismus ... eine Herabsetzung der Ukrainer auf ein Niveau, das Deutsche in der Regel *Naturvolk* nannten.«

Das Problem wurde zum großen internationalen Politikum. Die ukrainische Führung – noch unter Präsident Leonid Krawtschuk – bestand in vielen internationalen Auftritten darauf, dass die Hungersnot 1932/33 ein Akt des Genozids war. Sie warf das Verbrechen – mal indirekt, mal unverblümt – den benachbarten Russen vor. Die Ukraine selbst überstürzte sich jedoch nicht, das offiziell anzuerkennen. In diesen Jahren wurde die Hungersnot durch die Parlamente in Australien, Ungarn, Litauen, Estland, Italien, Argentinien, Kanada, Georgien, Polen und der USA als Genozid anerkannt. Ende 2006 verabschiedete endlich auch Werchowna Rada, das Parlament der Ukraine, ein Gesetz über den Holodomor. Das Gesetz definiert die Hungersnot von 1932/1933 als Genozid am ukrainischen Volk. Öffentliches Leugnen des Holodomor wird zur Verunglimpfung des Gedenkens von Millionen Opfern des Holodomor erklärt und ist rechtswidrig.

Der parlamentarischen Abstimmung über den Holodomor ging eine hitzige Debatte voraus. In seinem Aufruf appellierte z. B. der Abgeordnete Olexandr Turtschynow an die Volksvertreter, die Anerkennung der Genozidthese sei der Maßstab der Zugehörigkeit der Abgeordneten zur nationalen Elite und Beweis ihrer moralischen Fähigkeit, die Würde der Vorfahren zu verteidigen. Denjenigen Abgeordneten, welche die Genozidthese ablehnten, wurde nach Turtschynow implizit die »wahre« patriotische Gesinnung abgesprochen.

Gegen die These eines Genozids, also der gezielten Vernichtungspolitik nach ethnischen und nationalen Kriterien, spricht, dass es auch in anderen sowjetischen Regionen außerhalb der Ukraine (z. B. in Kasachstan oder in den Schwarzerdegebieten Russlands) 1932/1933 massenhaft Opfer von Hungersnot gegeben hatte. Die Vertreter Russlands sind z. B. der Ansicht, die von der damaligen sowjetischen Führung verantwortete Hungersnot gehöre zum »gemeinsamen Gedächtnis« von Ukrainern, Russen, Kasachen und anderen Völkern der ehemaligen Sowjetunion.

Mit dem Holodomor, der in der ukrainischen Historiographie oft *ukrainischer Holocaust* genannt wird, sorgt man auch für das Aufflammen der latenten Spannungen zwischen einigen ukrainischen und jüdischen Gruppierungen, die sich beiderseitig Historiker und Publizisten als »ideologische Kampfsoldaten« verpflichten. Es geht vorrangig um sogenannte Singularität, Alleinstellung der Shoah, des Holocausts. Beide Gruppierungen – aus verschiedenen Erwägungen – kämpfen erbittert um ihre Wahrheit. Dieser Streit hat schon längst die nationale Grenzen der Ukraine gesprengt und als Streithähne Sinti und Roma, Armenier, Israelis, Neonazis, Hollywoodstars, aber auch deutsche Wissenschaftler auf die Bühne gerufen. So schreibt Wilfried Jilge über die Bemühungen um »Alleinstellung« des Holodomor: »Fragwürdig sind diese Tendenzen auch deswegen, weil sie die ukrainische Nation ausschließlich als Opfernation definieren und von jeder eigenen Verantwortung für die totalitäre Vergangenheit zu entlasten suchen. In diese Richtung zielt in einigen Fällen auch die Bezeichnung des Holodomor als ›ukrainischer Holocaust‹, die den Holocaust zugunsten der Hervorhebung und Wahrung des Opferstatus in den Hintergrund drängen soll. Jedoch bedeutet dieser in der ukrainischen Debatte fast eingebürgerte Begriff nicht zwangsläufig eine Abwertung des Holocaust, auch wenn dieser in der Erinnerungskultur der Ukraine und anderer Staaten Ostmitteleuropas einen insgesamt wohl geringeren Stellenwert als die sowjetischen Verbrechen hat: In vielen Fällen signalisiert der Begriff das Bedürfnis nach Anerkennung einer internationalen und vor allem in den westeuropäischen Erinnerungskulturen immer noch wenig bekannten totalitären Vernichtungserfahrung.«[53]

Als der Leipziger seinen Artikel in der ukrainischen Zeitschrift veröffentlichte, konterte ein national gesinnter ukrainischer Kollege wuchtig: als ob man den Schmerz eines Fingers mit dem Schmerz des anderen vergleichen und quantifizieren könnte.

Es gibt jedoch Zweifel an der Genozidthese auch unter den Ukrainern. Einer von ihnen, Historiker und Akademiemitglied Petro Tolotschko, spricht die Mittäterschaft der Ukrainer an: »Und wer ist wieder daran schuld? Russen, Moskowiten, sie haben entschieden, Ukrainer als Nation zu vernichten. Aber denken Sie einmal nach: Warum wurde aus der Ukraine mehr Getreide eingetrieben als aus den anderen Regionen? Vom Kreml aus sieht man doch gar nicht, wo ein Bauer seinen Sack mit Getreide eingescharrt hat. Die eigenen Leute zeigten es, die eigenen stöberten es auch auf. Aus Übereifer liebedienerten, katzbuckelten, bemühten sie sich, verrieten sie.«[54]

Nicht nur die Geschichte, auch der Weg selbst zur historischen Wahrheit ist selten mit Blumen und häufig mit Dornen gesät.

»Vom San bis an den Don« und »Das Lied der Deutschen«

Der August Heinrich Hoffmann von Fallersleben der Ukraine heißt Pawlo Tschubynskyj. Ausgerechnet er schrieb 1862 das Gedicht, das 141 Jahre später zur ukrainischen Hymne wurde. Wie Professor von Fallersleben nach der Veröffentlichung des *Liedes der Deutschen* 1842 von der preußischen Regierung seiner Professur enthoben und des Landes verwiesen wurde, musste auch sein ukrainischer Zeitgenosse für sieben Jahre unfreiwillig in den russischen Norden – das zaristische Russland war wegen des Drei-Strophen-Gedichts nicht nur empört, sondern auch verängstigt. Andere Mittel gegen ihre Angst als die Verbannung der Dichter kannten die Herrscher anscheinend nicht.

Der Gleichklang beider Texte ist nicht zu übersehen: Sowohl die deutsche als auch die ukrainische Hymne entstanden in ähnlichen Situationen und beide sind bis heute höchst umstritten. Wird in Deutschland nur die dritte Strophe des *Liedes* von Hoffmann von Fallersleben zur Hymne erhoben und gesungen, so singen die Ukrainer aus dem Gedicht von Pawlo Tschubynskyj nur die erste.

Was steht da Frevlerisches im ukrainischen Text, dass die Ukrainer diese Worte nach fast anderthalb Jahrhunderten nicht in den Mund nehmen dürfen?

Als von Fallersleben *Die unpolitischen Lieder* 1841–1842 veröffentlichte, herrschte in Deutschland Kleinstaaterei, was Patrioten zum Handeln bewegte. Die Überwindung der Zersplitterung war dann bekanntlich auch ein zentrales Ziel der Revolution von 1848, die von der »Idee der Nation« beseelt war.

Als Pawlo Tschubynskyj sein Gedicht verfasste, gab es die Ukraine im rechtlichen Sinne gar nicht. Es geisterte unter national gesinnten aufgeklärten Zeitgenossen lediglich die schöne Idee eines eigenen Staates. Sie wussten auch nicht, dass noch Jahrzehnte vergehen würden, bevor sich diese Absicht verwirklichen ließe.

Nicht nur Ukrainer schwärmten davon. So träumten auch Serben, Albaner, Montenegriner, Bulgaren, Griechen … Es gab für sie kaum Hoffnung, denn die Monarchien erstickten alle Unabhängigkeitsbestrebungen.

So träumten auch die Polen. Nach der dritten Teilung – durch Russland, Preußen und Österreich – existierte Polen nicht mehr. 123 Jahre lang. Die polnische Hymne *Jeszcze Polska nie zginęła* (Noch ist Polen nicht verloren) verkörperte die nationalen Hoffnungen. Diese polnische Musik eroberte Europa. Die Jugoslawen sangen ihr Freiheitslied auf die Melodie der polnischen Hymne. Sie erklang eines Abends auch in der Wohnung von Tschubynskyj, als Gäste sie anstimmten. Darin kommen die ergreifenden Worte vor: »Das Herz schlägt und das Blut fließt – für die Freiheit«. Tschubynskyj verschwindet für einen Moment und kommt mit einem Blatt Papier zurück. Darauf steht ein neues, ukrainisches Lied. Alle zusammen lernen den Text und singen ihn euphorisch.

Die erste Strophe und der Refrain lauten:

Ще не вмерла Україна, і слава, і воля,
Ще нам, браття-українці, усміхнеться доля.
Згинуть наші воріженьки, як роса на сонці.
Запануєм і ми, браття, у своїй сторонці.

Душу й тіло ми положим за нашу свободу,
І покажем, що ми, браття, козацького роду.

Noch ist die Ukraine nicht gestorben, weder Ruhm
    noch Freiheit,
noch wird uns das Schicksal, Brüder-Ukrainer, anlächeln.
Verschwinden werden unsere Feinde, wie Tau in der Sonne,
und auch wir, Brüder, werden Herren im eigenen Land sein.

Leib und Seele geben wir für unsere Freiheit,
und bezeugen, dass wir, Brüder, von Kosaken stammen.

Mit einigen kleinen Abänderungen entstand 2003 aus dieser ersten Strophe die Hymne der unabhängigen Ukraine.

Probleme gab es dagegen mit der zweiten: »Stehen wir auf, Brüder, zu einem blutigen Krieg vom San bis an den Don.« Da ist

Tschubynskyj in Fallerslebens Fußstapfen getreten – mit seinen Worten »Von der Maas bis an die Memel, von der Etsch bis an den Belt«! Der Fluss San liegt nämlich nah an der ukrainischen Grenze, aber auf polnischer Seite, und der Don noch schlimmer – in Russland.

Woher nehmen Dichter eigentlich ihre großzügigen Grenzvorstellungen? Ganz einfach: Es gab diese Staaten und Grenzen damals nicht – weder »deutsche« noch »ukrainische« oder »polnische«, die sich ein Polen »od morza do morza«, also von einem Meer (vermutlich der Ostsee) bis zum anderen Meer (dem Schwarzen) wünschten. Begreiflich: Wenn man gar nichts hat, wünscht man sich nicht nur das, was man vernünftigerweise zum Leben braucht, sondern mehr. Auf Vorrat.

Dafür hatte die Regierung der Sowjetukraine kein Verständnis, deshalb kam das Gedicht von Tschubynskyj aus dem Jahre 1862 bei den Kommunisten unter Verschluss – mit strafrechtlichen Konsequenzen für diejenigen, die es zu artikulieren versuchten.

Jetzt singen die Ukrainer, zum Beispiel bei Klitschkos Auftritten – die erste Strophe. Der Rest ist nicht verboten, aber aus *political correctness* nicht erwünscht.

Über Panzer, Raketen und
das beste Flugzeug der Welt

In Deutschland hat man von der »Kornkammer Europas« und der hervorragenden ukrainischen Schwarzerde gehört. Wenn der ehemalige Kolchosvorsitzende und heutige Geschäftsführer einer Agrargenossenschaft bei Poltawa die Erde aus seinen unendlichen Ackerflächen in Fünf-Kilo-Säcke verpacken und als beste Humuserde nach Deutschland verkaufen würde, dann bräuchten seine Mitgenossenschaftler und vielleicht sogar deren Kinder nicht mehr zu arbeiten.

Viel weniger ist über die ukrainische Industrie bekannt. Das soll jetzt wenigstens fragmentarisch nachgeholt werden. Zunächst zwei Beispiele über den Erfindungsreichtum ukrainischer Industriebetriebe.

Ende 1979 schickte die Sowjetunion ihre Truppen nach Afghanistan. Der Westen reagierte mit einem Boykott der Olympischen Spiele in Moskau und fror die Lieferungen von Verdichtungsstationen für den Bau der Gaspipeline Urengoj–Ushhorod ein – heute die Hauptleitung der russischen Gaslieferungen gen Westen.

Die Sache mit dem internationalen Sportfest hatten die Kommunisten schnell verdaut. Ohne Verdichtungsstationen aber waren alle bereits verlegten Tausende Kilometer Rohr nutzlos. Die Sowjetunion, die immer auf Selbstversorgung – besonders in strategischen Fragen – bedacht war, hatte solche Stationen noch nie produziert. Der Westen traf sie an der sensibelsten Stelle. Das Kalkül der Amerikaner war schlicht und ergreifend: Für die Entwicklung und Herstellung einer Verdichtungsstation braucht man: a) viel Zeit, b) erfahrene Konstrukteure, c) neue Technologie, die nicht aus dem Ärmel gezaubert werden kann, d) entsprechende Ausrüstung, e) gut geschulte Arbeiter in einem noch dazu geeigneten Werk. Es gab sicherlich in dieser Liste noch f, g, h, j und weitere Buchstaben, aber die ersten fünf hätten schon dafür reichen müssen, dass die Sowjetunion für ungewisse Zeit den Baustopp verkündet oder die Truppen aus Afghanistan abzieht. Alternativlos.

Weder – noch. Die Truppen blieben leider Gottes in Afghanistan, denn »die Trasse« wurde vollständig und ohne Zeitverzögerung gebaut. Verdichtungsstationen in guter Qualität kamen rechtzeitig aus einem ukrainischen Werk, aus der Industrievereinigung *Frunse* in Sumy.

Die zweite Geschichte ereignete sich in den schwierigen 90er Jahren des vergangenen Jahrhunderts und hatte ihren Ursprung in Indien. Die indische Armee kaufte bei den Russen Hunderte von modernsten Panzern und bedrohte damit Erzfeind Pakistan. Die Pakistani hätten natürlich *M1 Abrams* bei den Freunden in den USA oder *Leopard* bei Krauss-Maffei in Deutschland kaufen können. Die preiswertesten und robustesten Panzer gab es allerdings bei den Russen, das wussten die Pakistani. Diese wollten jedoch keine Panzer an Pakistan verkaufen – damit würden sie ihren langjährigen Waffenkäufer Indien brüskieren und ihn unwiederbringlich verlieren.

Pakistan bestellte daraufhin 320 Panzer in der Ukraine. Es kam zu einem mehrjährigen Vertrag über 650 Millionen Dollar. (Vielleicht ist es nicht allen bekannt, aber auch die Ukraine produziert billige und robuste Panzer, den T-80 UD zum Beispiel. Einmal spielte mein Sohn – bereits in Deutschland beim Bund – Fußball mit den dort stationierten amerikanischen Waffenbrüdern. Als nach dem Spiel zum Bier übergegangen wurde, fragte ihn ein Ami, woher denn sein nicht gerade deutscher Nachname stamme. »Aus der Ukraine«, antwortete er. »Oh«, rief der Yankee, »die besten Panzer der Welt!« Beim US-Militär wusste man Bescheid.)

Die Bestellung kam zu einem Zeitpunkt, als die Industrie in der Ukraine brachlag. Von 50 000 Arbeitern, Ingenieuren und Konstrukteuren des Charkiwer Panzerwerkes *Malyschew* (der strengen Geheimhaltung wegen »Werk für Transportmaschinenbau« genannt) waren Zehntausende entlassen worden, man wollte beinah zur Herstellung von Kochtöpfen übergehen …

Die Werksväter holten in dieser akuten Situation Arbeiter und Ingenieure zurück, die ohnehin zu Hause saßen. Aber eine Sache blieb ungelöst: Woher sollten die Kanonen kommen?

In der Sowjetunion waren alle Unionsrepubliken industriell miteinander verflochten: Zu den in der Ukraine produzierten Panzern kamen russische Geschütze aus Perm. Nach der Unabhängigkeitserklärung der Ukraine wollten die Russen ihre Militärtechnik allerdings nicht an die Ukraine, ihren schärfsten Konkurrenten auf dem stark umkämpften Waffenmarkt, liefern.

Was tun? Schließlich ist eine Kanone nicht nur ein langes Rohr. Ihre komplizierte Herstellungstechnologie beherrschen weltweit nur eine Handvoll Länder. Sie ist nicht minder knifflig als die Raketentechnologie. Den Ukrainern gelang es am Ende, die Kanonen selbst zu fertigen. Sie fanden dafür Zeit, Ausrüstung, geeignete Leute, Technologie und das Werk. Hunderte von Panzern wurden gebaut und rechtzeitig ausgeliefert. 300 ukrainische Betriebe waren dabei eingebunden. Die Abhängigkeit von den »ausländischen Exporteuren«, wie damals in erster Linie Russland abwertend umschrieben wurde, ging Richtung null. Pakistan stellte mit Indien wieder Parität her. Es kam nicht zum großen Krieg.

Neben der militärisch aktiven Industrievereinigung *Frunse* in Sumy gibt es in der Ukraine mehrere Dutzend gleichwertiger ziviler Betriebe, die auf anderen Gebieten exzellente Leistungen hervorbringen.

Das wissenschaftliche und technologische Potenzial kommt nicht von ungefähr. Wenn man es historisch genau nimmt, stammt der überwiegende Teil der ukrainischen Industrie aus dem militärisch-industriellen Komplex der Sowjetunion. Das Geld steckte man in Metallurgie und Maschinenbau (und dachte als Erstes an Panzer und Flugzeuge), in die Raumforschung (und dachte an Aufklärungssatelliten und Sternenkriege), in die Leichtindustrie (und dachte an Militäruniformen) sowie in die Mikroelektronik (und dachte an Raketensteuersysteme).

In der verhältnismäßig dicht besiedelten Ukraine gab es (fast) keine »geschlossenen« Städte wie im russischen Sibirien, aber genug geheime Werke und Produktionsstätten in militärisch scheinbar keuschen Betrieben, die verdeckt den Rücken der Sowjetarmee stärkten. Sie hießen unverdächtig *Gerätewerk, Radiowerk, Südwerk* und *Autoreparaturwerkstatt,* himmlisch *Orion* und *Saturn,* musikalisch *Oktave* und *Lyra,* geschmeidig *Topas* und *Karat* oder einfach unverständlich *Arsenal, FED, Artem* und *Radikal.* Sie produzieren aber Panzer, große und kleine elektronische Rechner, interkontinentale und Luft-Luft-Raketen, hinterhorizontale Radarstationen, Satellitennavigations- und Steuerungssysteme, Kampfschiffe und Militärflugzeuge, Militärelektronik und Militäroptik, Präzisionswaffen, Luftabwehrsysteme, Ausrüstung für elektronische Kampfführung, Marschflugkörper, Motoren für Flugzeuge und Hubschrauber. Insgesamt waren in der Ukraine 1500 Betriebe direkt oder mittelbar in die Waffenproduktion einbezogen. Dazu kamen Hunderte von Forschungsinstituten, die im Staatsauftrag für die Militärs im Einsatz waren.

Über die sowjetische Elektronik lachte man anfänglich. Die Ukrainer lachten auch über sich selbst, wenn sie von einem sowjetischen »Erfolg« scherzten – vom »größten Mikroprozessor der Welt«. Doch die Entwicklung innerhalb des abgeschotteten sowjetischen Marktes lief gar nicht so schlecht. In ukrainischen Forschungszentren und Betrieben arbeitete man bereits in den 80er Jahren im Bereich Nanoelektronik. Schon damals besuchte ich ein »altes« Werk in Switlowodsk (Gebiet Kirowohrad), das heute weltweit begehrtes monokristallines Silizium für Fotovoltaikanlagen wachsen ließ. Die Ukraine war aus einer Kornkammer zum Industrie-Land geworden. Die Palette der hier angefertigten Produkte reicht von Raketen bis zu Jachten, von Kugelschreibern bis zu Lastkraftwagen, von Eisenbahngleisen bis zu Arzneimitteln, von Flugzeugen bis zu Computertechnik, von Textilien bis zu Ferrostahl, von Schuhen bis zu Reifen, von medizinischer Technik bis zu Kernenergie, von Kosmetika bis zu Kunstdiamanten, von Kugellagern bis zu Kühlschränken und Fernsehern. Es gab Werke, die Flugzeuge und U-Boote für Feinde unsichtbar machen. Es gibt auch andere, die mit ihren Radaranlagen scheinbar verkappte amerikanische *Stealth*-Bomber sehr genau orten können. Turbinen für Atomkraftwerke, Traktoren, Pkws, die weltweit größten Walzvorrichtungen, Elektrogeneratoren, Kunstfasern, Farben, Mikroprozessoren, Schweißgeräte, Elektro- und Diesellokomotiven, Eisenbahnwaggons, Satellitenantennen und Satelliten – all das wurde in der Ukraine selbst hergestellt.

In der ehemaligen Sowjetunion war das Land in Bezug auf Hochschulbildung, Forschung, Wissenschaft und Hochtechnologie eine Perle. Aber im Jahre 1990 kam auf sie eine besondere Herausforderung zu.

Wenn sich anständige Eheleute scheiden lassen, teilen sie auch ihr gemeinsames Hab und Gut. Bei Ländern ist das nicht anders. Als Erbe der Sowjetunion blieben 1990 in der Ukraine auf den Militärflughäfen Pryluky (Gebiet Tschernihiw) und Usyn (Gebiet Kyiw) 44 atomwaffenbestückte strategische Bomber Tu-95 und

Tu-160 stehen. Damit man die Reichweite dieser Tatsache erahnen kann, muss man diese »Vögel« etwas genauer betrachten.

Die Tupolew-95 (NATO-Codename *Bear*) ist ein sowjetischer strategischer Langstreckenbomber. Er flog erstmals 1954 und wurde im Westen als ernste Bedrohung eingestuft. Die 250 gebauten Maschinen erwiesen sich als sehr langlebig und zuverlässig. Einige Versionen erreichten Höchstgeschwindigkeiten bis 930 km/h, weshalb die Tu-95 einen Eintrag im Guinness-Buch der Rekorde als schnellstes propellergetriebenes Flugzeug erhielt. Dabei hat sie eine nicht zu unterschätzende Reichweite von über 10 000 Kilometern und erreicht eine Gipfelhöhe von 12 000 Metern. Ihr fehlte es auch nicht an Bewaffnung: Außer lenkbaren Marschflugkörpern konnte die Maschine Atombomben bis zu 25 Tonnen tragen.

1961 wurde mit einer Tu-95 aus 10 000 Meter Höhe über dem Testgelände auf der Insel Nowaja Semlja in Russland die *Zarenbombe* (russ. *Царь-бомба*) abgeworfen – die stärkste jemals gezündete Wasserstoffbombe. Die Detonation gilt als größte vom Menschen verursachte Explosion. Der Feuerball der Explosion in 4000 Meter Höhe erreichte den Erdboden, der Atompilz stieg 64 Kilometer in die Höhe. Die von der Bombe erzeugte Druckwelle war so groß, dass sie noch bei ihrer dritten Umrundung der Erde messbar war.

Die Sprengkraft betrug 60 Megatonnen TNT-Äquivalent, womit die Bombe etwa 4000-mal stärker war als die amerikanische Hiroshima-Bombe *Little Boy* und fünfmal stärker als die größte je getestete Bombe der US-Amerikaner.

Somit war die Tu-95 trotz ihres fortgeschrittenen Alters eine ernstzunehmende Waffe.

Noch schlimmer für die Welt sah es bei der Tu-160 aus – dem größten Bomber in der Geschichte der Menschheit.

Als 1979 die ersten Satellitenaufnahmen der Tu-160 in den Westen gelangten, stellte sich heraus, dass die Sowjetunion einen neuen Trumpf im internationalen Rüstungswettlauf entwickelt hatte. Die NATO taufte das neue Flugzeug *Blackjack*. Die Tu-160 ist rund 20 Prozent länger, besitzt eine höhere Reichweite von 14 600 Kilometern und ist mit ihrer 2,3-fachen Schallgeschwindigkeit in 12 000 Meter Höhe bedeutend schneller als die B-1-Bomber der US-Luftwaffe. Gleichzeitig wurde deutlich, dass *Blackjack* nicht einfach die vergrößerte Ausgabe des älteren

Schwenkflügelbombers Tu-22M *Backfire* war, sondern eine völlig neue Konstruktion darstellte und eher an das Überschallverkehrsflugzeug Tu-144 erinnerte.

Die Tu-160 kann nicht nur mit frei fallenden Bomben, sondern auch mit zwölf weitreichenden (3000 Kilometer) atomaren Marschflugkörpern bestückt werden oder 24 Luft-Boden-Flugkörper mit konventionellen oder atomaren Gefechtsköpfen kurzer Reichweite mit sich führen. Die Bezeichnung *Blackjack* bedeutet soviel wie *Totschläger*. Die NATO wusste Bescheid.

Aber das war 1991 nicht alles: Die Ukraine bekam die in den Gebieten Mykolajiw und Chmelnyzkyj stationierten Atomwaffen übertragen, und zwar 176 interkontinentale ballistische Raketen. Das waren 130 Raketen RS-18 (NATO-Bezeichnung *SS-19 Stiletto*). Jede dieser Raketen wiegt betankt 105 Tonnen, trägt eine Nutzlast (wie Militärs Sprengkörper umschreiben) von fast fünf Tonnen, hat eine Reichweite von 10 000 Kilometern und kann bis zu sechs Atomsprengköpfe tragen. Die sind auch präzise: Die Treffergenauigkeit liegt bei 300 Metern.

Zudem sind der Ukraine 46 sowjetische Raketen RT-23 (NATO-Codename *SS-24 Scalpel*) »zugeflogen«. Die RT-23 ist eine dreistufige Rakete mit einem Mehrfachsprengkopf aus zehn einzeln lenkbaren Atomköpfen mit je 550 Kilotonnen TNT-Sprengkraft. (Die amerikanischen Bomben auf Hiroshima und Nagasaki hatten zusammen weniger als 40 Kilotonnen Sprengkraft und töteten dennoch etwa 155 000 Menschen sofort. Weitere 110 000 Menschen starben innerhalb weniger Wochen an den Folgen der radioaktiven Verstrahlung und bis zu 100 000 weitere an Folgeschäden in den Jahren und Jahrzehnten danach.)

Wenn man alle Atomsprengköpfe in der Ukraine zusammenzählt, kommt man auf 1900. Immerhin nach den USA und Russland das drittgrößte Atomarsenal auf der Erdkugel.

So wurde die Ukraine zu einer gewaltigen Atommacht, ohne es eigentlich zu wollen.

Der erste Grundgedanke der Weltgemeinschaft war: Ist die Ukraine überhaupt in der Lage diese Atombomben und Raketen instand zu halten, so dass die Sprengladungen kein Unheil anrichteten? Aber das war für ukrainische Fachleute kein Problem, die zu Sowjetzeiten gelernt hatten, Raketen und Bomben zu pflegen, zumal das größte Raketenwerk der Sowjetunion in Dnipropetrowsk, also am ukrainischen Fluss Dnipro, lag.

Aber was macht man politisch mit so einem Vernichtungspotenzial? Tritt man dem Klub der Mächtigsten bei? Fordert man als Gleichberechtigter unter den Atommächten einen ständigen Sitz mit Vetorecht im UN-Sicherheitsrat? Macht man gar einige Grenzgebiete streitig?

Das waren Themen aus hitzigen Diskussionen in den 90er Jahren.

Wie entschied sich die Ukraine, jenes Land, das sich von Russland abgespalten hatte und bei der NATO nicht angekommen war, ein Land, das geopolitisch eine Pufferzone war und leicht militärischem Druck ausgesetzt werden konnte? Die Ukraine entschied, ihren Atomstatus abzugeben und dem Atomwaffensperrvertrag als Nicht-Atommacht beizutreten. Es begann ein beeindruckendes Abrüstungsprogramm.

1900 Atomgefechtskörper wurden an Russland abgegeben, die dazugehörigen Bomber zersägte man, zahlreiche Anlagen wurden zivilen Zwecken zugeführt.

Angesichts der Herstellung von Atombomben in Israel, Indien und Pakistan, der Anstrengungen, die viele andere Staaten der Welt unternehmen, um eine Atombombe zu bauen, ist der Schritt der Ukraine in genau die andere Richtung bis heute bewundernswert.

Aber was sollte man mit dem größten Raketenwerk *Piwdenmasch (Maschinenbauwerk Süd)* machen, wenn man diese Raketen selbst nicht mehr brauchte? Den Ukrainern ist hier etwas Besonderes eingefallen.

Am Äquator dreht sich die Erde bekanntlich »schneller« (nota bene für junggebliebene Physiker: gemeint ist natürlich nicht die radiale, sondern lineare Geschwindigkeit) als am Pol (wo sie sich überhaupt nicht dreht!). Deshalb brauchen die Raketen am Äquator weniger Zugkraft, um einen Satelliten ins All zu befördern bzw. kann mit einem gleichen Träger eine größere Masse in den Weltraum geschickt werden.

Aber wie baut man eine Startrampe am Äquator? Eine durchaus kreative Lösung dafür wäre eine schwimmende Plattform!

Das Projekt heißt *Sea Launch* und vereint seit 1995 das amerikanische Konsortium *Boeing*, die britisch-norwegische Firma *Kvaerner Group*, das russische Konstruktionsbüro *Energija* und zwei ukrainische Teilnehmer – das Raketen-Konstrukteurbüro *Piwdenne* und das Raketenbaukombinat *Piwdenmasch* aus Dnipropetrowsk. Die Plattform stellte die *Kvaerner Group* zur Verfügung, Raketen kommen aus Dnipropetrowsk. Früher hießen sie bei der NATO SS-18 *Satana* (Satan) und hingen wie ein Damoklesschwert über dem Westen. Heute schmückt ihre friedliche Variante der Name *Zenit*. Mit diesem Projekt konnten das ukrainische Militärraketenwerk und seine Konstrukteure nach dem Zerfall der Sowjetunion überleben. *Sea Launch* gibt gegenwärtig den beteiligten 400 ukrainischen Werken und Instituten Arbeit. Alle bekamen dafür die Möglichkeit, ihre Fernseh-, Telekommunikations- und Navigationssatelliten preiswert auf der Erdumlaufbahn zu positionieren.

Eine ähnliche Konversion erlebte das »militaristische« *Malyschew*-Werk. Es produziert heute – es ist kaum zu glauben – Bohrmaschinen für Erdgas- und Erdöl-Bohrungen, Anlagen zur Reparatur von Pipelines, Kohleabbaumaschinen für oft im Donezbecken vorkommende schmale Flöze, Getreidevollerntemaschinen »Obrij« sowie Dieselmotoren für Lokomotiven und Traktoren. Ganze 18 Panzer verlassen das Werk pro Jahr noch, früher waren es einmal 1000.

Allein die atomare Entwaffnung des Landes war ein Kraftakt. Manche ukrainischen Stammtischpolitiker sind bis heute der Meinung, die Ukraine hätte sich etwas mehr außenpolitisches Gehör verschafft, wenn sie ihre Atomstreitkraft behalten hätte. Das wäre auch für rege finanzielle Beihilfen zu den Umgestaltungsmaßnahmen von der Zentralwirtschaft zur Marktwirtschaft dienlich gewesen. Doch die verantwortlichen Politiker entschieden sich für einen anderen Weg und erhofften dafür nicht nur eine Würdigung der Weltgemeinschaft (die nicht besonders beeindruckend ausgefallen ist), sondern auch eine finanzielle Unterstützung.

Die Ukraine wollte, dass sich die Atommächte – vor allem die USA und Russland – an der Verschrottung der Waffen beteiligen. Dieses »Zerschneiden«, »Deaktivieren«, »Demontieren«, »Sprengen« kostete nicht wenig. Die USA gaben tatsächlich etwas Geld für das Recycling von Atomwaffen und ihren Trägern. Russland hat für das abgegebene Uran aus den Atomsprengköpfen Brennstäbe für ukrainische Kernkraftwerke geliefert – mit spitzem Bleistift kalkuliert und keine Kopeke verschenkt.

Zweitens hoffte die Ukraine, dass die Atommächte ihr Sicherheiten geben, die größere Ausgaben für konventionelle Aufrüstung ersparen.

Es gab auch entsprechende schriftliche Erklärungen: Alle Atommächte haben sich verpflichtet, die Ukraine vor bösen Attacken zu schützen.

Und es gab noch ein »Drittens«.

Die Ukraine wollte auf dem Weltmarkt als Freund, als aufgeklärte und demokratische Nation, die keine Konfrontation sucht und Schranken zwischen den Ländern abbaut, aufgenommen werden. Sie wollte, dass Investoren ins Land kommen und ukrainische Betriebe, die schwer um ihr Überleben zu kämpfen hatten, etwas vom marktwirtschaftlichen Know-how aus dem Westen abbekämen. Darunter verstand man keine geschenkten neuesten Ausrüstungen und Technologien, nicht Hilfe in der Erzeugung von Produkten, sondern einfach ein faires Verhalten im Vermarkten der Waren, die bereits konkurrenzfähig sind, aber aus verschiedenen Gründen nicht in die erforderlichen Absatzgebiete kamen.

Welch ein Irrtum!

Eine »freie Marktwirtschaft«, wie sie in den wohlmeinenden Seminaren der West-Berater in der Umbruchzeit vermittelt wurde, gab es in der Realität nicht. Das musste die Ukraine schnell begreifen. Beispiele braucht man nicht lange zu suchen. Es gibt auf dem Markt Getreide, das, nehmen wir der Einfachheit halber an, 100 Dollar pro Tonne kostet, und es gibt Getreide aus der EU, das für 150 Dollar angeboten wird. Auf einem lauteren Markt hätte das EU-Getreide keine Chance. Was machen aber die westeuropäischen Regierungen? Sie gewähren den einheimischen Getreideerzeugern Subventionen und schon wird Getreide aus der EU für 70 Dollar angeboten. Da die Länder, die Getreide für 100 Dollar anbieten, a priori ärmer als die EU-Länder sind, können sie ihren Bauern nicht gleiche Beihilfen offerieren. Deshalb wird auf dem Weltmarkt EU-Getreide gehandelt, und Bauern aus ärmeren Ländern gehen leer aus. Diese Zuwendungen heißen »protektionistische«, also »schützende« Maßnahmen der EU-Regierungen. Gegen sie laufen afrikanische und asiatische Länder schon seit Jahren Sturm. Nach 70 Jahren zentral gesteuerter Wirtschaft hatte die Ukraine auf eine Marktwirtschaft ohne Verzerrungen gehofft – und musste bittere Erfahrungen machen.

Die USA verhielten sich nicht anders und verhängten hohe (die eigenen Hersteller schützende) Einfuhrzölle z. B. für ukrainische Schwarzmetallgüter. Ein Verkäufer, der zum Herstellungs- und

Transportpreis noch einen extra erhöhten Zoll blechen soll, hat schlechte Karten. Als die Ukraine trotz dieser Zölle einem ernsthaften Kampf mit der Wirtschaftsnation Nummer 1 standhielt, leiteten die USA mehrere Strafverfahren wegen der ukrainischen Dumpingpreise für Metallurgieerzeugnisse ein.

In der Krisensituation wollten die USA offenbar zuerst die ukrainischen Stahlproduzenten verröcheln lassen und dann die nordamerikanischen. Sowohl Schutzzölle als auch Anti-Dumping-Vorwurf waren wohl dazu gedacht, die Lage für US-amerikanische Stahl-Produzenten zu mildern.

So eine Unredlichkeit hatte die Ukraine von ihrem »strategischen Partner« USA nicht erwartet. Die ukrainischen Eisenbahngleis- und Rohrproduzenten mussten damals auf andere Länder wie Indien, Brasilien, Bolivien, Angola, aber auch den Irak, ausweichen.

Nicht weniger lehrreich war die Geschichte des Flugzeuges AN-70, seinerzeit eines der besten Militärtransportflugzeuge der Welt, wenn nicht sogar das beste.

Die Ukraine ist ein bekanntlich erfolgreicher Flugzeughersteller. Eines der Luftfahrtzentren liegt in Charkiw, wo Studenten der dortigen Flugzeugbauhochschule in den 1930er Jahren das erste Flugzeug der Welt bauten, das die beim Fliegen störenden Räder in den Flugzeugrumpf einzog. Heute ist etwas anderes nicht mehr vorstellbar, damals gab diese Neuigkeit der Flugzeugentwicklung einen bedeutenden Anstoß – man lernte schneller zu fliegen. 1935 projektierte hier ein Hochschullehrer namens Archyp Lulka – der künftige Vater der Strahltriebwerke – den ersten sowjetischen Düsenmotor. Lange Zeit wurden in Charkiw Maschinen aus dem russischen Konstrukteurbüro *Tupolew* gefertigt. Im Tupolew-Flugzeugwerk kamen auch viele Absolventen der Hochschule unter, zahlreiche andere in den Raketenforschungsinstituten des sowjetischen militär-industriellen Komplexes der Stadt.

Da Kyiw keine eigene Flugzeugbauhochschule hat, machten Charkiwer Absolventen den Kern des Kyiwer Flugzeugkonstrukteurbüros *Antonow* aus. Dessen Maschinen sind weltweit vielleicht sogar bekannter als die von Tupolew. Sie heißen AN-22, AN-124, AN-225 oder *Antej, Ruslan* und *Mrija* (dt. »Traum«). Das Konstrukteurbüro *Antonow* entwickelte seit seiner Gründung 1946 über 100 verschiedene Flugzeug-Typen und -Modelle, die für ihre Anspruchslosigkeit, Robustheit, aber auch für außerordentliche Größe bekannt sind. So flog die riesige *Mrija* 1989 die sowjetische Weltraumfähre *Buran* huckepack von Kyiw nach Paris, wo sie zum ersten Mal auf der Internationalen Luftfahrtmesse in Le Bourget gezeigt wurde. In dem Jahr registrierte die Internationale Luftfahrtföderation über 100 Weltrekorde von *Mrija* – unter anderem das Heben von über 150 Tonnen Gewicht in die Höhe von 12 000 Metern.

Für Furore unter dem Fachpublikum sorgte ein paar Jahre später die *AN-70,* ein in der Ukraine konstruierter und mit finanzieller und technischer Hilfe der Russen gebauter Militärtransporter, der seinen Erstflug im Dezember 1994 absolvierte. Die Maschine war so gut, dass seit Ende 1997 sogar die sehr auf Qualität und Zuverlässigkeit bedachte Bundeswehr in Betracht zog, einige *AN-70* zum Ausbau der Langstreckentransportkapazitäten anzuschaffen. Das bisherige Transportflugzeug *Transall* konnte die wachsenden Aufgaben nicht mehr bewältigen.

1998 wurde *AN-70* auf der Internationalen Luftfahrt-Ausstellung (ILA) in Schönefeld bei Berlin gezeigt. Sie war mit Abstand besser als die Konkurrenz – die amerikanischen Modelle *Herkules* und *Globemaster*. Die Ukrainer waren guter Hoffnung und träumten davon, die Deutschen mitsamt der NATO würden dem Flugzeug unter die Arme greifen und auf den Weltmarkt verhelfen.

Die typische ukrainische Träumerei hatte diesmal sogar Boden unter den Füßen: Hans-Peter von Kirchbach, Generalinspekteur der Bundeswehr und damit ranghöchster deutscher Soldat, gab dem damaligen Bundesverteidigungsminister Rudolf Scharping seine Kaufempfehlung für die *AN-70*. Die Expertise dazu landete alsbald bei der Konkurrenz DASA, so hat das gut recherchierende Team von *Monitor* unter Klaus Bednarz damals herausgefunden. *Monitor* zitierte eine »sehr vertrauliche« DASA-interne Aktennotiz vom 2. August 1999: »Die Gesamtbewertung des Generalinspekteurs kommt zu einem für die DASA äußerst kritischen Gesamtergebnis: Danach ist die *AN-7X* (die Bezeichnung der auf NATO-Standard umgerüsteten *AN-70* – V. T.) unter Berücksichtigung aller wesentlichen Kriterien (sicherheits- und militärpolitisch, technisch-operativ, finanziell, industriepolitisch) die bessere Alternative.«[55]

Vermutlich war diese Einschätzung des Generals mit ein Grund für das Zerwürfnis zwischen dem Generalinspekteur und dem

Verteidigungsminister. Rudolf Scharping entschied sich jedenfalls – nach einem Gespräch mit dem DASA-Vorstandsvorsitzenden – gegen die *Antonow* und für die deutsche Airbus-Tochter.

Den Ukrainern wurde aber kein reiner Wein eingeschenkt. Man verlangte von ihnen weitere Anpassungen des Flugzeuges an die NATO-Standards und vertröstete sie mit langen Wegen bei politischen Konsultationen in Deutschland und Rücksichtsnahmen beim Wahlkampf. Die USA mischten sich noch kräftig mit ein und übten massiven Druck auf ihre NATO-Partner aus. Am Ende wurde schließlich *Airbus* mit der Konstruktion des neuen Militärtransporters beauftragt. Der viel zu direkte General von Kirchbach musste wechseln – zur Deutschen Johanniter-Unfall-Hilfe. In dem ungleichen und unsauberen Kampf um die Gunst der Käufer siegte nicht die wirtschaftliche Vernunft, sondern der alte Reflex des Kalten Krieges. Zugleich war das Ganze ein Milliardengeschenk an den europäischen Rüstungskonzern, denn der *Airbus* kostete ein Drittel mehr als die *Antonow*.[56] »3,3 Milliarden Mark mehr bei vergleichbaren Stückzahlen« hatte *Monitor* im Jahre 2000 aus der DASA-Aktennotiz herausgelesen. Die Grüne Angelika Beer, Mitglied der damals regierenden Koalition und des parlamentarischen Verteidigungsausschusses, fand »die Entscheidung nicht nachvollziehbar, denn wir haben ein Sparkonzept ja auch für die Bundeswehr«.

Der Erstflug des *A400M* war für Ende 2008 vorgesehen, die ersten Auslieferungen sollten ab Ende 2009 erfolgen. Deshalb waren die Ukrainer 1994 durchaus exakt, als sie erklärten, sie seien mit dem *AN-70* der nächsten Konkurrenz 15 Jahre voraus. Inzwischen haben sich beim europäischen Luftfahrtkonzern EADS neue Probleme bei den Propellertriebwerken ergeben und der Start des Transporters ist auf 2011 verschoben worden. Sein Preis wird dann wenigstens doppelt so hoch sein wie der der ukrainischen *AN-70*.

Nach solchen Erfahrungen ging in der Ukraine das ohnehin schon angekratzte Vertrauen in den Westen weiter den Bach herunter. Wenn derzeitig einige Berater, Investoren oder Politiker aus Westeuropa nicht immer den vollen Respekt in der Ukraine genießen oder gar skeptisch betrachtet werden, hat das auch mit den Vorgängen um die *AN-70* zu tun. Die prowestlichen Kräfte sind dadurch spürbar geschwächt, die prorussischen eher gestärkt worden.

Tschornobyl – Erster Monat

In die jüngere Geschichte der Ukraine hat sich ein Ereignis besonders tief eingegraben: der größte anzunehmende Unfall (GAU) in einem Kernkraftwerk (KKW), den es bisher auf der Welt gegeben hat. In der Nacht zum Sonnabend, dem 26. April 1986, explodierte der 4. Reaktor von Tschornobyl.

Von Tschornobyl habe ich nicht nur gehört. Ich war in Tschornobyl und in dem Kernkraftwerk – sowohl vor dem schwarzen Sonnabend als auch kurz darauf. Nach dem GAU wurde ich, wie die meisten Ukrainer, unendlich an der Nase herumgeführt, sowohl von der Partei- und Staatsführung in Moskau als auch von ihren Handlangern in Kyiw. Ich kam gerade von einem Waldspaziergang mit meinem kranken Sohn zurück, als mein Freund Serhij anrief und auf mich einredete: »Fahr ja nicht mit dem Bus!« Wieso mit dem Bus? Ich fahre doch sowieso nur mit der Schnellstraßenbahn, er weiß doch, wo ich wohne! Und wieder seine aufgeregte Stimme: »Ich kann dir nur sagen: Fahr nicht mit dem Bus!« Es war die Zeit, als uns allen noch der Orwell'sche BigBrother-Kommunismus in den Knochen saß und niemand Klartext am Telefon sprach. Ich legte verständnislos auf. Warum war Serhij nur so aufgebracht?

Ich fuhr zu ihm und erfuhr dort von der Explosion im Kernkraftwerk und davon, dass alle Kyiwer Busse einen Tag nach der Katastrophe nach Tschornobyl geschickt worden waren, um die Bevölkerung zu evakuieren. Die Fahrer wussten nicht, was dort los war, deshalb standen viele den ganzen Tag einen Kilometer von dem explodierten Kernreaktor entfernt und beobachteten, wie das KKW brannte. Sie sahen Rauchwolken (mit 50 Tonnen Kleinstpartikeln von hochradioaktivem Plutonium-239, Cäsium-137, Neptunium-139, Jod-131, Urandioxyd, Strontium-90 und anderen radioaktiven Elementen) in den blauen Himmel steigen. Sie wussten nicht, dass noch weitere hundert Tonnen radioaktive Brennelemente und hoch verstrahltes Graphit in die nähere Umgebung geschleudert wurden und dass die Radioaktivität der Brennstabe an die kaum vorstellbare Größe von 20 000 Röntgen pro Stunde reichte. Wenige Sekunden genügten bis zur tödlichen Dosis. Das wusste nur die Parteispitze, das wusste Gorbatschow. Er telefonierte persönlich mit Kernphysiker Akademiemitglied Walerij Legassow, der vor Ort war und der ihm dies alles berichtete. Das hinterließ der Wissenschaftler minutiös in seinen Memoiren kurz bevor er starb.

Die ahnungslosen Fahrer wurden – in weiser Voraussicht der Partei – schon vor der endgültigen Entscheidung über die Evakuierung des Ortes dort hingeschickt, ohne zu wissen, worum es eigentlich ging. Deshalb standen sie neben dem brennenden Reaktor stundenlang auf einem Parkplatz, rauchten vor Langeweile, spielten Fußball mit Konservendosen und schimpften über den versauten Sonntag ... Und deshalb waren jetzt alle Busse verstrahlt und sollte meine Familie damit nicht fahren.

Die Stadt des KKW und der KKW-Betreiber hieß eigentlich Prypjat. Tschornobyl ist eine Stadt in der Nähe, die als Orientierung für diejenigen diente, die das KKW hier vor Jahrzehnten zu bauen begannen. Zusammen mit dem KKW wurde auch eine neue Stadt gebaut – Prypjat; so wie der Fluss, der daneben fließt. Über diese Stadt und seine Architekten hatte ich einmal geschrieben – wie sie aus den für die ganze Sowjetunion genormten Betonfertigteilen eigenartige und schöne Wohnblocks bauten.

An dem Tag wussten die Einwohner von Prypjat, fast alle selbst entweder Kernkraftwerkmitarbeiter oder ihre Angehörigen, auch nicht viel mehr als die ahnungslosen Busfahrer. Sie gingen spazieren, setzten Kartoffeln auf ihren Datschen, die gemütlich zwischen dem – nun explodierten – 4. Reaktor und einem Wäldchen (das später als grauenvoller »Roter Wald« in die Geschichte einging) lagen, angelten, wie immer, im Prypjat, sonnten sich am Strand des Kühlteiches des KKWs – es war schon warm an dem Tag, und man gönnte sich ein bisschen Sonne. Und sie feierten. Schließlich war im Ort gerade ein Stadtfest im Gange, das niemand wegen der größten Atomkatastrophe der neuesten Weltgeschichte absagen wollte. Am Samstag gab es auch mehrere Hochzeiten. Prypjat war eine junge Stadt mit einem Durchschnittsalter der Bewohner von 26 Jahren. Über 1000 Kinder wurden hier jährlich geboren.

Die Parteiführung des Gebietes befahl: Alles, was geplant ist, auch schulische und sportliche Veranstaltungen, sind durchzuführen.

Bereits in der Nacht zum 27. April wurden die ersten 26 verstrahlten und verbrannten KKW-Mitarbeiter, vorwiegend Feuerwehrleute, Richtung Moskau ausgeflogen. Nur einer von ihnen wird einige Jahre überleben. Am nächsten Tag folgten ihnen noch 106 weitere Opfer – nach Moskau, in die besten Moskauer Kliniken.

Dann entschied sich die Regierung doch für die Evakuierung. Am frühen Sonntagmorgen des 27. April heulten Sirenen in Prypjat. Den Menschen wurde gesagt, sie hätten die Stadt für drei Tage zu verlassen. Mitzunehmen seien nur Geld und Papiere.

Schon bevor man die Evakuierung anordnete, wussten natürlich die Gebieter: Die Menschen würden nicht mehr hierher zurückkehren. In Prypjat lebten 48 000 Menschen, um sie wegzufahren, brauchte man 1500 Busse. Für Gepäck war in den Bussen kein Platz.

Man erzählte später von verzweifelten Müttern, die, angekommen an den Sammelpunkten, bei der Radioaktivitätskontrolle sahen, dass an ihrem Kind alles höchst verstrahlt, »schmutzig« war, wie man sagte: die Schuhe, die Haare, das Höschen.

Und »saubere« Wäsche gab es nicht.

»Schmutzig« waren alle 48 000 Menschen. Keiner hatte etwas »Sauberes« zum Anziehen dabei.

Eine Kyiwer Bikerin, Olena Filatowa, fuhr 15 Jahre später ins »dicht abgeriegelte« Gebiet um das Tschornobyler KKW und beschrieb ihre Eindrücke: »Auf den ersten Blick scheint die Geisterstadt eine normale Stadt zu sein. Es gibt einen Taxistand, ein Lebensmittelgeschäft, Wäsche hängt auf dem Balkon, und die Fenster sind offen. Aber dann sehe ich auf einem Gebäude eine Parole: Die Partei von Lenin führt uns zum Triumph des Kommunismus ... und ich begreife, dass diese Fenster im April 1986 geöffnet worden waren, um die Frühlingsluft hereinzulassen ... Die Geisterstadt ist ein modernes Pompeji. Hier ist die Sowjetära vollständig erhalten – eingelegt in Strahlung.«[57]

Die Stadt Prypjat wurde am 27. April 1986 ab 14.00 Uhr evakuiert. Der Kreis Tschornobyl um das KKW herum wartete auf seine Evakuierung bis zum 4. und 5. Mai. Zunächst wurde das große Vieh aus den Kolchosen abtransportiert (wer hat bloß dieses Fleisch aufgegessen?), erst danach, nach mehreren Stunden, kamen die Menschen dran.

In den verlassenen Städten und Dörfern blieben die privat gehaltenen Tiere zurück: Hühner, Katzen, Enten, Hunde, Schweine und sogar einige Pferde. Später rissen sie aus den Ställen aus und leben seitdem in den Mehrfamilienhäusern der Stadt und in der Wildnis der Zone. Es ist ein weltweit einmaliges Reservat, wo sich die Tiere sauwohl fühlen können, denn es gibt keine Jäger, schließlich sind alle Kreaturen hoch verstrahlt.

Was für den einen Krieg heißt, bedeutet für den anderen die liebe Mutter, so ist ein Sprichwort: Gleich nach der Evakuierung gingen Plünderer ans Werk. In Kyiw auf den Märkten und bei Pfandleihern tauchten mit tödlichen Dosen verstrahlte Fernseher, Pelzmäntel, Motorräder und begehrte Autoersatzteile auf. Die Miliz in Prypjat erhielt den Befehl, auf Plünderer zu schießen.

Es war der 3. Mai 1986, als Serhij mich anrief, der achte Tag nach der Explosion. Die ganze Welt wusste Bescheid, die aufgeschreckten Schweden hatten schon – um dem durch Radioaktivität verursachten Schilddrüsenkrebs vorzubeugen – Jodtabletten an die eigene Bevölkerung verteilt. Doch bis zu diesem Tag gab es in der Ukraine keine einzige offizielle Information über das Geschehen. Mehr noch: Die sowjetische wie die ukrainische Regierung haben die Katastrophe bis zu dem Tag geleugnet.

Ich habe mich nicht umsonst an schwedisches Jod erinnert: Bei der Explosion in Tschornobyl wurden große Mengen an radioaktivem Jod freigesetzt. Die Schilddrüse, die Jod braucht, saugte anstelle von normalem Jod sein radioaktives Isotop auf, das wir mit den Nahrungsmitteln unfreiwillig schluckten und mit der Luft einatmeten. Um die Kumulierung des radioaktiven Jods zu vermeiden, versorgten die Schweden ihre Schilddrüsen mit dem normalen Jod in Tabletten. Wir nicht. Nicht einmal alle Mitarbeiter des KKW, die bei der Bekämpfung der Katastrophe von der ersten Stunde an dabei waren, bekamen eine Jodtherapie. Man munkelte, es gebe keine ausreichenden Vorräte, es habe gerade mal für Kinder der parteisowjetischen Elite gereicht.

Deshalb wurde seit 1990 in der Ukraine, besonders bei Kindern, ein beständiges Ansteigen der Erkrankungen an Schilddrüsenkrebs festgestellt. Allein in dem Wort »deshalb« steckt mehr drin, als man vermuten kann: Auf Anweisung der Parteibonzen verweigerte die sowjetische Medizin den Menschen, die in Tschornobyl waren und dann »plötzlich« in jungen Jahren starben, den Zusammenhang mit der Bestrahlung bei der Beseitigung der Folgen der Katastrophe. Diese politische Anweisung hatte durchaus wirtschaftliche Hintergründe. Die Hinterbliebenen bekamen vom Staat eine kleinere Rente. Die Zahl der Tschornobyl-Toten wurde vor 20 Jahren auf 31 festgelegt. Seitdem starben Tausende, keiner von ihnen zählte zu den Opfern des Unfalls. Dafür wurden auch Diagnosen verfälscht, die meisten starben angeblich an »Herzversagen«. Einzig und allein im Falle der steigenden Zahlen der Schilddrüsenkrankheiten wurde zugegeben: Die Ursache dafür lag in Tschornobyl. Zahlen waren nicht zu leugnen: Zwischen 1981 und 1985, also vor der Katastrophe, lag die Erkrankung der Kinder zwischen 0,04 und 0,06 Fälle pro 100 000, sprich ein Fall pro zwei Millionen Kinder, kam also fast gar nicht vor. 1990, vier Jahre nach der Katastrophe, war das schon das Fünffache der Vor-Tschornobyl-Ära – 0,23, 1992 das Zehnfache des ursprünglichen Wertes – 0,43. Besonders betroffen sind drei Gebiete der Ukraine – Kyiw, Tschernihiw, Shytomyr. Fünf Jahre vor Tschornobyl gab es hier keinen einzigen Fall der Erkrankung. 1990 im Gebiet Kyiw – 0,96 Fälle pro 100 000 Kinder (das 20-Fache), 1992 – 2,45 (das 50-Fache)! In absoluten Zahlen: Vor Tschornobyl gab es in der gesamten Ukraine in fünf Jahren 25 an Schilddrüsenkrebs erkrankte Kinder, von 1986 bis 1993 – 156.

Die Zahlen in den stark betroffenen Gebieten in Belorussland sind noch höher.

Die Radioaktivität an dem explodierten 4. Block lag am 26. und 27. April zwischen 1000 und 15 000 Röntgen pro Stunde. In der Stadt Prypjat strahlte an diesen Tagen radioaktiver Staub auf den Straßen ÜBERALL zwischen 0,5 und 1 Röntgen pro Stunde. Die lebensbedrohliche Menge für eine einmalige Verstrahlung liegt, das wissen wir aus dem Zivilverteidigungsunterricht, bei 25 Röntgen. Ein Tag auf der Straße in Prypjat, unter freiem Himmel war vielleicht nicht gerade tödlich, aber definitiv schwer schädlich.

Regierungsvertreter behaupteten dagegen auf einer Pressekonferenz am 16. Mai in Moskau, dass die Radioaktivität an dem havarierten Block bei 0,015 Rö/h liege, d.h. man könne an dem Reaktor ungeschützt mehr als zwei Monate risikolos arbeiten. Eine Ignoranz ohnegleichen, die viele Menschen das Leben kostete.

Es hieß in Kyiw, DIE hätten die Radioaktivität vielleicht mit einem Rechenschieber gemessen ...

Alles normal, sagten die Funktionäre, alles in Ordnung.

Das Volk war anderer Meinung:

»Friseur (schneidet die Haare links): Wie ist es bei euch in Prypjat?

Kunde: Alles in Ordnung.

Friseur (schneidet die Haare rechts): Wie ist es bei euch in Prypjat?

Kunde: Alles in Ordnung.

Friseur (schneidet die Haare hinten): Wie ist es bei euch in Prypjat?

Kunde: Alles in Ordnung. Warum fragen Sie mich immer das Gleiche?

Friseur: Wenn Sie ›Alles in Ordnung‹ sagen, stehen Ihre Haare zu Berge und so kann ich sie leichter schneiden.«

Michail Gorbatschow, damals Generalsekretär der Kommunistischen Partei und Staatspräsident, verkündete zu jener Zeit: »Bei uns herrscht Glasnost!« Doch diese Art von Glasnost hat nicht geholfen, den Menschen die Wahrheit zu sagen, sie war nur ein Ventil, das der Gesellschaft den Druck nehmen sollte.

Fehlende Informationen forderten mehrere Tausende Tote und Kranke. So entstand in einigen Wochen in Prypjat der sogenannte »Rudyj lis«, ein roter Wald. Von der extrem hohen Radioaktivität wurden Kiefernnadeln braun, der Wald starb. Am Tag nach der Katastrophe, mit Glasnost, aber ohne Information, gingen Menschen dort mit ihren Kinderwagen spazieren und nutzten später ausgerechnet diesen Weg durch den Wald als Fluchtweg »ins Reine«.

Keiner wusste, dass der damals noch grüne Wald höchst kontaminiert war: In der Stadt der Atomkraftwerkbetreiber gab es keine Geigerzähler. Tausende qualvoll Verstorbene hat die politische Führung damit auf ihrem Gewissen, doch zur Verantwortung gezogen wurde niemand. Das Volk dichtete bitter:

»In dem Felde pflügt ein Traktor,
hinterm Dorf brennt ein Reaktor,
ein Uranstab fliegt vorbei ...
Es lebe hoch der Erste Mai!«

Am neunten Tag nach der Katastrophe sprach zum ersten Mal der ukrainische Gesundheitsminister im Radio, erklärte wieder nichts, riet aber, die Fenster zu schließen und sich öfter zu waschen. Durch die Straßen in Kyiw fuhren Wasserwagen und wuschen den Asphalt, als ob man Radioaktivität mit Wasser wegwaschen könnte. Radioaktive Isotope landeten im Gras am Rande des Fußweges. Es sind viele Jahre vergangen, bis ich – auch weit weg von Kyiw – sorglos über eine Wiese gehen konnte ...

Die offizielle Propaganda log, anderslautende Berichte wurden nicht veröffentlicht. Die Kyiwer scherzten:

»Was ist ein Mikroröntgen?« »Das ist ein Röntgen, das durch die Medien ging.«

Wir wussten auch über das Ausmaß der Katastrophe, über die Zahl der Opfer nichts. Man vermutete viele, berichtet wurde zunächst nur von zwei Menschen – von Walerij Chodemtschuk und Wolodymyr Schaschenok. Wir glaubten dem einfach nicht! »Was würde passieren, wenn alle vier Blöcke des KKWs explodierten?«, fragte mich ein Kollege und antwortete selbst: »Vermutlich würden acht Menschen umkommen.«

Wir wussten auch nicht, ob sich die Schmelze in dem Reaktor abkühlt oder heißer und deshalb gefährlicher wird. Es könnte passieren, dass noch eine – viel schrecklichere – Explosion folgt. Die ersten Explosionen am 26. April waren »normale«, chemische Explosionen – wie von TNT oder Nitroglyzerin –, die einfach viele radioaktive Stoffe in die Luft schleuderten. Wir hatten Angst vor einer Atomexplosion, vor einem neuen Hiroshima. Deshalb sind die Angaben zur Temperatur der Schmelze so wichtig. Regelmäßig wurden aber beruhigende Zahlen veröffentlicht. Wir glaubten keiner von ihnen, wir fühlten uns hintergangen und machtlos. Wir konnten nur lachen, so lachen, dass uns unser Lachen in der Kehle stecken blieb.

»Wie wird die Temperatur der Uranschmelze bestimmt? Durch Abstimmung der Regierungskommission.«

In Kyiw vermehrten sich massiv die Ratten. Es war eine Plage wie in der »Pest« von Camus. Man kippte überall Rattengift aus, vor dessen Gestank konnte man sich kaum retten. Derweil gingen die Spekulationen über die Ursachen des GAUs weiter. Schuld an allem, so dachten wir damals, war die veraltete Technologie des Tschornobyler KKWs. Der so genannte Kanalreaktor RBMK war eigentlich für Militärzwecke entwickelt worden, und nun stellte sich heraus, dass er in friedlichen Einsätzen sehr anfällig war. Spitzzüngige Kyiwer haben bereits in den ersten Wochen nach der Katastrophe einen TschorNOBELPREIS ausgelobt – für Akademiemitglied Alexandr Alexandrow, einen der Väter von KKWs dieses Typs.

Von den schlampig durchgeführten Experimenten in jener Nacht wussten wir damals nicht. Zur Eindämmung der Katastrophe und zu Aufräumarbeiten wurden Soldaten eingesetzt, sogenannte Liquidatoren. In der ganzen Ukraine zog man mehrere hunderttausend Reservisten ein – gestandene Familienväter, 30, 40 Jahre alt. In Tschornobyl gab es für alle viel zu tun. Vor allem die Aufräumarbeiten auf dem 3. Reaktor, der neben dem havarierten 4. steht. Die Explosion ballerte auf das Dach des 3. Reaktors radioaktive Materialien, vor allem Graphit. Der 3. Block wurde vorerst nicht abgeschaltet, er produzierte weiter Strom und musste deshalb deaktiviert werden, d.h. Uran- und Graphitbrocken sollten vom Dach herunter in den Schmelzkessel des zerstörten Reaktors geworfen werden.

Da hier die Strahlung der im Epizentrum der Atombombenexplosion von Hiroshima 1945 glich, wurde für diese Arbeiten ein Roboter entwickelt und schleunigst gebaut. In den Medien lobte man: Roboter, Technik von morgen … Das technische Wunder blieb jedoch in den ersten Zügen stecken. Besonders die Elektronik hielt der Strahlung nicht stand.

Daraufhin setzten die Regierenden auf andere Wunder, auf »Bioroboter«. Das waren die Soldaten, die auf das Dach des 3. Reaktors – zum Teil auch ohne angemessene Schutzkleidung – geschickt wurden. Sie waren zuverlässig, schalteten nicht gleich ab, blieben nicht im Schutt stecken, räumten mit der Trage, mit der Schaufel oder auch mit bloßen Händen große Fetzen ab, brauchten keine Stromversorgung und keinen Operator am Monitor. Viele von ihnen durften sogar entscheiden: für zwei Jahre nach Afghanistan, wo der Krieg noch wütete, oder mal kurzzeitig, vielleicht nur für wenige Minuten, auf das Dach des Reaktors – nach Tschornobyl. Viele junge Soldaten entschieden sich aus Unwissen für den *sicheren* Tod – in Tschornobyl. Insgesamt waren es 650 000 Menschen, die allein im ersten Jahr nach dem Desaster an den Arbeiten in Tschornobyl teilnahmen. Alle verstrahlt, mehrere Tausende von ihnen sind bereits tot, andere kämpfen mit oft üblen gesundheitlichen Folgen.

In Kyiw brach damals ein Ansturm auf Eisenbahnkassen, Busstationen und Flughäfen aus. Alle Tickets waren in kürzester Zeit weg. Für den 12. Mai wurde die volle Evakuierung der Kinder aus Kyiw angeordnet – bei mehr als 2,5 Millionen Einwohnern betraf das Hunderttausende. Für die Kinder der Schulklassen 1 bis 7 im umliegenden Gebiet Kyiw dauerte die Schule noch bis zum 15. Mai, für ältere Schüler bis zum 30. Mai. Sogar in dem 30-Kilometer-Gürtel um das KKW, der als hoch verstrahlte absolute Sperrzone galt, mussten einige Kinder noch bis zum 7. Mai in die Schule – zwölf Tage lang nach dem Unheil.

Ich war ein Glückspilz und bekam zwei Fahrkarten für den 7. Mai – also fünf Tage vor der organisierten Evakuierung – zu meiner Mutter. Sie wohnt in der Ostukraine, 500 Kilometer von Kyiw entfernt. Dort soll alles noch »sauber« sein. Das ganze Leben war für uns von zwei Worten geprägt: »sauber« und »schmutzig«. Wie in der Bibel.

Im Zug gab es kaum einen Erwachsenen. Wir steckten auch unsere neun und vier Jahre alten Jungs hinein. Wie sie die zwölf Stunden Fahrt überstehen würden, wussten wir nicht, wir hofften auf Glück und gute Menschen. Die Erwachsenen mussten in Kyiw bleiben, für die gab es keine Fahrkarten, die Arbeit ging weiter.

Ab 12. Mai gab es in Kyiw keine Kinder mehr. Wir lebten Monate allein. In dieser Zeit erfuhren wir, dass die Kinder der Parteibonzen schon am 26. April aus Kyiw ausgeflogen worden waren. Der Erste Sekretär der ukrainischen Kommunistischen Partei Wolodymyr Schtscherbyzkyj holte seine Enkelkinder von der Krim für einen Tag, den 1. Mai, nach Kyiw, zeigte sich mit ihnen am »Tag der Arbeit« zur Demonstration auf dem Chreschtschatyk und ließ sie noch am selben Tag nach Simferopol zurückfliegen.

Wir Zurückgebliebenen wussten nicht, was wir tun sollten, um uns zu schützen. So etwas hatte keiner erlebt, es gab keine Ratschläge. Die Untersuchungen zu den Hiroschima-Folgen halten Amerikaner unter Verschluss, die sowjetische Regierung rückt die Ergebnisse des Atombombentests an Menschen auch nicht heraus – damals haben die kommunistischen Machthaber noch nicht zugegeben, dass die Militärs ahnungslose Soldaten in das Epizentrum von einer militärischen Test-Atomexplosion schickten und jahrelang Daten sammelten, wie qualvoll die Landser starben.

Keiner wusste, ob das harmlos oder lebensbedrohlich war und wenn Letzteres, wie viel Zeit uns noch geblieben war. Der Einfluss der kleinen Radioaktivitätsdosen auf den Organismus ist noch nicht erforscht worden. Wir haben Angst vor Schilddrüsenkrebs und Impotenz. Wir versuchen unsere Ängste aber nicht zu artikulieren, weder in der Familie noch mit Freunden. Nur Witze sind erlaubt und schräge Reime:

»Willst du künftig Vater sein,

wickl' die Eier in Blei ein.«

Jeden Morgen, nach dem Duschen, schauen wir misstrauisch die Haare im Kamm an: Sind nicht zu viele ausgefallen? Das wäre ein erstes Anzeichen der Strahlenkrankheit.

Oder:

»Der Fuchs zum Pfannkuchen: ›He, Pfannkuchen,

ich werde dich aufessen!‹

›Ich bin kein Pfannkuchen. Ich bin ein Igel aus Tschornobyl.‹«

Auf unsere kommunistischen Zaren und Fürsten kamen nun auch Probleme der Geographie zu. Aus psychologischen Gründen wurde die Ortschaft »Stracholissy«, also »Schreckenswald«, unweit von Tschornobyl in »Selenyj Mys«, sprich »Grünes Kap«, umbenannt. Noch größeren Ärger gab es mit Tschornobyl selbst. *Tschornobyl* ist auf Ukrainisch die zweite Benennung für *Wermut*, einer äußerst bitteren Pflanze. Irgendjemand hat herausgefunden, dass über Tschornobyl auch etwas in der Bibel steht, und zwar nicht irgendwo, sondern in der Offenbarung des Johannes, auch Apokalypse genannt: »Der dritte Engel blies seine Posaune. Da fiel ein großer Stern vom Himmel; er loderte wie eine Fackel und fiel auf ein Drittel der Flüsse und auf die Quellen.«[58] Wenn man das mit dem lodernden Reaktor vor Augen las, wenn man kontaminierte Wasserquellen und Flüsse sah, da wurde auch dem Atheisten unheimlich zumute. Aber es ging weiter: »Der Name des Sterns ist *Wermut*. Ein Drittel des Wassers wurde bitter, und viele Menschen starben durch das Wasser, weil es bitter geworden war.«[59]

Da sträubten sich die Haare. Für eine Umbenennung war es bereits zu spät. Die ganze Welt kannte den Namen des Ortes – *Tschornobyl*.

Unsere Hoffnungen auf menschliche Hilfe bestätigten sich tausendfach: Wildfremde Menschen in allen Republiken nahmen ihnen unbekannte Tschornobyler, Kyiwer bei sich auf. Die Worte

»Wir kommen aus Kyiw« haben vielen Tür und Tor geöffnet. Dieses Gemisch aus unserer tiefen Betroffenheit durch die Katastrophe und Dankbarkeit für die allerseits angebotene Hilfe mündete bei Journalisten in vollwertige »Sendungen« des »Radio Jerewan«, die nur in Korridoren der Redaktionen und in heimischen Küchen »ausgestrahlt« wurden:

»Inland: Das ganze Land hilft Tschornobyl. Gestern kamen zwei Eisenbahnwaggons aus dem Kaukasus an: ein Waggon mit Apfelsinen für ukrainische Kinder und ein Waggon Kaukasier für ukrainische Frauen.«

»Parteileben: Es ist eine Entscheidung des Politbüros der KPdSU getroffen worden, alle Mittelstreckenraketen mit Atomsprengköpfen in der DDR zu demontieren. Sie werden durch hochleistungsfähige Kernkraftwerke an der Grenze zur BRD ersetzt.«

»Gesundheit: Der Verzehr von Obst aus dem Gebiet Kyiw birgt keine Gefahren für die Gesundheit, teilt das ukrainische Gesundheitsministerium mit. Es wird lediglich empfohlen, das Obst zu schälen und Kerngehäuse nicht flacher als drei Meter einzubetonieren.«

»Tauschbörse: Tausche eine 4-Raum-Wohnung in Kyiw gegen eine Bleibe in einer beliebigen Region der Erde. Erbitte keine Angebote in Hiroshima und Nagasaki.«
»Tausche eine Strahlen- gegen zwei Geschlechtskrankheiten.«

»Radio Jerewan wird gefragt:
Wie geht's, wie steht's in Tschornobyl?
Radio Jerewan antwortet:
Von steht's kann keine Rede sein.«

Wir wollten keineswegs die »Radiopsychose«, wie die parteiergebenen »Mediziner« den neuen seelischen Zustand der Kyiwer Bevölkerung nannten, schüren, aber wir wussten wirklich nicht, in welchen Produkten Radionuklide mehr akkumuliert werden und in welchen weniger. Man hörte, besonders gefährlich seien Äpfel, Kirschen, Pflaumen. Daraufhin wurden die Obstläden im Volksmund in »Radiowaren« umbenannt. Andere meinten, man solle die Suppe nicht mit dem Löffel, sondern besser mit einem Geiger-zähler essen.

Aus Moskau riefen Bekannte an und erzählten, die ersten Feuerwehrleute, die in die besten Moskauer Kliniken ausgeflogen worden waren, seien gestorben. Man habe sie auf dem Mitinskoje-Friedhof begraben, später aber die Gräber wieder ausgeschachtet und mit einem Betondeckel versehen: Aus zwei Meter Tiefe hätten die ersten Helden von Tschornobyl gefährlich gestrahlt.

Der ukrainische Kameramann und Regisseur Wolodymyr Schewtschenko, der in Tschornobyl eine Chronik drehte, starb – an Herzversagen, wie man uns weismachen wollte.

Was sollten wir essen und trinken? Alles verstrahlt: Obst, Ge-müse, Wasser, Milch, Fleisch, Fisch. Die Ärzte mit Parteibuch anstelle von Diplom und Herz beruhigten uns und verkündeten, wir dürften alles essen. Wir geben ein müdes Lächeln ab: Nur Strontium muss man dabei ausspucken, nicht wahr?

Langsam wurden wir alle zu Kernphysikern. Wir kannten bald die Unterschiede zwischen Alpha-, Beta- und Gammastrahlung. Wir unterschieden Röntgen und sogenannte BÄR – »Biologisches Äquivalent des Röntgen«. Die Alpha-Strahlen, wussten wir, steckten in Nahrungsmitteln, im Wasser und in der Luft. Wenn man zu viel davon – mit einem Apfel, einem Schluck Wasser oder mit einem Atemzug – abbekommt, ist man über kurz oder lang tot. Die Westeuropäer haben solch einen Tod im Fall des vergifteten Litwinenko 2006 zu sehen bekommen, die Kyiwer wussten schon 20 Jahre vorher, wie ein Strahlungstod aussieht.

Es grassierte eine ausgesprochene Angst vor Leukämie. Eine mit Blaupapier hergestellte kaum lesbare sechste Kopie eines Artikels über die medizinischen Folgen in Hiroshima aus einer wissenschaftlichen Zeitschrift wanderte wie ein hochbegehrter Krimi von Hand zu Hand und wurde buchstäblich löchrig gelesen. Biologen rieten uns zum roten Wein, er helfe bei der Bildung roter Blutkörperchen. Die Anweisung gefiel uns. Wir tranken Wein: erst roten, dann weißen, dann Schnaps, Kognak, Selbstgebrannten, dann alles, was brennt. Unsere Chefs – genauso betroffen – tranken mit. Alle wurden aber selten lockerer und fast nie betrunken.

»Der Arzt zu einem Kyiwer nach einem Bluttest: In ihrem Wein wurden keine Blutspuren gefunden.«

Trotz Abgeschirmtheit und Redeverbot drangen langsam, aber sicher Informationen aus Tschornobyl nach Kyiw: Hierher kamen

Tausende Evakuierte, einige Verstrahlte wurden nicht in Moskau, sondern in Kyiw behandelt, für viele, die in Tschornobyl eingesetzt waren, war Kyiw ein Rückzugsraum. Wissenschaftler, Mediziner, Journalisten, Soldaten – alle erzählten so über das Geschehen, wie es in den Zeitungen nicht stehen durfte.

Im Reaktor brannte das Graphit weiter. Radioaktive Kleinpartikel stiegen in den Himmel und breiteten sich weltweit aus. Deshalb entschieden die Machthaber in Moskau, in den brennenden Reaktor die Substanzen zu werfen, die den Ausstoß der Radioaktivität verringern – Sand, Bor, Dolomit, Lehm, Blei. Diese Materialien wurden in große Säcke gepackt, mit Hubschraubern zum Reaktor gebracht und dort abgeworfen. Das ging aber nur richtig, wenn der Helikopter direkt über dem Reaktor war und das so tief wie möglich. Man konnte es sich nicht leisten, die Substanzen danebenzuwerfen.

Dieser Kampf der Piloten dauerte neun Tage. In den Reaktor wurden 5000 Tonnen Stoffe, also ziemlich genau einhundert Eisenbahnwaggons, geschüttet, um das Feuer zu ersticken. Ein Hubschrauber streifte einen Kran – und stürzte herab. Darüber wurde in den Medien kein Wort verloren, Jahre später haben wir das in dem (damals nicht gesendeten) Film von Wolodymyr Schewtschenko gesehen. Die Radioaktivität war dort so mächtig und die Hubschrauber waren so mangelhaft mit Bleimatten ausgekleidet, dass viele dieser Piloten starben. Weder der kurz nach Tschornobyl verstorbene Wolodymyr Schewtschenko noch die abgestürzten Piloten, geschweige denn diejenigen Menschen, die Wochen und Monate später leidvoll starben, zählen offiziell zu den Opfern der Katastrophe.

»Im Krankenhaus:
Wer hat gestern Blut für eine Analyse abgegeben?
Ich!
Und ich auch.
Und ich.
Sagt mir bitte, wie groß ihr seid.
Wozu brauchen Sie unsere Größe, Herr Doktor?
Ich bin kein Doktor, ich bin ein Zimmermann.«[60]

Der erste Monat der Tschornobyl-Ära war vorbei.

Nach Angaben der UNO, 20 Jahre nach dem GAU, beziffert man die materiellen Verluste für die Ukraine, Belarus und Russland mit etwa 250 Milliarden Dollar. 130 Milliarden entfallen auf die Ukraine, wobei exakte Kosten der Schäden keine einzige Instanz definitiv nennen kann. Die Befürworter der Atomenergie müssen wenigstens diese Zahlen durch die Menge des in Tschornobyl produzierten Stroms dividieren, um den echten Preis einer Kilowattstunde des Atomstroms zu errechnen.

Wir wissen jetzt: Die Strahlung wird im Tschornobyl-Gebiet immer, Zehntausende von Jahren, erhöht bleiben. Menschen könnten dieses Gebiet, so die Wissenschaftler, erst in etwa 600 Jahren (plus/minus drei Jahrhunderte) wieder besiedeln.

Am 11. Dezember 2006 starb mit 52 Jahren mein Freund Serhij Kysseljow an Leukämie. Er hatte mich damals vor den Strahlenfolgen gewarnt.

Privatisierung, Verteilungskämpfe und Korruption

Ein »neuer Ukrainer«, grünes Hemd unter rotem Sakko, platzt in ein feines Restaurant, fällt auf einen Stuhl und kracht einen riesigen schmutzigen Koffer auf die schneeweiße Tischdecke. Der Kellner ist empört:

»Schämen Sie sich! Auf diese saubere Decke legen Sie so einen schmutzigen Koffer!«

»Hör zu, mein Lieber, wo siehst du einen Koffer? Das ist eine Brieftasche.«

In der Tat verfügen manche Ukrainer über so einen Stapel Kohle, den sich Deutsche aus einem reiferen marktwirtschaftlichen Umfeld kaum vorstellen können. Woher kamen die vielen Rubel gerollt? Wie steht es mit der Legitimität des Geldes?

Es gibt eine einfache, aber ausgeklügelte Methode, die (Un-)Sauberkeit des Geldes nachzuweisen. Die Logik ist simpel: Wenn man in Deutschland ein gut gehendes Unternehmen gründet, kann man schon innerhalb einiger Jahre auf eine Million Euro Privatvermögen kommen. Wenn man in, sagen wir, zehn Jahren zehn Millionen erwirtschaften will, muss man gewiss einige gute Ideen und entsprechende Arbeitsintensität an den Tag legen. Es ist schwer vorzustellen, dass man nach zehn Jahren auf ein Vermögen von 100 Millionen kommen kann.

Und das ist der Clou: Die ukrainischen Oligarchen haben mehrere hundert Millionen bis zu einigen Milliarden Dollar Privatvermögen angehäuft. Der Besitz des reichsten Mannes der Ukraine, Rinat Achmetow, wurde 2008 auf zehn Milliarden US-Dollar geschätzt. Zusammengerafft wurden solche Reichtümer in den zehn Jahren des wilden Kapitalismus zwischen 1991 und 2000.

Grundsätzlich geht es nach der ukrainischen Wende zwei Kategorien von Menschen besser als vorher. Die einen sind die sogenannten »Roten Direktoren«, also ehemalige Betriebsdirektoren des Sowjetsystems, sowie Funktionäre aus Partei, Staat, Gewerkschaft und Jugendorganisation. Sie haben in den wirren Zeiten Ende der 80er/Anfang der 90er Jahre in die Taschen gesteckt, was ihnen am nächsten lag: Die Direktoren ihre Werke und Fabriken, Banken und Landwirtschaftsbetriebe, Funktionäre die Gelder und anderes Vermögen der Organisationen, die sie leiteten oder verwalteten. Die Kommunistische Partei der Ukraine besaß z.B. Tausende von Immobilien: Druckereien, Verlagshäuser, Hotels, Erholungsheime – und viel Geld. All das wurde »privatisiert«, das Geld der ukrainischen Kommunisten (auch der russischen ...) ist bis jetzt unauffindbar.

Das waren die ersten paar hundert Millionen Dollar in den privaten Taschen. Diese wendehalsige Partei- und Sowjetgarde »schenkte« der Ukraine den ersten ukrainischen Präsidenten Leonid Krawtschuk sowie eine ganze Reihe der heutigen Multimillionäre.

Sie sind natürlich alle »Saubermänner« und denken nicht mal im Traum an Chicago-Verhältnisse. Die unter ihnen herrschenden Seilschaften sind aber mit den mafiosen durchaus vergleichbar, weshalb sie auch »Parteiflügel der Mafia« genannt werden.

Den zweiten Flügel des Clans bilden die Banditen. Das sind diejenigen, die mit Gelderpressung und Raub angefangen haben. Sie gingen zu den unter Michail Gorbatschow erlaubten Kleinunternehmern und forderten 25 Prozent des Gewinns. Und erhielten sie. Von allen. Eine Verweigerung endete oft mit Brandstiftung, Prügel, Entführung, Folter und Mord. Ihnen auszuweichen, sie zu betrügen und womöglich weniger zu geben war durchaus gefährlich. Die Banditen hatten schon damals »Prüfer«, die die »echten« Gewinne des Unternehmens – und nicht die für das Finanzamt – ausrechneten.

Wenig später meinten diese Lumpen, dass es nicht lohne, wegen 25 % einen Finger krummzumachen und nahmen den Unternehmern ihre Firmen ganz weg. Dafür gibt es im Ukrainischen auch ein spezielles, dem Englischen entliehenes, Wort – *Raider*. Dass Firmen ab und zu ihre Inhaber wechseln, ist weder verwunderlich noch beängstigend. Hier geht es aber um etwas ganz anderes: Bei der Raider-Übernahme wurden oft Baseballschläger, Eisenstangen, Feuerwaffen und ähnliche »Bürotechnik« eingesetzt. Bis Mitte der 90er Jahre gab es in der Ukraine Hunderte umgebrachter Banker, Betriebsdirektoren, Hoteliers, Restaurant-

und Casinobesitzer sowie Hauptanteilsinhaber, aber auch Banditen, die in den Gangsterkriegen um die Verteilung des Eigentums umkamen. In den ukrainischen »Chicagos« wie Donezk, Dnipropetrowsk, Odessa, Charkiw, ebenso natürlich in Kyiw, pflegte man einige Geschäftsabschlüsse mit einer Autobombe oder mit einer Salve aus dem Maschinengewehr zu unterschreiben.

Natürlich schlachteten die Freibeuter nicht nur legale Geschäfte aus – Kohlebergwerke, Metallurgie, Kraftwerke, Pharmafabriken, Banken usw. Auch das »kriminelle Gewerbe« florierte: Hütchenspielen, Zuhälterei, Drogengeschäft, illegaler Waffenhandel, illegale Produktion von Alkoholika – nicht immer gepanscht, aber immer steuerfrei. Nach verschiedenen Berechnungen belief sich damals »Schattenwirtschaft« in der Ukraine (also praktisch alle Waren und Dienstleistungen, die am Fiskus vorbeifließen) auf stolze 30 Prozent bis 50 Prozent des Bruttoinlandsproduktes (BIP); zum Vergleich 2005 in Deutschland »nur« auf 15,6 Prozent[61].

Nicht von ungefähr steht bei mir das Hütchenspiel an erster Stelle, auch wenn es mit Gewinnen aus dem Drogengeschäft nicht vergleichbar ist. Man munkelt, dass manch ein reicher Mann im Lande ausgerechnet als Hütchenspieler anfing. Jetzt sind sie Milliarden Dollar wert, besitzen Aktiva in Metallurgie, Maschinenbau, Energetik, Bergbau, Telekommunikation, Bankwesen, Versicherungswesen, Medien und »anderen Branchen der Wirtschaft«, was z. B. ein Tankstellennetz, Brauereien oder eine Hotelkette bedeuten könnte. Fast alle sind natürlich auch Volksabgeordnete, was ihnen zumindest Immunität verleiht.

Obwohl sie ganz verschiedene Menschen sind, eins vereint sie: Sie alle haben vergessen, woher das Startkapital kommt. Nach der Herkunft der »ersten Million« gefragt, sagte z. B. Rinat Achmetow ergriffen: »Mir fällt es leichter zu erzählen, wie ich meine erste Milliarde verdiente.« Aber schließlich kann man doch einen Bürger nicht nur deshalb des Schlimmsten verdächtigen, weil er nicht genau weiß, woher seine ersten Groschen kamen. Anschließend war doch alles in Ordnung, oder?

Wir möchten uns aber in diese Materie nicht vertiefen, sondern eher breit auf der Oberfläche entlangstreifen und nach (Geld-) Quellen in den ersten Unabhängigkeitsjahren Ausschau halten.

Die ukrainischen Geldmaschinen hießen Anfang der 90er Jahre Trusts. Kutschma erlaubte den Trusts lizenzfreies Arbeiten, darunter mit Valµta. Nach einem Schneeballprinzip versprachen sie den

Leuten von der Straße hohe Zinsen (10 Prozent MONATLICH war keine Seltenheit) und bekamen Geld als Anlage. Es ist nicht bekannt, dass jemand von den Anlegern damit reich geworden wäre. Aber die, die das System ins Rollen brachten, schon. An solchen »Pyramiden« haben bis heute nach vorsichtigen Schätzungen (genaue Zahlen fehlen), zwischen sieben und acht Millionen Bürger Federn gelassen.

Die Behauptung, man lerne aus Erfahrung, ist grundsätzlich und immer falsch. Gleich gestrickte, wobei etwas variierte Maschen gibt es unter den Ukrainern weiterhin. Waren es früher hohe Zinsen, ist es jetzt die Möglichkeit, billige Kredite für einen berauschenden Konsum zu bekommen. Eins der krassesten Beispiele ist die *Ukrainische Gruppe »Kapital«* mit sage und schreibe 50 über die Ukraine verstreuten Filialen. Gesammelt wurde das Geld nach dem den Deutschen vertrauten Prinzip des Bausparvertrages, mit kleinen Abänderungen, versteht sich: Einzahlung von 10 bis 15 Prozent der künftigen Darlehenssumme gleich bei Vertragsabschluss, mit monatlicher Aufstockung, Darlehen bereits nach drei bis sechs Monaten auszahlbar. Der patentreife Superclou – der Kredit am Ende der Ansparzeit wird nicht ausgezahlt. Die Anzahl der *»Kapital«*-Geschädigten liegt bei über 20 000. Die Durchschnittseinzahlungen betragen zwischen 10 000 und 15 000 Hrywnja (immerhin damals über 2000 Euro, was für einen Ukrainer eine immense Summe ist). Sollte sich jemand verrechnet haben: Es sind nicht vier, sondern 40 Millionen Euro, die die Halunken kassierten. Rechtsfolgen: keine. Elf Leiter der Firma wurden verhaftet und alsbald – aus Mangel an Beweisen – freigelassen.

Nach gleichem Schema funktionierten auch 2007 noch Dutzende Firmen, die großzügig Geld für Wohnungen und Autos versprachen.

Einer der bekanntesten Schneebälle der »Neuzeit« ist *Elita-Zentr*. Die Macher versprachen, ganz ihrer Bezeichnung nach, elitäre Wohnungen im Zentrum von Kyiw. Absolut preiswert. Zwei Banken – *Aval* und *Kredit-Bank* – gaben den Menschen auch Darlehen dafür. Seit 2006, seit der Implosion der Pyramide, stehen – ohne Geld und ohne Wohnung – 1400 unglückliche Anleger da, mit Gesamtschulden von 60 bis 400 Mio. Hrywnja (etwa 10 bis 65 Mio. Euro). Die Begutachtung der in diesem Krieg um die preiswertesten Stücke des Kuchens bezogenen blauen Flecke läuft noch.

Außerdem kam als Geldquelle schlichte Zweckentfremdung staatlicher Mittel in Frage.

Dann gab es »Geld aus der Luft« bei »unbekümmerter« Kreditvergabe unter der dreistelligen Jahresinflation.

Man machte auch Geld aus der Privatisierung. Erstaunlicherweise gab es in dem zusammengebrochenen sozialistischen Land viel zu verteilen: Krankenhäuser, Polikliniken, Gaspipelines, Studentenheime, Speditionsbetriebe, Kraftwerke, Energieunternehmen, Kaufhäuser, Märkte, Grund und Boden, Kurorte, Erholungsheime, Banken, Zeitungen, Fernsehstationen, Wohnhäuser, Fabriken, Kohlegruben, Maschinenbauwerke, Häfen und Reedereien, exemplarisch die größten in Odessa, Apotheken, Flughäfen und Flugzeuge ...

Der Preis des zu privatisierenden Objekts, der »Verkehrswert«, wurde immer so gering wie nur möglich gehalten. Staatsdiener und »Experten« entwickelten zu diesem Zweck übelste Schätzungs- und Berechnungsmethoden und wurden dafür mit Geld überschüttet. Sie bekamen für ein Gutachten Tausende und Abertausende Dollar. Die Ersteher des Objektes verdienten damit Hunderte Millionen. Mit ein wenig Glück und guten Beziehungen zum Beispiel zum Präsidenten des Landes – Milliarden. Kein einziger ehrlicher Mensch bekam etwas ab von der »Konkursmasse des Sozialismus« (dem sogenannten Volkseigentum).

Eine Masche bei der Privatisierung war die »Nichterfüllung der Investitionsversprechungen«. Man erhielt ein Werk für 'nen Appel und 'n Ei mit der Auflage, etwas zu bauen, zu sanieren, zu errichten, die Belegschaft zu behalten etc. pp. Man übernahm das Werk, baute nicht, sanierte nicht, errichtete nichts, kündigte die Belegschaft. Und verkaufte das Werk weiter. Da *alle* Beteiligten (außer die Belegschaft) bei dem Deal immer etwas bekamen, wurden die Schurken nicht einmal rechtlich verfolgt.

Es gab auch profitable Werke kostenlos und ohne Auflagen – allein per Beschluss des zuständigen legislativen Organs. Sogar auch per Beschluss derjenigen, die das überhaupt nicht entscheiden durften ... Die neueste ukrainische Geschichte wimmelt von solchen Fakten.

Eine der einfachsten Methoden der Bereicherung war die Kreditvergabe. Der Trick ist recht einfach: Man geht zum Banker und nimmt einen Kredit für umgerechnet 1 Mio. Dollar. Dann zahlt man ihn nicht zurück und verbraucht das Geld nach Gutdünken.

Sind die Ukrainer so blöd, fragen Sie? Erstens, wer gibt einfach so einen Kredit? Zweitens, wenn jemand nicht zahlt, wird er zum Zahlen per Gericht gezwungen!

Gut, ich wiederhole jetzt noch einmal: Man geht zu dem bekannten Banker (die Bank ist staatlich, der Banker ist nur ein Angestellter und bekommt einen Hungerlohn ...) und nimmt einen Kredit für 1 Mio. Dollar. Davon reicht man etwas dem Banker weiter (20 Prozent waren üblich ...) und zahlt dann den Kredit nicht zurück, verbraucht ihn nach seinem Gutdünken.

Ach, so geht das, sagen Sie. Aber was ist dann mit dem Kreditnehmer? Gericht, Gefängnis usw.?

Also, noch einmal: Man geht zu dem bekannten Banker (die Bank ist staatlich, der Banker ist nur ein Angestellter und bekommt einen Hungerlohn ...) und nimmt auf einen fremden Namen, gewöhnlich den eines Obdachlosen, und mit dessen Personalausweis einen Kredit für 1 Mio. Dollar. Davon reicht man etwas dem Banker weiter (20 Prozent waren üblich ...) und dem Penner (drei Flaschen Schnaps gewöhnlich). Und zahlt dann den Kredit nicht zurück. Alles klar?

Nein, wieder nicht. Die Miliz kommt zum Penner und fragt ihn, wo er das Geld hingetan hat. Und der erzählt vor Gericht, dass er dazu genötigt wurde, und der Verbrecher, der das alles einfädelte, geht vor Gericht.

Ja, Sie haben Recht. Der Penner wurde gewöhnlich umgebracht. Und weiter – siehe oben.

Für die Bereicherung der Finanzmänner stand ebenfalls ein breites Feld an Möglichkeiten zur Verfügung. Man konnte z. B. die Bank ausrauben, indem man die Bank nicht überfällt, sondern aus der Bank das ganze Geld als (nicht gedeckte) Kredite vergibt. Das Geld war von den Anlegern. Jetzt ist es futsch. Warum bringen die Anleger das Geld zur Bank? Weil sie hohe Zinsen versprochen hatte und den ersten Anleger auch auszahlte ... Was dann? Für schlechtes Wirtschaften bekam ein Bankdirektor vielleicht zwei Jahre auf Bewährung. Oder auch nicht.

Es klingt alles so einfach bis primitiv, andererseits so dreist, dass man mit Recht ungläubig entgegnen kann: Das gibt es nicht!

So dachte ich auch. Dann traf ich Anfang der 90er Jahre in Kyiw Wolodymyr Popowytsch, einen Finanzfachmann, der gleichzeitig als Milizoberst an der Milizakademie lehrte, und er erzählte mir einige Vorfälle. Später veröffentlichte er ein Buch darüber mit dem langweiligen Titel »Rechtsgrundlagen des Bankwesens und sein Schutz vor verbrecherischen Übergriffen«[62]. Das, was er dort an verbrecherischem Ideenreichtum und krimineller Energie sammelte, überstieg sogar meine recht aufgeweckte Phantasie. Methoden des Geldraubes waren dort so penibel beschrieben, dass ich ihn fragte, ob sich die Banditen das nicht zunutze machen könnten. Er antwortete entwaffnend: Die Betrugstechniken habe er aus der Praxis genommen und nur geschildert, ausgedacht hätten sie die Beutelschneider selbst.

Jurij Daschko, ein Sicherheitsexperte, pflichtete ihm 1995 bei: »Das Organisierte Verbrechen ist heute die wichtigste Kraft im Kredit- und Finanzbereich.«[63]

Ausgerechnet in dieser Zeit entsteht in der Ukraine ein gut bezahlter Beruf, der des Killers, und ein typisches Verbrechen wie der Auftragsmord. Betriebs- und Bankdirektoren spürten etwas Imaginäres, Fiktives in ihrem plötzlichen Reichtum und brauchten Banditen, um ihr Hab und Gut zu schützen. Sie engagierten ehemalige und künftige Sträflinge sowohl inoffiziell (das hieß »Dach«) als auch offiziell (Sicherheitsmanagement der Firma). Umgekehrt brauchten Banditen die Hochschulabsolventen aus der Sowjetzeit mit ihrem Know-how im legalen Geldvermehren.

Eines Tages gab es in der Ukraine keine Banditen mehr, sondern nur Geschäftsführer.

Ob derzeit Schluss mit dem Krieg ist, kann man nicht eindeutig sagen. Die orange-blau-weißen Kämpfe auf dem Chreschtschatyk sind noch nicht zu Ende. Also auch die Umverteilung der Milliardenvermögen nicht. Deshalb wiederum kann auch der Krieg nicht zu Ende sein. Doch weil die größten Batzen aus dem Kuchen bereits ihre neuen Besitzer fanden, ist der Blutstrom zum Rinnsal geworden.

Damit wir auf dem Boden der Tatsachen bleiben und keine Märchen (über die Fehde der »orangenen« und »blau-weißen« Multimillionäre) erzählen, ist hier die Geschichte des Metallurgiekombinats »Kryworishstahl« ganz passend.

Die Geschichte fing gut an, ja man kann sagen, märchenhaft.

Unter dem damaligen ukrainischen Präsidenten Leonid Kutschma (»roter Direktor« des Dnipropetrowsker Raketenwerkes »Piwdenmasch«) wurde ein profitables Riesenmetallurgiewerk – besagtes »Kryworishstahl« – privatisiert. Alles nach allen Regeln der Privatisierungskunst: mit Ausschreibung, Bietverfahren und Ähnlichem. Den Zuschlag für 800 Mio. Dollar erhielten der Schwiegersohn Kutschmas Viktor Pintschuk und, was nicht verwunderlich ist, Rinat Achmetow.

Eine Frage ergibt sich in diesem Zusammenhang: Waren vielleicht einige dabei, die mehr geboten hätten? Ja, es gab welche. Aber das ist das Spezifikum der postsowjetischen Privatisierung, dass die Bedingungen der Ausschreibung vorher so mit einem der Bieter abgestimmt wurden, damit sie nur auf eine, eben diese, Firma zutreffen.[64] Und diese Firma war in diesem Fall ein Tandem, der ukrainische Präsident (vertreten durch seinen Schwiegersohn) und der reichste Mann der Ukraine. Können Sie sich kurz vorstellen, dass andere Firmen keine Chance hatten, auch wenn sie mehr geboten hätten?

Dann kamen »Orangene Revolution«, Viktor Juschtschenko und Julia Tymoschenko, und sie nahmen Pintschuk und Achmetow das Werk weg. Auch absolut legal, mit Parlamentsbeschlüssen und anderem nötigen Zeug – und natürlich mit der Rückzahlung der Kaufsumme. Die Benachteiligten wollten sich wehren, konnten es aber nicht, da ihnen die Macht aus den Händen entglitten war. Man wollte auch nicht vor Gericht gehen, weil man wusste, dass ihnen zusammen mit der Macht auch das Recht auf Gerechtigkeit verloren ging. Und sie können beides – das Recht und das Werk – zurückbekommen, wenn sie die Macht zurückerobern.

Was veranlassten Juschtschenko und Tymoschenko? Sie schrieben das Werk noch einmal aus und verkauften es im Oktober 2005 an *Mittal Steel*, ein indisch-niederländisches Unternehmen mit Herrn Mittal an der Spitze, für 4,8 Mrd. Dollar[65].

Jetzt wissen wir, was das Werk tatsächlich kostete und wie viele Milliarden Dollar die Geschäftspartner Pintschuk-Achmetow mit einem Schlag eingebüßt hatten.

Gleich an der Stelle die gewichtige Frage: Können ausländische Unternehmen an Ausschreibungen in der Ukraine nicht nur teilnehmen, sondern auch ab und zu gewinnen? Die Antwort ist eindeutig: Ja, sie können das. Unter einer Voraussetzung: Sie sollten nicht gegen Schützlinge des Präsidenten (Ministerpräsidenten, den reichsten, aber auch zweitreichsten und drittreichsten Mann in der Ukraine ...) antreten.

Man sagt, heute werde in der Ukraine nicht mehr aus »Kalaschnikows« auf offener Straße geschossen. Ja, das stimmt. Aber die in Auftrag gegebenen Personen sterben mit Sicherheit. 2007 war der Mord an dem russischen Unternehmer und Geschäftsführer des Russischen Klubs in Kyiw, Maxim Kurotschkin (manche Quellen behaupten, er hieße in Russland auch Max Beschennyj, also Max der Wütige), besonders aufregend. Er hatte tüchtige Probleme mit dem (ukrainischen) Gesetz und wurde vor Gericht gestellt. Sein Vergehen war in seinen Augen nicht so besonders anrüchig, deshalb bat er den Richter, ihn aus der Haft zu entlassen, weil er befürchtete, jemand wolle ihn umbringen.

Wie, umbringen? Wir sind doch nicht in Italien, wo ein Geständiger in seiner Zelle erledigt werden kann! Bleiben Sie ganz ruhig, Kurotschkin!

Kurotschkin wurde nicht in seiner Zelle, sondern mit einem präzisen Schuss ins Herz aus einem Karabiner mit Zielvorrichtung vor dem Eingang ins Gerichtsgebäude getötet.

Ein anderer Fall ereignete sich im Sommer 2007: Hennadij Suprunenko, Direktor des großen Kyiwer Radiomarktes, führte gerade in seinem Büro eine Besprechung, als Unbekannte mit Sonnenbrillen (von wegen Masken, angeleimte Bärte und ähnlicher Kram!) eindrangen und ihn erschossen; aus zwei Pistolen gleichzeitig wurden zehn Schüsse abgefeuert. Der Geschäftsführer des Marktes mit Millionen-Dollar-Umsätzen war kein unbeschriebenes Blatt: Zweimal saß er selber im Knast – wegen unerlaubten Waffenbesitzes und wegen Totschlags. Er gehörte zu einem Milieu, in dem noch immer mit harten Bandagen gekämpft wird.

Ansonsten aber braucht man heutzutage wirklich keine Angst zu haben, in einer beliebigen ukrainischen Stadt auf der Straße spazieren zu gehen, auch als auffälliger Ausländer nicht. Die Anzahl der Bombenangriffe, bewaffneten Raubüberfälle, einfachen Schießereien auf der Straße ging in den letzten Jahren rapide zurück. Die dramatischen Jahre des »wilden Kapitalismus« haben dennoch bleibende Spuren in der Gesellschaft hinterlassen. Eine davon ist eine tiefsitzende Korruption.

Wie man sieht, funktioniert schnelle Bereicherung nicht ohne Zutun der Behörden und einiger Beamter. Sie sitzen neben einem Geldhahn und entscheiden selbst, ob sie ihn zuhalten oder aufdrehen. Diejenigen, die an den Geldfluss kommen möchten, sollen in der Ukraine »schmieren« (»Wer nicht schmiert, der nicht fährt« – mehrdeutige Volksweisheit). Man könnte natürlich einen sturen Bock aus der Behörde auch umbringen lassen, was auch ab und zu vorkommt. Das ist aber ineffizient und für Gangster viel aufwändiger und geldintensiver. Schmieren ist besser als umbringen, weil man einen Gönner auf Dauer gewinnt, der für die Mafia immer erpressbar bleibt (man kann das Geld nicht »spurlos« bekommen, besonders wenn der Geber diese Spuren sichern will). Deshalb schmieren sie die Amtsträger, füttern sie an. Ein Posten in der Steuer-, Privatisierungs-, Hygiene- und Sanitärbehörde, Ökokontrolle, Kontrolle für die Nutzung von Grund und Boden und allen möglichen anderen »Kontrollen«, die sich ein Staat so ausdenkt, sowie bei Feuerwehr und Zoll kann als Maschine zum Gelddrucken funktionieren. In welchem Land sonst haben Staatsanwälte und Richter Riesenvillen wie Großfabrikanten? Es gibt auch Bares: In den Geschäftsräumen und der Wohnung des Vorsitzenden des Lwiwer Berufungsgerichtes wurden Ende 2008 ca. 2 Millionen Dollar beschlagnahmt. Und das bei umgerechnet 3000 Dollar Monatslohn!

Das Volk macht seine Witze darauf:

»Ein Verkehrspolizist kommt zu seinem Vorgesetzten und bittet ihn um eine Gehaltserhöhung: Ich arbeite hier seit vielen Jahren, habe zwei Kinder und die Frau ist mit dem dritten schwanger. Der Vorgesetzte zeigt dafür Verständnis: Ja, sagt er mitfühlend, ich verstehe. Aber ich kann dir dein Gehalt nicht erhöhen. Dafür bekommst du ein Verkehrsschild 15 km/h Geschwindigkeitsbegrenzung und du darfst es aufstellen, wo du willst.« (Strafen dürfen die Milizionäre selbst nicht kassieren, aber Schmiergelder schon.)

Das Phänomen der Korruption ist in der Ukraine nicht neu. Im Sozialismus schmierte man den Verkäufer, um ein Möbelstück zu kaufen, den Chef des Telefonbetriebes, um einen begehrten Anschluss ohne 20 Jahre Wartezeit zu bekommen. Man schmierte für den Autokauf und zahlte etwas über den Preis für eine Kaviardose auf den Silvestertisch. Heute sind die Schmieraktivitäten in der Konsumbranche abgeebbt: Kaviar liegt offen in den Regalen und Autos werden auf Raten angeboten. Aber die Korruption ist nicht verschwunden, sie hat sich in andere Bereiche verlagert und neue bedrohliche Ausmaße angenommen. Jetzt beherrscht sie nicht nur das undurchsichtige Verbrechermilieu, sondern durchwuchert die ganze Gesellschaft. Man schmiert beim Arzt, damit er besser untersucht, in der Schule für ein gutes Abschlusszeugnis, Studenten zahlen Dozenten und Professoren für das Ablegen von Prüfungen, dem Prüfer der Fahrschule, um ohne Kenntnisse seinen Führerschein zu bekommen, man schiebt etwas rüber an Untersuchungsrichter, Staatsanwälte und Richter, wenn jemandem ein Gerichtsverfahren droht …

Einmal bedrängte mich nach einem Vortrag ein deutscher Polizist mit der Frage, warum einige Umsiedler aus der ehemaligen Sowjetunion Führerscheine besitzen, obwohl sie nicht fahren können. »Wir haben das überprüft«, sagte er mir so verdutzt wie stolz, »die Papiere sind echt!«

Er wollte mir auf Anhieb nicht glauben, dass man gegen Schmiergeld nicht nur echte Fahrpapiere bekommt, sondern auch echte Schulzeugnisse, Heiratsurkunden, Führungszeugnisse, Hochschuldiplome und Promotionsurkunden. Eine technische Expertise hier anzuordnen ist albern. In diesen Urkunden ist alles echt: Papier, Druck, Farbe, Unterschrift, Siegel, und in den dazugehörigen Unterlagen sind auch alle nötigen Eintragungen gemacht worden.

Das Einzige, was nicht stimmt, sind die Kenntnisse und Fertigkeiten.

Eine Internetumfrage brachte ein Ergebnis zu Tage, das aus meiner Sicht etwa der Lage in der Ukraine entspricht. Auf die Frage: »Schmieren Sie?«, antworteten etwa 16 Prozent mit »immer«, etwa 48 Prozent mit »Wenn es keinen anderen Ausweg gibt«, etwa 15 Prozent mit »manchmal« und etwa 21 Prozent mit »niemals« (Anzahl der Befragten – 3849).[66]

Die neue Generation der Ukrainer ist mit so einem (hohen) Schmier-Pegel aufgewachsen, und es ist jetzt außerordentlich schwer, dem Nachwuchs zu erklären, dass man auch ohne Bestechung leben kann, geschweige denn sie zur moralischen Brandmarkung der Korruption zu bewegen.

Alles in allem ist die Korruption in der Ukraine aber nicht stärker ausgeprägt als in manchen afrikanischen, asiatischen, amerikanischen, aber auch einigen europäischen Ländern. Das kann man hier so behaupten, weil wir *Transparency International* haben, eine Initiative, die das jährliche Korruptionsniveau weltweit vergleicht. Die Zahlen sind hier nicht wasserdicht, aber das ist auch verständlich: Korruption hat begreiflicherweise keine verbürgten Zahlen.

2007 haben bei ihr – von 179 untersuchten Ländern – am besten Dänemark, Finnland, Neuseeland, Singapur und Schweden abgeschnitten. Die schlechtesten Noten bekamen Usbekistan, Haiti, Irak, Birma und Somalia. Deutschland ist auf einem ehrenvollen Platz 16 gelandet. Die Ukraine auf dem weniger schmeichelhaften Platz 118. Alle »zivilisierten« Länder sind natürlich davor, aber es gibt auch einige dahinter: Russland, Philippinen, Kirgistan, Indonesien und Pakistan zum Beispiel.[67]

Religion – Die Gretchenfrage

Die Ukraine war schon immer ein Land mit vielen Konfessionen: Orthodoxe Kirche, Römisch-Katholische Kirche, Baptisten, mehrere Pfingstgemeinden, Adventisten des Siebenten Tages sowie Freie Adventisten, Evangelische Christen, Zeugen Jehovas, Juden, Moslems ...

In der Sowjetzeit überwogen in der Ukraine aber Atheisten und Freidenker, also einfach Ungläubige. Meine Mutter stammt aus einer sehr streng religiösen Familie, ging aber unter den Kommunisten nie in die Kirche. Später habe ich gefragt, warum? Und sie sagte mir, sie wollte die Bildungschancen ihrer Kinder nicht aufs Spiel setzen, ihnen keine Steine in den Weg legen.

Da ist etwas Wahres dran. Die Kinder aus religiösen Familien, besonders »Sektanten«, also Angehörige protestantischer Gemeinschaften, hatten es im Sozialismus sowjetischer Prägung besonders schwer. Alle Lehrer in der Schule wussten natürlich, welches Kind aus so einer Familie stammte. Die Behörden unter der Leitung der Parteikomitees sorgten dafür. Oft waren es die Pfarrer selbst, die die Mitgliedslisten an die Parteikomitees aushändigten. Die Klassenlehrer versuchten dann ihr Bestes: »Kinder, wir müssen unserem Petro helfen, seine Eltern glauben an Gott.« Und das wurde mit einer Stimme vorgetragen, als ob der arme Petro ernsthaft krank wäre oder womöglich etwas gestohlen hätte.

So war das in dem Land des totalen Atheismus. Nachdem Parteichef Chruschtschow 1961 den Kurs in Richtung Kommunismus vorgegeben hatte, wurden in der ganzen Ukraine die Kirchenglocken von den Türmen genommen. Ihr Geläut lenkte angeblich Arbeiter und Bauern von ihren Aufbautaten ab.

Wenn unser Petro irgendwann mal zugab, nicht mehr an Gott zu glauben, freute sich die Jungpioniermannschaft. Jetzt musste Petro aber seine Eltern und Großeltern in die Pflicht nehmen und sie von der Benebelung der Sinne befreien. Die Jungpioniere kontrollierten Petros Pionierarbeit, über die er in bestimmten Abständen auch Rechenschaft abzulegen hatte.

Neben den Pionieren folgte der Komsomol, also der Verband der Kommunistischen Jugend. Gläubige durften da nicht eintreten, weil sie eben vom »Opium fürs Volk« beduselt waren und nicht nüchtern in die helle Zukunft zu schauen vermochten. Die Nichtmitglieder hatten nach dem Abitur tüchtige Probleme mit dem Aufnahmeverfahren, gleich an welcher Hochschule. Es gab einige Fachrichtungen, bei denen man möglichst nur Parteimitglieder sehen wollte, Philosophie oder Politische Ökonomie zum Beispiel.

Meine gläubige Mutter hatte uns heimlich russisch-orthodox taufen lassen, was in den schwierigen Stalin- und Chruschtschow-Zeiten meistens zu Hause erfolgte. Der Priester kam in die Wohnung, sprach die erforderlichen Worte, die Verwandtschaft des Kindes sowie die Paten standen dabei. Anschließend wurde kräftig getrunken. Die Taufe ist bis heute ein großes Familienereignis in der Ukraine.

Einmal baten mich zwei Kommilitonen, Pate für ihr neugeborenes Kind zu werden. Die Eltern des jungen Ehepaares hatten darauf bestanden. Die Taufe war bereits arrangiert und sollte nicht heimlich bei jemandem zu Hause, sondern direkt in der Kirche stattfinden. Natürlich waren wir alle Komsomolzen, und so eine Missetat konnte glatt mit dem Ausschluss aus dem Komsomol enden, was zwangsläufig auch die Exmatrikulation nach sich gezogen hätte. Die Bitte, Taufzeuge zu werden, darf man aber in der Ukraine nicht ablehnen, das käme einer Beleidigung der Eltern gleich. Ich stimmte also zu.

Die Taufe lief in einer Dorfkirche im Gebiet Tschernihiw ab. Die Personalausweisdaten beider Pateneltern wurden vom Kirchenangestellten sorgfältig in das Buch eingetragen, und ich wusste, dass sie in Bälde auch der Parteileitung des Kreises zugänglich sein würden. In meiner Vorstellung packte ich schon langsam meine bescheidenen Utensilien im Internatszimmer zusammen. Die ersten Wochen des Wartens waren ziemlich misslich ...

Es passierte jedoch nichts Schlimmes, der Herr hatte wahrscheinlich seine schützende Hand über uns gehalten. Nach dem Studium habe ich erfahren, dass die Daten nur bis zum Gebietsparteikomitee gingen – in unserem Fall also nach Tschernihiw –, wir aber studierten in Kyiw. Glück gehabt.

Auf diese Weise wurden nicht nur die Kinder der »Untergrund«-Gläubigen getauft, sondern auch die der echten Atheisten sowie der Parteielite selbst. Meine Mutter, die ihr ganzes Leben lang als Apothekerin arbeitete, belieferte die Kirche heimlich mit Rizinusöl in Ermangelung von Kirchenöl. Mit dieser »Partisanentätigkeit«, über die anscheinend viele Bescheid wussten, war meine Mutter lange Zeit eines der Bindeglieder zwischen den weltlichen Kreisen der Stadt und der Kirche. Als der Erste Parteisekretär, der größte Boss im Kreis, seine Enkelkinder heimlich taufen ließ, geschah das in unserem Hause. Vermutlich war der Parteiführer nicht unbedingt selber gläubig. Aber ein fester Gottesleugner war er auch nicht. Er ließ die Enkelkinder eher »aus Vorsicht« taufen.

Seit der Unabhängigkeit gibt es in der Ukraine drei ukrainische orthodoxe Kirchen, die untereinander aufs Bitterste verfeindet sind: eine ukrainische orthodoxe Kirche mit Patriarchat Moskau, eine ukrainische orthodoxe Kirche mit Patriarchat Kyiw und die ukrainische autokephale orthodoxe Kirche. Diese Kirchen teilten nach 1991 nicht nur alle orthodoxen Kirchengebäude unter sich auf (um die Verteilung gab es noch vor kurzem regelrechte Schlachten mit Belagerungen, Verletzten und Blut), sondern auch die Gläubigen.

Einige meiner Freunde haben sich im Laufe der Zeit zu verschiedenen Kirchen bekannt. Mit der »Wende« war die Ukraine fast über Nacht von einem quasiatheistischen zu einem tief gläubigen Land geworden. Ehemalige Parteimitglieder und sogar professionelle Atheisten wandelten sich zu gottesfürchtigen Mitbürgern. Der Propagandasekretär des ZK der ukrainischen kommunistischen Partei und schärfste Bekämpfer der Religion, Leonid Krawtschuk, ging als Staatspräsident in der Kirche ein und aus. Hochschullehrer für die Geschichte der KPdSU wurden zu neutralen Politologen, Lehrer für Politökonomie des Sozialismus zu Wirtschaftswissenschaftlern, und Dozenten für wissenschaftlichen Atheismus firmierten fortan als Philosophen samt ihren entsprechenden Doktortiteln, die sie früher für die Anprangerung der Religion bekommen hatten. Durch das Ideologievakuum nach dem Ende des Sozialismus trieb es die Menschen aus Unsicherheit in der Umbruchzeit und der Suche nach seelischem Halt zuhauf in die Kirche, egal in welche.

Wenn man sich einen netten Abend bei Freunden nicht verderben will, sollte man in der Runde keinesfalls die Gretchenfrage stellen, wie es denn die Einzelnen mit der Religion halten. Es ist nicht ausgeschlossen, dass Sie just bei einem Festmahl Vertreter aller orthodoxen Kirchen sowie Angehörige des in der Ukraine verbreiteten griechisch-katholischen Glaubens an einem Tisch vorfinden. Danach ist der Abend gelaufen! Da alle Ukrainer von Natur aus leidenschaftliche Philosophen sind, kann es unwillkürlich auch zum Handgemenge kommen. Und die undiplomatische Demarche »Mit diesem Schwachkopf von der und der Kirche sitze ich doch nicht an einer Tafel« ist noch das Harmloseste, was man erwarten kann.

Grundsätzlich ist die Ukraine ein aufgeklärtes und vorurteilsfreies Land. Die Kyiwer haben sich sogar einen Oberbürgermeister, Leonid Tschernowezkyj, gewählt, der zur selten-seltsamen Kirche »Botschaft des gelobten Gottesreiches für alle Völker« mit einem Afrikaner an der Spitze gehört – na und? Aber private Kreise sollte man damit besser nicht belasten.

Wenn die Orthodoxie gegenwärtig die größte und einflussreichste Religion darstellt, heißt das noch lange nicht, dass sie die älteste Religion auf dem Gebiet der Ukraine ist.

Die ersten Angaben über religiösen Glauben werden mit dem 1. Jahrhundert n. Ch. datiert.[68] Die Juden waren lange vor den Christen auf die Krim sowie in die Nordgebiete des Schwarzen Meeres gekommen und hinterließen hier viele Inschriften in Althebräisch. Die früheste, die sogenannte *Schrift von Anapa*, stammt aus dem Jahr 41 unserer Zeit. Von der Krim gingen die Juden gen Osten: Bei den Chasaren, einem der Stämme auf dem Territorium zwischen Wolga und Don, wurde Judaismus Staatsreligion. Zwischen dem 7. und 10. Jahrhundert gibt es Mitteilungen über jüdische Kaufleute, die slawische Gebiete besuchten. Im 12. und 13. Jahrhundert kamen sie von Regensburg bis nach Kyiw.

Als im 10. Jahrhundert Fürst Wolodymyr die Rus christianisieren wollte, ereignete sich eine in Chroniken verbriefte interessante Episode: Botschafter der Chasaren boten dem Fürsten an, sich nicht für das Christentum, sondern das Judentum zu entscheiden. So stand die Kyiwer Rus vor einem Jahrtausend dicht davor, nicht zu einem »Dritten Rom« und Anführer der Orthodoxie weltweit zu werden, sondern zu einem jüdischen Land.

Wolodymyr entschied sich aber für das Christentum. So ist die Ukraine offiziell seit 988 christlich.

Von oben eingeführt, wurde diese Religion in späteren Jahrhunderten zu einer der tragenden Säulen der Monarchie im Zarenrussland. Die Dreiheit *Orthodoxie, Monarchie, Volkstümlichkeit* wurde zum Leitspruch des russischen Reiches, mit »Orthodoxie« bewusst an erster Stelle. Es ging so weit, dass die herrschende Kirche vom russischen Zaren geleitet wurde – über die Synode als Instrument.

Wenn es eine herrschende Kirche gibt, muss es immer auch Beherrschte geben. Dies waren eben alle anderen: katholische, protestantische, islamische, buddhistische und eben jüdische. Und sie alle mussten Jahrhunderte als Religionen zweiter Klasse existieren, immer der Gefahr ausgesetzt, Verfolgungen ertragen, Hetzen erdulden zu müssen. Stets wurden sie zum Sündenbock gemacht, wenn es in der Gesellschaft Spannungen gab und irgendwo Dampf abgelassen werden sollte.

Daher rühren auch die Pogrome gegen Juden im weiten russischen Reich, darunter auch in der Ukraine. Selbst das Wort »Pogrom« kommt vom Verb »gromit« aus slawischen Sprachen und bedeutet »zerschlagen, ausmerzen«.

Häufig wurden Juden aus Frust gejagt, in Zeiten ungeheuerlicher Nöte und Seuchen. Oft fielen Pogrome mit politischen Ereignissen zusammen – z.B. im April 1905 nach dem Manifest über die Glaubensfreiheit, dann wieder im Oktober 1905, als Zar Nikolaus II. Russlands Völkern die Verfassung schenkte. Gewöhnlich wurden Andersgläubige auch zu orthodoxen Festen geschlagen, zu Ostern zum Beispiel.

Der große ukrainische Schriftsteller Mychajlo Kozjubynskyj beschreibt in einer bitteren Etüde das zur Routine gewordene Warten der Juden auf das Pogrom in einem ukrainischen Städtchen am Vortag eines orthodoxen Festes. Wie immer werden viele Menschen zum Gottesdienst kommen, danach wird ein Kreuzzug durch die Stadt ziehen, dem sich zumeist ein Pogrom anschließt. Die jüdische Gemeinde hat bereits den Polizeipräsidenten geschmiert, der auch beteuerte, es komme nicht zum Gemetzel. Aber er klang nicht überzeugend, die Menschen glauben ihm nicht. Und ziehen weg – um am nächsten Tag, nach dem Pogrom, nach Hause zurückzukehren. Manche schließen ihre Häuser ab und fahren mit Kutschen – voll mit Hab und Gut beladen. Andere rennen verwirrt in die Steppe um ihr Leben. Nur die blinde Wahrsagerin Estherka bleibt in dem Städtchen: Sie hat niemanden, der sie wegfahren würde. Zu fliehen hat für sie auch keinen großen Sinn mehr: Ihre zwei Söhne verlor sie ehedem bei dem Pogrom in Odessa, und danach weinte sie sich die Augen aus ...

Kozjubynskyj ist kein Reporter, sondern ein hochtalentierter Literat. Er beschreibt nicht, wie unter den Keulen der orthodoxen Ukrainer und Russen die Juden zusammengeschlagen werden. Er zeigt das Warten, und das ist bei ihm noch quälender, bohrender, beklemmender als in Samuel Becketts »Warten auf Godot«.

So wartet Estherka. Und als sie hört, die Menschenlawine flutet die Straßen, geht sie hinaus, um gen Himmel zu schreien:

»›Pass auf, du jüdischer Sohn! Kommst du wieder? Du, der mir meine Söhne wegnahm! Meinen Leiba und meinen Haim ... Du segnest wieder das Vergießen des Blutes deines Volkes! Hör zu, gib mir meine Söhne zurück ... Das sage ich dir, ich ... die blinde Estherka ... Wohin gehst du, halt an ... Es ist genug Blut ...‹«

Und sie schüttelte mit Fäusten und schrie mit Worten, die tief in ihrer Brust blieben. Tränen, die aus den nicht sehenden Augen herunterflossen, füllten den alten schwarzen Mund mit zwei Stümpfen gelber Zähne.

Und an ihr vorbei trampelten Tausende Füße, atmeten Tausende Brüste, brüllten Bassstimmen und tanzten wie wahnsinnig die Glocken. Große, mittlere und kleine ...«[69]

Die Erzählung entstand 1906, nach der gewaltigen Pogromwelle von 1905.

Zu dieser Zeit wohnte in Odessa ein gewisser Wolodymyr Shabotynskyj (Jabotinsky), Journalist. Odessa lag im zaristischen Russland am Rande des Ansiedlungsrayons, deshalb lebten hier viele Juden mehr oder minder friedlich. Sie hatten ihre Geschäfte, Schulen, Zeitungen und sogar Abgeordnete im Stadtrat. Der bekannte jüdische Schriftsteller Isaak Babel schrieb damals: »Odessa ist eine Stadt, die von Juden gemacht wurde.« Sie ist bis heute vom jüdischen Leben geprägt und wurde durch die Juden selbst zur »Hauptstadt« des Ansiedlungsrayons auserkoren. Manche haben inzwischen vergessen, dass sie Juden sind: Sie sprechen Russisch und unterscheiden sich nicht von Ukrainern, Russen, Moldawiern, Griechen oder Bulgaren, die ebenfalls in Odessa zu Hause sind.

So einer war Shabotynskyj. Er sprach Französisch, Englisch, Deutsch, beherrschte Griechisch und Latein, schrieb Gedichte und Prosa, übersetzte Franzosen wie François Villon und Frédéric

Mistral sowie den amerikanischen Dichter Edgar Allan Poe ins Russische. Ein richtiger Kosmopolit. Als es in der Hauptstadt Bessarabiens, im unweit von Odessa gelegenen Kischinjow (Chişinău), zu einem Pogrom kam, verstand Shabotynskyj plötzlich, dass er Jude war und dass ihm Ähnliches auch in Odessa widerfahren könnte. Er organisierte nun einen ersten Selbstverteidigungstrupp und sammelte Geld für Waffen.

Die Juden der ganzen Welt hatten es in ihrer tausendjährigen Geschichte nicht leicht. Aus einem Traum schöpfen sie die Hoffnung, irgendwann auch einmal einen eigenen Staat zu haben. In dieser Hoffnung sagen sie beim Abschied oft: »Nächstes Jahr in Jerusalem.«

Als einer der Ersten fragte der junge Shabotynskyj, warum erst im nächsten Jahr, warum nicht schon heute? Der Passion, in Palästina einen Staat für Juden zu errichten, widmete Shabotynskyj fortan sein ganzes Leben. Der französische Politiker und Autor Anatole de Monzie (1876–1947) schrieb über ihn: »Es gibt niemanden, der Shabotynskyj ähnelt. Die Geschichte seines Geistes und seines Kampfes ist noch außergewöhnlicher als Legenden über ihn. In der Geschichte der Juden ist das Phänomen von Shabotynskyj einzigartig.« Dank Shabotynskyj wurde Odessa eine lebhafte und fröhliche kosmopolitische bürgerliche Stadt, zum Zentrum der Idee von der Heimkehr der Juden in das Gelobte Land. Hierher pilgerten bald Tausende Juden aus ganz Russland, um von hier aus nach Palästina zu fahren, dort Siedlungen zu gründen und Kibbuze zu errichten – auch gegen den Willen der damaligen Herrscher von Palästina, die englische Militärverwaltung. Odessa wurde das Tor zur »Burg Zion«.

Viele Straßen und Parks im heutigen Tel Aviv tragen die Namen von Bewohnern Odessas: Disenhof, Pinsker, Usyschkin, Bjalik, Ahad-ha-Am, Sokolov, Dubnow und Shabotynskyj ...

Wolodymyr Shabotynskyj starb 1940 in den USA. In seinem Testament bat er, ihn dort zu begraben, wo ihn sein Tod ereilt, und seine sterblichen Überreste später in den unabhängigen jüdischen Staat zu überstellen. Dass ein jüdischer Staat entstehen würde, daran hegte er zu keiner Zeit Zweifel, auch wenn er die Auseinandersetzungen mit den dort lebenden Palästinensern voraussah. 1964 wurde sein letzter Wille verwirklicht.

Ähnlich wie Odessa war auch Tscherniwzi (dt. Czernowitz) stark jüdisch geprägt. In der Karpatenstadt am Prut lebten Anfang des 20. Jahrhunderts Deutsche, Ukrainer (hier auch Ruthenen genannt), Rumänen, Polen, Ungarn und Juden weitgehend konfliktfrei miteinander. Die Hauptstadt des Kronlandes Bukowyna der österreichisch-ungarischen Monarchie erlebte gerade ihre Blütezeit. Hier gab es Tageszeitungen in mehreren Sprachen, Kulturhäuser jeder Nationalität, Kirchen der unterschiedlichsten Glaubensrichtungen, ein großes Theater und viele literarische Zirkel. »Warum schreibe ich?«, fragte sich die Dichterin Rose Ausländer und antwortete selbst: »Vielleicht, weil ich in Czernowitz zur Welt kam, weil die Welt in Czernowitz zu mir kam. Die besondere Landschaft: Die besonderen Menschen. Märchen und Mythen lagen in der Luft, man atmete sie ein.«[70]

Rose Ausländer liebte ihre Stadt, so wie sie auch andere deutsche und jüdische Dichter und Autoren liebten, die hier aufgewachsen sind – Paul Celan, Alfred Kittner, Alfred Margul-Sperber, Immanuel Weissglas, Moses Rosenkranz, Gregor von Rezzori und der »Prinz der jiddischen Ballade« Itzik Manger. Hier regierte nicht der Mammon, sondern der Geist: Man las gute Bücher und diskutierte, man musizierte und sang, man brachte neue Stücke auf die Bühne und übersetzte viel. Mit jugendlicher Gnadenlosigkeit nahm man alte und gegenwärtige Philosophen auseinander, man trank und liebte und lebte. Das Tscherniwzi von damals war das Mekka der geistvollen Menschen, »eine Stadt von Schwärmern« (Rose Ausländer), der Prototyp geglückten menschlichen Zusammenlebens.

Nach dem Ersten Weltkrieg kam die Stadt zu Rumänien, nach dem Zweiten zur Sowjetunion. Doch nun war Tscherniwzi eine leere Stadt. Die Juden wurden von Hitler und seinem rumänischen Komplizen Ion Antonescu vernichtet und verbannt. Deutsche mussten nach Deutschland, Rumänen nach Rumänien, Ungarn in ihre Heimat, als die Wehrmacht und verbündete Truppen die Stadt verließen. Den altansässigen Ukrainern, die die Annektierung der Nordbukowyna 1944 durch die Sowjetunion nicht duldeten, machte man den Prozess und schickte sie nach Sibirien. Man holte Bewohner aus den russischen Teilen der Sowjetunion, die zur Geschichte der Stadt keinerlei Beziehungen hatten. Plattenbauten entstanden, die einstige Kulturmetropole siechte eher gesichtslos Jahrzehnte dahin. Bis Ukrainer nach der Unabhängigkeit begannen, gemeinsam mit Deutschen, Österreichern, Juden, Rumänen und Polen die Geschichte zu rekonstruieren und die

Stadt wieder herzurichten, die 2008 ihr glanzvolles 600-jähriges Jubiläum feierte. Heute ist Tscherniwzi ein Geheimtipp für Liebhaber historischer Gebäude und alter Gegenstände, für Sammler und Antiquare. In den schmalen Gassen der vom Krieg verschont gebliebenen Stadt findet man noch ehrwürdige Fenster und Türen, und auf Märkten alte Radierungen und Bücher in einem Dutzend Sprachen, massive Kerzenständer und Kleinplastiken, Bilder, Türklinken, Leuchter, Uhren, Schatullen … Eine Reise dorthin wird sich bestimmt lohnen – zumal, wenn man auch ein wenig Phantasie mitbringt.

Weil die Menschen das A und O der Geschichte sind, das Segensreiche und das Erbärmliche, hängt es oft am Mut Einzelner. Das gilt auch für das ukrainisch-jüdische Verhältnis, wie ein historisches Beispiel zeigt.

1911 wurde der Jude Beilis in Kyiw verhaftet: Ihm wurde vorgeworfen, einen orthodoxen Jungen umgebracht zu haben, um dessen Blut statt Wasser für ein jüdisches Festbrot zu verwenden. Bereits am Tag, an dem die Leiche gefunden wurde, noch bevor irgendeine Untersuchung eingesetzt hatte, verteilte man antisemitische Handzettel: Juden haben das Kind geschlachtet. Die Zeitungen nannten den Namen des Mörders: Menachem Mendel Beilis. Zwei Jahre dauerten Untersuchung und Prozess. Es wurden keine Beweise gegen Beilis gefunden. Auf den zwölf Geschworenen lag eine große Last, denn im gesamten Russischen Reich wusste man inzwischen um den Fall, und auch der Schuldige stand für die meisten schon fest. Sieben einfache Bauern aus Kyiwer Vororten, zwei Kyiwer Bürger aus niederen Schichten, drei kleine Staatsdiener hatten nun zu entscheiden. Der Schriftsteller Wladimir Korolenko fuhr eigens nach Kyiw, um sich ein Bild vom Verbrechen und vom Gericht zu machen. In der aufgeheizten Stimmung vor Ort sieht er für Beilis kaum Hoffnung. Gerade in den Kyiwer Vororten sind antisemitische Vereine, sogenannte »schwarze Hundertschaften«, aktiv. Viele Bauern gelten als judophob geprägt. Ukrainische Intelligenzler, sowohl prorussisch als auch antirussisch gesinnt, stehen – seltener Fall! – einhellig auf der Seite des Angeklagten. Sie argwöhnen zudem, dass die Sache nicht nur mit Beilis-Blut, sondern auch mit dem Blut vieler anderer Kyiwer Juden enden könne und ein schreckliches Pogrom folge.

Was entschieden die Geschworenen? Die Stimmen haben sich geteilt: sechs zu sechs. Beilis wird freigesprochen – im Zweifelsfall für den Angeklagten. Die Juden werden damit vom Generalverdacht der Ritualmorde befreit.

Woher kommt bei einfachen ukrainischen Bauern die Courage, gegen den staatlich gelenkten Kurs anzutreten? Vielleicht sind die Ukrainer nicht »latent antisemitisch«, wie man sie hin und wieder darstellt? Vor allem, wenn sie nicht als Marionetten von bestimmten politischen Kräften manipuliert und missbraucht werden. Vielleicht sind diese sechs Bauern die echten Träger des ukrainischen »Ich«, der ukrainischen Identität, die sich auf Humanität, Barmherzigkeit, Redlichkeit und Nachsicht stützt?

Drei Flächen eines Brillanten

So wie ein Rohdiamant nur durch die Vielzahl seiner Flächen zu einem Brillanten wird, möchte ich drei (fast) unglaubliche Geschichten von Ukrainern erzählen, die vielleicht nicht die Ersten auf dem Mond waren, dafür aber manche Dinge taten, die den Lauf der Geschichte, zumindest der Geschichte der Wissenschaft, beeinflussten.

Das Riesenglück des Danylo Samojlowytsch

Fangen wir bei der Mikrobiologie an. Die Wissenschaft von den kleinsten Lebewesen der Erde hat in der menschlichen Geschichte viele Ruhmesblätter gefüllt, auf denen auch Mut und Aufopferung großgeschrieben stehen.

Wenn man an Mikrobiologie denkt, dann als Erstes an Louis Pasteur, einen der genialsten Wissenschaftler des 19. Jahrhunderts. Er fand heraus, dass unter bestimmten Bedingungen bösartige (die Mediziner sagen pathogene) Mikroben abgeschwächt und als Vakzine (Impfstoff) verwendet werden können. Und er stellte diese Vakzine selbst her! 1885 schlug er Impfungen gegen Tollwut vor. Die Impfung – das Allheilmittel des Jahrtausends! Cholera, Tollwut, Wundstarrkrampf, Diphtherie – die Folgen all dieser und anderer Krankheiten, die Hunderten von Millionen Menschen das Leben kosteten, wären ohne Vakzine viel schlimmer ausgefallen. Ausgerechnet ein Ukrainer aus dem Charkiwer Gebiet stand dem berühmten Mikrobiologen Louis Pasteur zur Seite – Ilja Metschnykow. Entdecker der weißen Blutkörperchen – Leukozyten, Entwickler der phagozytären Theorie der Immunität, Nobelpreisträger (1908), Gerontologe. Metschnykow – ein Genie der Immunologie, einer der hellsten Köpfe der Weltmedizin – arbeitete als praktischer Arzt in Odessa, als dort der Typhus wütete. Heute, am Anfang des 21. Jahrhunderts, mit Weltraumforschung und WWW, wissen wir über den Typhus alles, trotzdem gibt es weltweit 33 Millionen Typhus-Fälle jährlich. Vor einem Jahrhundert war die Menschheit noch nicht so weit und Metschnykow steckte sich mit Typhus an. Absichtlich. Aus medizinischen Überlegungen. Als Forschungsmethode.

Bei der Cholera-Epidemie 1892 in Paris forschte er an dieser Krankheit, und als die Theorie stand und man nach praktischer Bestätigung lechzte, trank er eine Mixtur aus Cholera-Vibrionen, um zu zeigen: Man stirbt daran nicht, man wird gegen die tödliche Cholera immun. Das wissen wir jetzt genau. Unter anderem dank Pasteur und Metschnykow. Um Cholera-Erreger zu schlucken, bedarf es nicht nur Wissens, sondern auch Courage. Vor allem desjenigen, der die Choleratoten, Berge von Leichen, in Odessa gesehen hatte. Damals verfügte man nicht über milliardenfache Bestätigungen der Wirksamkeit der Vakzination. Damals war die Theorie noch puddingartig wacklig. Damals heißt: vor hundert Jahren. Aber dieses »damals« sieht nur aus heutiger, computerverwöhnter Sicht wie Steinzeit aus. Vor hundert Jahren gab es schon elektrischen Strom und Radio, Eisenbahnen und Flugzeuge.

Die eigentliche Geschichte, die ich erzählen möchte, liegt fast zweieinhalb Jahrhunderte zurück und geschah im Jahre 1771. Die größte Herausforderung für die Menschheit war damals »der schwarze Tod«, die Pest. Das Mittelalter mit Inquisition und Götterdämmerung war noch nicht verdaut worden, Kriege fegten durch die Welt, die Menschen starben zuhauf im Kugelhagel, an Dreck, Syphilis, Cholera, Milzbrand, Pocken, aber besonders an der Pest.

Keiner wusste, was das ist, die Pest. Man wusste nur eins, dass es keine Gnade gab. Tief in den Genen der europäischen Bevölkerung saß die Erinnerung an die größte Pestpandemie im 14. Jahrhundert, die schätzungsweise 25 Millionen Todesopfer forderte, was einem Drittel der damaligen europäischen Bevölkerung entsprach. Zu weiteren schweren Epidemien kam es 1665/66 in England mit etwa 100 000 Toten und 1678/79 in Wien. Die letzten Pestepidemien trafen Europa im 18. Jahrhundert. Aus Sorge vor einem Ausbruch auch in Berlin ließ König Friedrich I. von Preußen dort ein Pesthaus errichten, aus dem die Charité hervorging.

Die herrschende Vorstellung über die Verbreitung der Krankheit war die sogenannte miasmatische Theorie – Veränderungen der Luft, giftige Dünste, Miasmen, Schwärme von unsichtbaren Insekten. Daraus resultierte die Praxis der Krankheitsbekämpfung: Die Miasmen in der Luft müssten verbrannt werden. Man zündete alles an, was brannte: Teer, Holz, Mist, Stroh, Möbel, Schwefel und vor allem die Häuser der Erkrankten und Verstorbenen ... Für bessere Ventilierung der Straßen durch die Winde wurden in den Städten Bäume und Sträucher abgeholzt. Helfen sollte auch die Lufterschütterung, deshalb schossen oft die Kanonen und läuteten Kirchenglocken – aus rein medizinischen und nicht religiösen Gründen. Da das auch nicht besonders viel half, wendete man sich dem Glauben zu: Christen haben inzwischen etwa ein halbes Hundert Heilige, die die Menschen vor der Pest schützen und von ihr heilen sollten. Keine andere Krankheit hat so viele »Schutzpatrone«.

Im Herbst 1770 schnellte die Pest aus Wallachien und Moldawien über Kyiw bis nach Moskau. Als Danylo Samojlowytsch im Sommer 1771 in das von Pest-Quarantäneposten umringte Moskau kam, brannte die hölzerne Hauptstadt Russlands. Nur das schwere Läuten drang durch den Smog. Der 27-jährige Arzt aus dem ukrainischen Dorf Janiwka bei Tschernihiw ahnte noch nichts von seiner Rolle bei dieser Pest, und er wusste auch nicht, dass diese Seuche von Moskau die letzte große Pestepidemie in Europa sein würde.

Samojlowytsch war Militärarzt, hatte bereits einige Erfahrungen mit der Epidemie in fremden Ländern gesammelt und wusste um die Bedeutung der Prävention durch schnelles Eingreifen. Aber im Juni 1771 war es in Moskau zu spät. Die Zeit für Quarantäne war verstrichen, die Todeskrankheit wütete nicht mehr nur in Krankenhäusern, sondern auf den Moskauer Straßen.

Samojlowytsch blieb aber in Moskau und stellte sich in den Dienst der Pest-Kommission. Er übernahm die spezielle Klinik in einem Moskauer Kloster, wo nur Pestkranke lagen. Der Arzt arbeitete hier Tag und Nacht.

Es starben fast alle Ärzte, Krankenschwestern und Krankenpfleger, die sich um die Infizierten kümmerten. Samojlowytsch suchte nicht nur nach Heilmethoden, sondern auch nach Vorbeugungsmöglichkeiten. Als Ergebnis seiner Beobachtungen von Tausenden Toten und einzelnen Geheilten, die nicht wieder erkrankten, kam er auf die Idee der Immunisierung. Er schnitt die Eiterbeule eines Bubonpestkranken auf und spritzte sich den Ausfluss. Er wird krank, die Krankheit verläuft aber in einer leichten Form. Samojlowytsch bleibt am Leben und predigt seine hirnverbrannt und selbstmörderisch scheinende Handhabung als neue Vorsorge.

Er wird zwar geehrt, aber keiner glaubt ihm. Gegen Vorurteile kann der 27-Jährige nicht ankämpfen, außerdem macht sich eine neue, noch stärkere Erkrankungswelle breit ... Die neue Idee geht in den Wirren der Epidemie unter.

Später, 1783, ist Samojlowytsch auch bei anderen Pestausbrüchen dabei – in Cherson, in Lubny, in Dykanka, 1784 wieder Cherson, Krementschuk, 1785 in Chişinău.

Er schreibt seine Beobachtungen und Erfahrungen auf. Der Hauptgedanke ist: Pest wird durch einen »lebendigen Organismus« hervorgerufen. Als Vorbeugemethode beschreibt er seine persönlichen Erfahrungen. 1786 wird er zum Ehrenmitglied der Akademien in Paris, Marseille, Toulouse, Dijon, Mannheim, Turin, Padua ernannt, bekommt vom österreichischen Kaiser Josef II. die Große Goldmedaille ... Und noch wichtiger: Er lebt! Erst 30 Jahre nach seiner Selbstinfizierung mit der Pest stirbt er 1805 – an Gelbsucht.

Aber im 18. Jahrhundert starben Menschen nicht nur an der Pest. In Paris raffen die Pocken 20 000, in Neapel 16 000 Menschen dahin. Der englische Arzt Edward Jenner unternahm einen Versuch, in dem er einen Jungen mit Kuhpockenviren impfte. Anderthalb Monate später spritzte ihm Jenner das »richtige«, menschliche Pockenvirus. Und der Junge blieb gesund. Als Kritiker ihm unterstellten, mit dem Leben anderer zu spielen, immunisierte Jenner seinen erst elf Monate alten Sohn. Er bezeichnete sein Verfahren als »vaccination« – vom lateinischen vacca, »die Kuh«. Jenner geht in alle Bücher als Vater der Vakzination, der Impfung, ein. Man schrieb das Jahr 1796, 25 Jahre nach dem erfolgreichen Experiment seines ukrainischen Kollegen Samojlowytsch mit der Pest.

Allerdings wusste Samojlowytsch 1771 noch nicht, was heute jeder Medizinstudent weiß: Vakzine gegen Pocken bringen eine fast 100-prozentige Sicherheit, Impfungen gegen Pest sind etwa zu 70 Prozent effektiv und geben demzufolge keinen absoluten Schutz ... Danylo Samojlowytsch hatte 1771 einfach Glück.

Am Anfang war die Röhre

1971 veröffentlichte der Slowake ukrainischer Abstammung Jurij Hryvnjak in Großbritannien ein Buch, das die Ukrainer weltweit aufhorchen ließ. Der Autor behauptete, die bekannten Röntgenstrahlen seien nicht von Wilhelm Conrad Röntgen, sondern von dem ukrainischen Professor Iwan (Johann) Puluj entdeckt worden. Beweis: Puluj beschrieb X-Strahlen, wie Röntgenstrahlen anfangs genannt wurden, 14 Jahre vor Röntgen, nicht in einem ukrainischen Provinzblättchen, sondern in den »Sitzungsberichten der Kaiserlichen Akademie der Wissenschaften in Wien«[71] – eine Pflichtlektüre der damaligen Physikergemeinschaft.

Seit dieser Publikation gibt es vor allem aus der Feder begeisterter Ukrainer im In- und Ausland Dutzende Artikel, die diese Thesen wiederholen, oft mit dem nicht zu überhörenden Unterton: Röntgen habe den Nobelpreis für seine Entdeckung zu Unrecht bekommen, er gehöre eigentlich dem Ukrainer Puluj. Einzelne liefern weitere Argumente für Puluj. Er habe ja auch schon »Röntgen«-Bilder vor Röntgen veröffentlicht. Bestechend war die Beschreibung der Bilder: Meerschweinchen mit – auf dem Bild sichtbaren – Bleischrotkügelchen, die Hand von Pulujs Tochter, unter der man eine Nadel erkennt. Irrten sich die Wissenschaftshistoriker? Wie ist die Entdeckung der Strahlen wirklich abgelaufen? Wer war dieser Puluj, der dem weltbekannten Nobelpreisträger den Rang abzulaufen droht?

Eigentlich wollten seine Eltern Iwan einmal als Pfarrer sehen. Es gab in einem so gottverlassenen ukrainischen Dorf wie Hrymajliw bei Ternopil keine exponiertere Stelle als die des Dorfpriesters. Iwan, der mit Auszeichnung ein deutsches Gymnasium in Ternopil absolvierte (man befand sich zu dem Zeitpunkt auf dem Territorium des österreichisch-ungarischen Reiches), hatte auch das Zeug dafür. 1864 fing er sein Studium an der Theologischen Fakultät der Wiener Universität an. Gleichzeitig schrieb er sich aber auch für Mathematik, Physik und Astronomievorlesungen ein. So eine Mischung sollte eigentlich bei den Eltern die Alarmglocken läuten lassen, sie könnte für die Priesterpläne gefährlich werden. Aber die überglücklichen Bauern wussten von nichts.

Puluj entschied sich jedoch nach Beendigung des Theologiestudiums nicht für den von den Eltern ersehnten Posten des Klerikers, sondern für ein weiteres Studium – jetzt an der Fakultät für Philosophie. Philosophie war damals nicht die Schwester der Theologie, sondern eben der Mathematik, Physik und Astronomie. Nach fulminantem Studiumsabschluss machte der junge Puluj eine glänzende wissenschaftliche Karriere: Assistent am Lehrstuhl für Physik in Wien, Lehrer für Physik, Mechanik und Mathematik an der Militärakademie in Fiume (heute Rijeka in Kroatien), bereits 1875 wurde er in Straßburg – unter den Fittichen von Professor August Kundt – Doktor der Philosophie, lehrte Physik und Elektrotechnik in Wien, wurde zum Professor am Deutschen Polytechnischen Institut in Prag, zum Dekan der ersten Fakultät für Elektrotechnik in Europa und später Rektor des Instituts. Er verbesserte Telefonapparate und Telefonzentralen, baute das erste Elektrokraftwerk des österreichisch-ungarischen Reiches, leitete die Einführung der Straßenbahn in Prag, bekam ein Ritterkreuz vom österreichischen Kaiser Franz-Joseph ...

Nichts von dem erfreute die betagten Eltern. Sie grollten dem Sohn, der ihre Erwartungen nicht erfüllte. Ihre religiösen Gefühle waren verletzt, sie wollten nichts mehr von ihm wissen.

Puluj wollte seinen Wortbruch wiedergutmachen und begann das Hauptwerk seines Lebens: die Übersetzung der Bibel ins Ukrainische.

Es ist unbegreiflich, aber wahr: Seit dem 10. Jahrhundert, seit Fürst Wolodymyr, waren die Ukrainer christlich, doch noch immer fehlte eine Bibel in der Landessprache. Die Menschen, die vor dem Altar knieten und Gebete gen Himmel richteten, verstanden durch das Latein oft nicht, was in der Heiligen Schrift stand.

Der ukrainische Enzyklopädist Pantelejmon Kulisch suchte gerade jemanden, der ihm bei der Bibelübersetzung zur Seite stehen könnte. Er war bereits seit Jahren dabei, das Unterfangen erwies sich als viel komplexer und langwieriger als gedacht. Er hörte von Puluj, der bereits 1869 ein ukrainisches Gebetsbuch herausgegeben hatte, und engagierte den Hochbegabten für die Aufgabe seines Lebens. Was in Deutschland Martin Luther geleistet hatte, vollbrachten für die Ukraine Kulisch und Puluj.

1871 kamen die vier Evangelien heraus. Neun Jahre später folgte in Lwiw die erste ukrainische Fassung des Neuen Testaments. Bis zur vollständigen Übersetzung der Bibel 1903 vergingen noch 23 Jahre unermüdlichen Wirkens. Eine wahrhafte Herkulestat! Viele meinen, wenn Puluj in seinem Leben sonst nichts geleistet hätte, weder Kraftwerke gebaut noch eine Straßenbahn für Prag, allein die Übersetzung der Bibel sei Grund genug, ihm ewig dankbar zu sein.

Bei ihrem Erscheinen 1903 heißt die ukrainische Bibel aber »Kulisch-Bibel«. Pantelejmon Kulisch wird zum Vater des Erfolges. Eine Frau sieht das anders. Ausgerechnet Hanna Barwinok, Kulischs Witwe. Sie schreibt an Puluj: »Es ist schwer vorstellbar, aber 50 Jahre Arbeit wären spurlos verschwunden, wenn es Ihre große Hilfe nicht gegeben hätte. Einmal sagte ein aufgeklärter Wissenschaftler: ›Gäbe es keinen Kulisch, gäbe es auch keine Bibel‹. Und ich sage jetzt: ›Gäbe es keinen Puluj, gäbe es keine Bibel.‹ Tausendmal Dank Ihnen.«

Aber eigentlich war Iwan Puluj Physiker, nicht Übersetzer. Sein ganzes Leben lang beschäftigte er sich mit Gasen und Vakuumröhren. Ende des 19. Jahrhunderts war das ein allgemein interessierendes Thema: Geht elektrischer Strom durch Vakuum oder nicht? Man pumpte aus Glasröhren so weit wie möglich Luft heraus, baute in dieses leere Gefäß zwei Elektroden – Anode und Kathode – ein und schloss sie an einen Stromkreis an.

Diese Röhre sollte mit goldenen Lettern in die Geschichte der Physik eingeschrieben werden. Sie erzeugte zweierlei Strahlen, die zu zwei fundamentalen Entdeckungen führten. Zum einen sind es Röntgenstrahlen, hartnäckige Wellen, die die medizinische Diagnostik revolutionierten, und zum zweiten »Kathodenstrahlen«, ein Fluss von kleinen Elementarteilchen, die ihre Erforscher zur Entdeckung des Elektrons brachten. Die Entdeckung des Elektrons legte den Grundstein für die Atomphysik: Im Atom[72], das bis dahin als kleinstes unteilbares Partikel der Materie galt, wurden noch kleinere Teile nachgewiesen.

Ohne diese Röhre gäbe es keinen Röntgenapparat, aber auch keinen Oszillographen, kein Radargerät, keinen Bildschirm in Computer und Fernseher, kein Elektronenmikroskop. Deshalb ist es unsinnig, jetzt darüber zu streiten, welche Entdeckung für die Menschheit wichtiger gewesen wäre, und zu versuchen, die Bedeutung der Röntgenbilder gegen die Mächtigkeit des Computers auszuspielen. Fest steht: Am Anfang war die Röhre.

Die Physiker haben damals alles versucht, um die geheimnisvollen Strahlen zu erforschen. Es gibt Tausende Röhren-Varianten, aber nur ein Dutzend ihrer Konstrukteure: Diejenigen Physiker, die sich mehr mit der Materie beschäftigten als die anderen, konstruierten eigene Glasgeräte. Diese Röhren trugen dann die Namen der Konstrukteure. Deshalb gab es bis 1895, dem Jahr der Entdeckung der Röntgenstrahlen, folgende Röhren: Braun'sche, Geissler'sche, Crooces'sche, Hittorf'sche, Holtz'sche, Cross'sche, Zöllner'sche, Tesla'sche und auch Puluj'sche. Röntgen'sche gab es nicht, sie erschienen erst 1896. Die Geschichte klärt uns nicht darüber auf, wann und wie Herr Röntgen seine Röhre konstruierte, wir wissen nur, bei welchem Glasbläser er die Röhren anderer Konstrukteure bestellte.

Puluj ließ seine Röhre unter anderem bei der Firma Pressler in Leipzig und in Cursdorf in Thüringen blasen. Frau Henkel vom Cursdorfer Glasapparatemuseum schickte mir alte Bilder und Beschreibungen der Puluj'schen Röhren. Darunter auch die mit einer schrägen Anode, die nach 1896 als effizienteste Röntgenröhre gelten wird.

Puluj war in erster Linie Wissenschaftler. Deshalb schrieb er mehrere Arbeiten über die von ihm gemachten Experimente und veröffentlichte Ergebnisse exemplarisch in den »Sitzungsberichten der Kaiserlichen Akademie der Wissenschaften« in Wien. Diese Arbeiten heißen »Strahlende Elektrodenmaterie«. Die erste Meldung erschien 1881.[73] Der Jahrgang ist wichtig: Röntgen machte seine Entdeckung erst 1895.

Puluj versteht die Bedeutung seiner Arbeiten, wird er später erklären, kann sie aber wissenschaftlich nicht weiterverwerten – er ist gerade mit dem Bau des ersten österreichischen Kraftwerkes beschäftigt. Außerdem macht ihm das Familienleben Freude: 1884 heiratet er die 18 Jahre jüngere Kateryna Stositska, die ihm 15 Kinder gebar.

Es kommt die Zeit Röntgens. Im Herbst 1895 überrascht er seine Verwandten und Kollegen mit einem Plan: Er will in seinem Labor etwas erforschen. Deshalb bittet er alle, ihn nicht zu stören und nur mit Lebensmitteln zu versorgen. Röntgen schließt sich für sieben Wochen ein und kommt mit der Entdeckung der geheimnisvollen X-Strahlen heraus. Zu diesen Strahlen schreibt er drei Arbeiten empirischer Natur.

Er erörtert gründlich seine Arbeitsweise, konnte aber bis zu seinem Lebensende die Natur der X-Strahlen nicht erklären. Weder vorher noch danach – in 50 Arbeitsjahren – schreibt Röntgen etwas darüber, nur die drei schon erwähnten kurzen Arbeiten gleich nach der Entdeckung. In Interviews erklärt er, die Strahlen zufällig aufgespürt zu haben. Skeptische Forscher der Entdeckungsgeschichte weisen auf einige Auffälligkeiten hin. Röntgen nannte die von ihm präsentierten Strahlen niemals Röntgenstrahlen. Er verbot diese Bezeichnung ausdrücklich auch in seinem Testament. Bei der Nobelpreisverleihung verzichtete er auf den Pflichtvortrag zum Thema. Er erzählte sehr spärlich über seine Forschungen, selbst in den Vorlesungen fiel kaum ein Wort darüber. Als ein Ordnungsfanatiker, der alles aufzeichnete, was er herausfand, befahl er in seinem Testament, alle seine Notizen und Briefe zu vernichten. Wollte er etwas verbergen? Das wissen wir nicht. Und werden es vermutlich auch nie erfahren.

Röntgens Entdeckung eroberte in einigen Tagen die Welt – und das ist ein nicht minder interessantes Phänomen. Zeitgenossen beschreiben Röntgen als einen introvertierten, scheuen Menschen. Er hatte wenig Freunde, hinterließ auch keine Schule. In seinem Leben machte er nur einmal eine Ausnahme: als er Strahlen entdeckte und darüber berichten wollte. Das tat er nicht in irgendwelchen »Sitzungen der Kaiserlichen Akademie«, um dann Monate auf die Veröffentlichung zu warten, sondern verschickte gleich nach der Entdeckung mehrere Briefe an Kollegen und Redaktionen, bekam Kontakt zu Zeitungen und Nachrichtenagenturen, die dieses Ereignis in wenigen Tagen weltweit bekannt machten. Und diese Entdeckung hatte einen Namen: Röntgen. Dann beeilte er sich mit einem Vortrag, in dem er die Hand eines alten Professors ablichtete, der vor Begeisterung vorschlug, X-Strahlen »Röntgen-Strahlen« zu nennen.

1896 war ein »Röntgen-Jahr«. Man stellte Röntgengeräte auf Tanzabenden der »High Society« auf: Zum Vergnügen wurden Fotos von den eigenen Händen oder anderen Körperteilen gemacht und anschließend ausgiebig bestaunt. In Schuhläden zeigten Verkäufer ihren Kunden, wie sich deren Füße in den Schuhen wohl fühlen. Röntgenstrahlung war plötzlich Bestandteil der Öffentlichkeit.

Erst später veröffentlichte Röntgen ein relativ einfaches Werk unter dem Titel »Über eine neue Art von Strahlen«, mit dem »Röntgen-Bild« der Hand seiner Frau.

Nach der Mitteilung über die Entdeckung der Strahlen war Puluj sehr aufgekratzt. Er kämpfte nie um die Priorität, er wollte dem Kollegen nie seinen Ruhm streitig machen. Er fragte sich nur, warum Röntgen in seinen Ausführungen nie seine Arbeiten erwähnte.

Warum sollte er? Weil Puluj später behauptete, Röntgen von seinen Forschungsergebnissen, die sehr weit gediehen gewesen wären, erzählt zu haben.

Kannten sie sich? Aber natürlich, aus den Jahren in Straßburg, als sie beide beim Professor August Kundt arbeiteten. Sie standen auch im Briefwechsel. Puluj sagte, er hätte auch eine seiner Röhren dem Conrad gegeben …

1895 versucht Puluj, auf den abgefahrenen Zug aufzuspringen. Am 8. Februar 1896 veröffentlicht ein gewisser P. Klementitsch-Engelmeyer einen Artikel über die Forschungen Pulujs in der Pariser Zeitschrift *La Nature* mit Abbildungen von zwei »durchstrahlten« Händen. Hier ein Zitat daraus: »Herr Puluj experimentiert im Moment über das Röntgen von Organen, in denen sich Projektile befinden. Unter anderem arbeitet er an einem höchst bemerkenswerten Projekt: Ein junger Mann, der sich eine Kugel in den Kopf gejagt hat und dennoch am Leben blieb und sogar vollkommen normal erscheint. Die bis jetzt erhaltenen Ergebnisse geben schon allen Anlass zu glauben, dass die Chirurgie vom neuen Procedere großen Nutzen für die Menschheit ziehen wird.«[74]

Also, die erste Veröffentlichung Röntgens ist mit dem 28. Dezember 1895 datiert. Am 23. Januar 1896 hält er den ersten Vortrag, wobei er zum ersten Mal »sein« Gerät (er gab zu, eine Crooces-Hittorf-Röhre benutzt zu haben) demonstriert. *La Nature* in Paris erscheint am 8. Februar 1896 mit dem Artikel über die Puluj'schen Erforschungen. Zwischen den zwei Publikationen liegen nicht einmal sechs Wochen, von denen gehen mindestens drei Wochen für die redaktionelle Bearbeitung des Artikels ins Land. Das heißt, innerhalb von drei Wochen hat Puluj Experimente von Röntgen nicht nur »nachgemacht«, sondern eine viel bessere Bildqualität bei viel geringerer Expositionszeit (Röntgen brauchte Stunden, um die Fotoplatten zu belichten) erreicht und war auch nicht beim Bestaunen der verblüffenden Ergebnisse stehengeblieben, sondern als Erster dabei, die Resultate medizinisch anzuwenden! Für einen nichtsahnenden Nachahmer wäre das zumindest außergewöhnlich schnell, wenn überhaupt machbar. Fazit: Er stand selbst eine Sekunde vor der Entdeckung, war aber vielleicht schon darüber hinaus.

Er war kein Nachahmer. Bereits im März 1896 veröffentlichten die besonders schwerfälligen wissenschaftlichen »Sitzungsberichte ...« seinen neuen Artikel[75] – mit viel Detailwissen und der Idee von der ionisierenden Wirkung der Röntgenstrahlen. Röntgen selbst war zu diesem Zeitpunkt noch nicht so weit. Anschließend präsentiert Puluj in einer Londoner Zeitschrift eine X-Strahlen-Aufnahme des gesamten menschlichen Skeletts – die erste Aufnahme dieser Art weltweit.[76]

Sein Freund, Professor an der Prager Karls-Universität, einer der Begründer der Biochemiewissenschaft, Jan Horbaczewski (natürlich nicht Jan, sondern noch ein ukrainischer Iwan), schwört, er habe Bilder in X-Strahlen bei Puluj bereits Mitte 1895, also vor Röntgens Bekanntgabe, gesehen. Pulujs Frau Kateryna erzählt, wie aufgeregt Puluj war, als er die Nachricht von der Entdeckung Röntgens vernahm, und wie er verzweifelt rief: »Meine Röhren, meine Röhren!« Man erzählt von einem Brief, den der in seiner Ehre verletzte Puluj an Röntgen schrieb, mit einer Frage: »Haben Sie, Herr Kollege, auch meine Röhre bei den Experimenten verwendet?« Die Antwort kam ein Jahr später: Nein, nicht die Puluj'sche, sondern Crooces'sche-Hittorf'sche ...

Aber das zählt alles nicht in der wissenschaftlichen Welt: Beteuerungen, Bekenntnisse, Ehrenworte, Schwüre und nicht belegte Erinnerungen. Es gibt keine einzige Publikation von Puluj vor 1896, in der die Rede von Strahlen war, die wir als X-Strahlen verstehen könnten. Und die »Röntgen«-Bilder von Puluj gibt es erst nach 1895. Deshalb nicht Puluj, sondern Röntgen.

Warum aber Röntgen? Warum nicht Crookes, nicht Hertz, nicht Lenard, nicht Tesla, nicht Goodspeed? Mit Kathodenröhren arbeiteten vor dem Jahre 1895 Hunderte, wenn nicht Tausende Physiker. Von denen erwartete man viel Neues, und diese Erwartungen wurden bald übertroffen. Es gibt einige Hinweise, dass die »Röntgenstrahlung« in Experimenten von William Crookes und ab 1892 auch von Heinrich Hertz durch Schwärzung von fotografischen Platten nachgewiesen wurde. Nikola Tesla experimentierte ab 1887 mit Kathodenstrahlröhren, bemerkte dabei X-Strahlen, so seine Biographen, veröffentlichte die Ergebnisse aber nicht.

1896 wandte sich der amerikanische Professor Arthur Willis Goodspeed höhnisch an die Adresse Röntgens: »Wir können die Priorität nicht bestreiten, weil wir keine Entdeckung machten. Wir bitten Sie nur festzuhalten, dass sechs Jahre vor diesem Tag das erste Bild in der Welt mit Kathodenstrahlen (zwei Münzen –

V. T.) im Physiklabor der Pennsylvania Universität gemacht wurde.«

Bei einem der begabten Schüler von Hertz, einem gewissen Philipp Lenard, später selbst Nobelpreisträger für die Erforschung der Kathodenstrahlen, war nach Veröffentlichung von Röntgen die Empörung besonders groß: Lenard behauptet, Röntgen sei kurz vor seiner Entdeckung bei ihm gewesen und habe sich nach Arbeitsmethoden erkundigt. Es existieren auch Briefe an Lenard, in denen ihn Röntgen um Hilfe bat. Die Entrüstung Lenards hielt lange an, mehr als drei Jahrzehnte. Aus Protest nahm er Röntgen nicht in sein 1929 erschienenes berühmtes Buch »Große Naturforscher« auf. Gibt es in der Geschichte Beispiele der gleichzeitigen doppelten Entdeckung oder Würdigung des Falschen? Gewiss.

Wir redeten vom Elektron. Mit den X-Strahlen ging Röntgen in die Geschichte ein, mit der Entdeckung des Elektrons Joseph John Thomson. Wobei im gleichen Jahr 1897, aber acht Monate vor Thomson, der deutsche Professor Johannes Emil Wiechert in Königsberg einen Vortrag hielt, in dem er postulierte, dass, erstens, Teilchen in den Kathodenstrahlen eine Masse haben und deshalb keine Wellen sind und, zweitens, wir es nicht mit Atomen zu tun haben, sondern mit anderen Teilchen, deren Masse 2000-mal kleiner ist als die des Wasserstoffatoms, des leichtesten aller Atome. Damit lag Wiechert fast genau bei der heute gemessenen Masse des Elektrons. Aber Thomson bekam 1906 den Nobelpreis für die Entdeckung des Elektrons, wurde 1908 zum Ritter geschlagen. Wiechert würdigte man in der Geschichte der Atomphysik nur mit einer Zeile: »Die Arbeiten befassten sich mit dem Aufbau der Materie, experimenteller Untersuchungen von Kathodenstrahlen und dem Wesen der Elektrizität.«

Wer war der Erste mit X-Strahlen? Der mit der ersten Publikation, Wilhelm Conrad Röntgen. Punkt. Und Puluj? Puluj war derjenige, der mit seinen Publikationen die Grundlagen für die Erforschung der Kathodenstrahlen legte, die dann zur Entdeckung des Elektrons führten. Das zum Ersten.

Zweitens war er derjenige, der die passende Vakuumröhre – mit der schrägen Anode – entwickelte und benutzte, mit der man einen intensiven Fluss an Röntgenstrahlen bewirken konnte. Sicherlich hat er diese Strahlen ständig »produziert«, aber entweder merkte er sie nicht oder beschrieb sie nicht oder publizierte nicht rechtzeitig die Ergebnisse.

Drittens belieferte Puluj nach der Veröffentlichung von Röntgen alle Zeitschriften weltweit mit scharfen »Röntgen«-Bildern, die er mit seiner Röhre herstellte. Er war selbst auch derjenige, der den medizinischen Nutzen der Strahlen erkannte, und einer der Ersten, oder der Erste überhaupt, der dabei war, sie in die Praxis umzusetzen.

Viertens entdeckte er die ionisierende Wirkung der Röntgenstrahlen, die die Erforschung von Kathodenstrahlen erleichterte und die Entdeckung des Elektrons beschleunigte.

Fünftens war er ganz nah an der Erklärung der Natur der »Kathodenstrahlen« (die ein Fluss der Elektronen war ...). Im Unterschied zu ihm glaubte Röntgen sogar nach Entdeckung des Elektrons noch 15 Jahre lang nicht an seine Existenz und verbot den Mitarbeitern seines Labors, das Wort »Elektron« zu verwenden ...

Alles in allem gehörte Puluj seinerzeit zu dem Dutzend glänzender Physiker, die alle als DIE Begründer der Wissenschaft von den »X-Strahlen« gelten können. Der nicht gerade bescheidene Isaac Newton sagte einmal: »Wenn ich weiter als andere gesehen habe, dann nur deshalb, weil ich auf der Schulter von Giganten stand.« Einer der Giganten um Röntgen war Iwan Puluj aus Hrymajliw. Die Ukrainer können stolz auf ihn sein, auch wenn die Röntgenstrahlen die des Herrn Röntgen bleiben.

Das rätselhafte Leben Jurij Kondratjuks und Olexandr Scharhejs

Als der amerikanische Präsident John F. Kennedy im Mai 1961 in seiner berühmt gewordenen Rede eine bemannte Mondlandung als nationales Ziel verkündete, mussten US-Ingenieure zunächst festlegen, wie der Flug zum Mond realisiert werden sollte. Zur Wahl standen fünf Varianten. Nach endlosen Diskussionen setzten sich im Sommer 1961 zwei Auffassungen durch – »direkter Flug« und »Treffen auf der Erdumlaufbahn«. Die entscheidenden Gremien unter der Führung von James Webb favorisierten im Herbst 1961 ein »Treffen auf der Erdumlaufbahn«, unterstützt vom alten Raketen-Fuchs Wernher von Braun. Verworfen worden war die Vorstellung, mit dem Weltraumschiff bis zur Mondlaufbahn zu fliegen, von dort aus mit einer kleinen Fähre auf dem

Mond zu landen und mit ihr zum Kommandomodul zurückzukehren.

Der Flugzeugingenieur John Houbolt vom Langley-Forschungszentrum der NASA war von diesem Konzept jedoch so fasziniert, dass er gegen alle Widerstände und an seinen direkten Vorgesetzten vorbei im November 1961 einen Brief an Robert Seamans, den stellvertretenden Leiter der NASA, schrieb. Der zeigte sich ebenfalls beeindruckt und setzte schließlich durch, dass im Juli 1962 eine Entscheidung zugunsten eines Treffens auf der Mondumlaufbahn fiel.

1969 war es dann soweit: Neil Armstrong tat den ersten Schritt in den Mondstaub.

Als die Mannschaft von »Appollo 11« weltberühmt und heil auf die Erde zurückkam, fragten neugierige Journalisten, warum gerade diese Flugvariante gewählt worden war. Der Chefmanager des Apollo-Programms, Dr. George Low, gab daraufhin eine denkwürdige Erklärung: In die Hände der NASA-Ingenieure, darunter John Houbolt, sei ein kleines Büchlein geraten, das in Russland gleich nach der Revolution erschienen war. Sein Autor errechnete darin die energetischen Vorteile des Fluges zum Mond von der Mondlaufbahn aus mit Hilfe einer Landungsfähre. Die NASA-Ingenieure hatten die Berechnungen überzeugt, auch wenn sie den Autor nicht persönlich kannten.

Es war Jurij Kondratjuk, der 1929 das Buch »Die Eroberung der interplanetaren Räume« auf eigene Kosten hatte herausbringen lassen: Auflage: 2000 Exemplare. Sprache: Russisch. Eine Übersetzung hat es nicht gegeben. Ein Exemplar davon – die Hauptlektüre der NASA vor dem Mondflug.

Der Öffentlichkeit sagte der Name Kondratjuk Ende der 60er Jahre nichts, auch nicht in der Sowjetunion. Man kannte Ziolkowskij und Koroljow, auch Zander und Wernher von Braun.

Professionelle Schnüffler wurden beauftragt. Man suchte und fand: Laut offizieller Biographie wurde Jurij Kondratjuk 1900 in Wolhynien, in Luzk, geboren. Nach dem Gymnasium arbeitete er als Mechaniker in einer Ölmühle. In der Freizeit widmete er sich der Theorie der Raumfahrt, obwohl er nie studiert hatte. 1930 musste er nach einem Denunziantenbericht für drei Jahre ins Arbeitslager, abgemildert durch Verbannung nach Sibirien. Von dort aus nahm Kondratjuk an einer Ausschreibung zur Projektierung eines Windkraftwerkes auf der Krim teil und belegte

mit seinem Projekt Platz 1. Auf die persönliche Bitte des Volks-
kommissars in der stalinschen Regierung, Sergo Ordshonikidse,
wurde Kondratjuk vorzeitig aus der Verbannung nach Moskau ge-
holt und arbeitete dort bis 1941 an dem Projekt des Windkraftwerkes. Im Juli 1941, einen Monat nach dem deutschen Überfall,
ging er freiwillig an die Front und wurde bald als vermisst ge-
meldet.

In dieser typischen Biographie der Stalinzeit, GULAG inklusive, fanden die eifrigen Forscher eine abwegige Kleinigkeit. Sie
bestand darin, dass der wissbegierige junge Jurij Kondratjuk 1918
einen Aufnahmeantrag an der Kyiwer Universität gestellt hatte,
aber nie Student wurde, weil er an Tuberkulose erkrankte und
1921 verstarb. Wie das?

Die auf den Fall angesetzten Schnüffler fanden gleichzeitig
heraus, dass etwa um 1921 in dem ukrainischen Städtchen Mala
Wyska die Spuren eines anderen Menschen, eines gewissen Olexandr Scharhejs, verschwanden. In den Wirren des Bürgerkrieges
wäre es nicht verwunderlich gewesen, wenn Scharhej den Namen
von Jurij Kondratjuk angenommen hätte. Es gab gute Gründe
dafür.

Olexandr Scharhej wurde 1897 im ukrainischen Poltawa geboren. Die Mutter verlor den Verstand, der Vater studierte in
Deutschland und Petersburg. Mit 13 Jahren wird Olexandr Waise.
Trotz aller Schwierigkeiten absolviert er das Gymnasium mit einer Silbernen Medaille, die ihm ermöglicht, ohne Aufnahmeprüfungen an einer Hochschule zu studieren. Scharhej wählt die
Petrograder Polytechnische Hochschule. Doch inzwischen hatte
der Erste Weltkrieg begonnen. Scharhej wurde mobilisiert und
gelangte im März 1917 an die türkische Front. Ab Oktober 1917
tobte in Russland die Revolution und der Bürgerkrieg zwischen
Dutzenden miteinander verfeindeten Mächten. Scharhej wollte
nach Hause, nach Poltawa, aber verschiedene Kriegsherren schickten den jungen Mann zum Kämpfen für ihre »gerechte Sache«.
Da es in den Bürgerkriegen immer viele gerechte Sachen gab,
kämpfte Scharhej für den Zaren in der »Weißen Garde« und anschließend gegen den Zaren für die ukrainische Unabhängigkeit.
Er desertierte, wurde aber immer wieder eingefangen, das Land
brauchte ständig neues Kanonenfutter. Ende 1920 gelangte er
schließlich nach Mala Wyska. Als hier die Kommunisten die Ober-
hand gewannen, fürchtete er wegen seiner Armeedienste für ver-

schiedene antikommunistische Armeen Schlimmes – und verwandelte sich in Jurij Kondratjuk.

Als Kondratjuk geht er auch in die Geschichte ein: Nach diesem Namen werden ein Krater auf dem Mond, ein Asteroid, ein kleiner Planet sowie viele Straßen und Plätze benannt. So bleibt er bis heute auf vielen Gedenktafeln eingemeißelt.

Doch unter den wachsamen Augen des Geheimdienstes war es schwer, unter falschem Namen zu leben. Einige Male war er drauf und daran, sich zu stellen. Als er eine Arbeitseinladung zur Forschungsgruppe des künftigen Vaters der sowjetischen Raumschifffahrt Serhij Koroljow erhielt, lehnte er ab, denn er wusste, dass gerade Menschen, die in der Raketenforschung arbeiten, von den »Diensten« strengstens überprüft werden. Nein, er beschäftigte sich weiterhin mit Windkraftwerken, Getreidespeichern, Turbinen, Vakuumpumpen, Kettenfahrzeugen, Elektrogeneratoren ... Und träumte von anderen Planeten.

Seine Phantasie hatte einen Ursprung. Anfang 1914 las er den gerade erschienenen Roman »Der Tunnel« des deutschen Schriftstellers Bernhard Kellermann. Science-Fiction, ein Tunnel von Europa nach Amerika, ein Traum für den begabten Autodidakten Scharhej!

Später sagte er: »Der Eindruck von Kellermanns ›Tunnel‹ war so, dass ich sofort nach der Lektüre an zwei Themen gleichzeitig arbeitete: dem Bau eines tiefen Schachtes für die Erkundung des Erdinneren und der Verwendung der Wärme des Erdkerns sowie dem Flug außerhalb der Erde.« Er las auch andere Romane über die Raumfahrt, von Herbert G. Wells und Jules Verne zum Beispiel, aber sie beeindruckten ihn nicht besonders. »Die Ursache lag wohl darin, dass diese Romane für mich aus rein wissenschaftlich-technischem Blickwinkel nicht stichhaltig waren.«[77]

Er schrieb ein Manuskript, in dem er – noch nicht einmal 20 und ohne ein einziges Mal die Uni-Bank gedrückt zu haben – zum Ergebnis kommt, dass man die Erdanziehungskraft mit einem Düsentriebwerk überwinden könnte. Er errechnete durch energetische Potenzen die sogenannte erste und zweite kosmische Geschwindigkeit und schlug den Bau einer Station auf der Erdumlaufbahn vor. Bei der Landung von bemannten Kapseln empfahl er, das »weiche Kissen der Atmosphäre« zu nutzen. Er entwickelte die Idee einer mehrstufigen Rakete, die die Erde nach einer bestimmten Formel verlässt. Die Formel ist der von Konstantin Ziolkowskij ähnlich, die Scharhej aber auf absolut andere Art herleitete. Er errechnete auch die Flugbahn eines Fluges zum Mond und zu anderen Planeten des Sonnensystems. Vierzig Jahre später wurden diese Entdeckungen und Berechnungen durch sowjetische und amerikanische Fachleute in der Praxis bestätigt.

In den nächsten zwei Jahren arbeitete Scharhej an dem Manuskript »Für die, die es lesen werden, um zu bauen«. Wieder geht es um Raumfahrt: Navigations- und Steuerungsprobleme, die Konstruktion des Raumschiffes. Für den Ausgang der Kosmonauten in den offenen Weltraum bietet er die – heute nichtwegzudenkende – Schleuse an. Er entwickelt darin auch Grundsätze des sicheren Starts für die Mannschaft, umreißt die Möglichkeiten, das Schiff vor Überhitzung zu schützen, zeigt Methoden der Überwindung der Schwerelosigkeit auf, schlägt die Kühlung des Triebwerkes mit flüssigen Brennstoffkomponenten vor. Eher beiläufig entwirft er die Pläne zur Nutzung der Sonnenenergie, die der Menschheit zu einer besseren Zukunft verhelfen soll.

In der Hauptarbeit Scharhejs – dem Buch, das den Amerikanern half, auf den Mond zu fliegen, – entwickelte er eine komplette Theorie der Raumfahrten. Er war kein Träumer: Die Tagebücher und wenigen Veröffentlichungen sind angefüllt mit Schemen, Zeichnungen und Formeln. Seine ungeschlagene Stärke ist die Originalität der Lösungen. Viele seiner Ideen wurden bereits verwirklicht, einige warten noch auf ihre Zeit – fast einhundert Jahre nachdem sie vorgelegt wurden. Mehrere Autoritäten der Raumschifffahrt haben darauf verwiesen, dass mindestens zwölf wichtige technische Entwicklungen der Raumfahrt auf die wissenschaftlichen Leistungen Scharhej/Kondratjuks zurückgehen.

Das hat dazu geführt, dass einige Forscher vermuten Scharhej/Kondratjuk sei nicht an der Front gefallen (seine Leiche wurde nie gefunden), sondern über die Linie auf die andere Seite gelangt, erst zu Werner von Braun und später zu den Amerikanern.

Es gibt mehrere Versionen des Schicksals Scharhejs – nach seinem »Tod«. Einige sind hollywoodreif. Für die Annahme, dass Kondratjuk gefangen genommen wurde oder selbst die Fronten gewechselt hat, spricht die Tatsache, dass sich ein Mitarbeiter Brauns an einen »Russen« namens Kondratjuk erinnert, der an der »V 2« mitgearbeitet habe[78]. Es gibt auch Zeugen, die Kondratjuks Manuskripte bei Braun gesehen haben wollen. Somit wäre auch nicht auszuschließen, dass Kondratjuk nach Kriegsende zusammen mit Braun bei den Amerikanern landete, vielleicht unter einem dritten Namen. Wie sonst hätte das russischsprachige Büchlein von 1929 so viele Fürsprecher finden können? Eine Erklärung gibt es bis heute nicht.

Der diskrete Charme Europas

Warum erzähle ich das alles? Nach meiner Auffassung gibt es keine nationale Wissenschaft, wie es keine nationale Multiplikationstabelle gibt – so meinte jedenfalls der russische Schriftsteller Anton Tschechow. Meine Intention ist ganz anders. Ich wollte zeigen, dass die Ukraine und die Ukrainer schon seit Jahrhunderten an Europa gebunden sind, dass sie sich bereits seit Jahrhunderten in Europa heimisch fühlen und einige von ihnen auch die Geschicke Europas wesentlich beeinflussten.

Es gibt natürlich noch mehr Namen: zum Beispiel Petro Nesterow, der 1913 in Kyiw in seinem Flugzeug den ersten Looping drehte, der seitdem »Nesterow-Schleife« heißt; Borys Hrabowskyj, der Sohn eines ukrainischen Dichters, einer der Erfinder des Fernsehens; Serhij Koroljow, der Vater der sowjetischen, aber auch der internationalen Raumfahrt; Olexandr Archypenko, einer der Begründer und Theoretiker des Kubismus, ein Ideologe des Avantgardismus; Serge Lifar, herausragender Choreograph des 20. Jahrhunderts, ein »Tanzgott«; Viktor Hluschkow, ein scharfsinniger Kybernetiker und Vordenker des Internets; Petro Mohyla, der 1632 in Kyiw die erste Universität gründete, die zur »Alma mater« des ganzen orthodoxen Ostens wurde; Pylyp Orlyk, der Anfang des 18. Jahrhunderts mit seinen Demokratieideen der amerikanischen Verfassung ein halbes Jahrhundert voraus war (so meint zumindest der US-amerikanische Bundesrichter Bohdan Futey), oder sein Sohn Grigori, der in der französischen Armee Karriere machte und der Namensgeber für die Vorstadt Orly war, in der heute der Flughafen Paris-Orly liegt; Mykola Kybaltschytsch, der im 19. Jahrhundert im Zarengefängnis, Tage vor der Hinrichtung, als Erster in der Welt Prinzipien des Strahlentriebwerkes entwickelte (ihm gelang es, die Papiere seinem Rechtsanwalt zu geben; dort wurden sie aber gefunden und beschlagnahmt; sie überdauerten in den Polizeiakten mehrere russische Zaren); und seine geistigen Nachfahren – die Raketengenies

Mychajlo Janhel und Archyp Lulka; der überragende Augen-
chirurg Wolodymyr Filatow; der bekannteste Entwickler und
Hersteller der (amerikanischen!) Hubschrauber Ihor Sikorsky;
Mykola Amossow, weltberühmter Herzchirurg, Kybernetiker,
Schriftsteller, Soziologe und Philosoph ...

Sie studierten oft in Westeuropa, arbeiteten mit dortigen Kollegen zusammen und standen mitunter an der Spitze des europäischen Geistes, ja waren ihm sogar manchmal voraus. Mit einem
Wort, sie waren Europäer, lange bevor Europa sich selbst auf die
EU beschränkte.

Deshalb ist diese weitgehend unvollständige Liste auch kein
politisches Plädoyer für den übereilten Beitritt der Ukraine in die
EU: Man kann klug auftreten, auch ohne ein ordentliches Mitglied im Hochbegabtenverein zu sein. Diese Liste ist, wenn man
so will, ein etwas aus den Fugen geratenes »Ja« auf die manchmal unverfänglich gestellte Frage, ob die Ukraine zu Europa gehören würde ...

Dicht beieinander –
Kleine vergleichende Gesellschaftskunde

An einem kalten herbstlichen Abend im verregneten Markkleeberg hörte ich eine CD mit eher seltenen Klaviervariationen von Beethoven und war sichtlich überrascht: Aus dem Lautsprecher ertönte plötzlich »Їхав козак за Дунай, сказав: ›Дівчино, прощай ...‹«, eines der bekanntesten ukrainischen Volkslieder überhaupt.

Beethoven und die Ukraine? Ich wollte es gleich noch einmal hören, als ob mir die als »air russe« bezeichnete Melodie[84] die Geschichte zu erzählen vermochte. Bei meiner anschließenden Recherche stellte sich heraus, dass das »Volkslied« einen Autor hat, den Charkiwer Kosaken Semen Klymowskyj. Dieses Lied war es, das der Sohn des letzten ukrainischen Hetmans, der russische Botschafter in Österreich, Musikmäzen und Kunstsammler Fürst Andrij Rosumowskyj seinen Zeitgenossen, darunter eben auch Ludwig van Beethoven[85] sowie Joseph Haydn und Wolfgang Amadeus Mozart, in Wien zu Gehör brachte.

Es geht hier nicht um die Musik, eher darum, dass auch in einer Welt ohne Flugzeuge, Internet und Handys manche Dinge verblüffend dicht beieinander lagen und liegen. So ist es zum Beispiel auch mit dem finnischen Bildungssystem, laut PISA dem besten in Europa, das sich die Suomis zuvor in der DDR angeschaut hatten[86] und das wiederum die Ostdeutschen auf Anregung der Sowjetunion aufgebaut hatten. Um die Ukraine besser zu verstehen, kommt man so auf die Idee der komparativen Gesellschaftskunde, also eines Vergleichs dessen, was in der Ukraine anders ist als in Deutschland.

Beginnen wir mit den Jüngsten. In der Ukraine sind Kinderkrippen und Kindergärten nicht so verschrien wie in bestimmten Kreisen Deutschlands. Man versteht diese Einrichtungen keineswegs als Gleichmacherei, Deindividualisierung oder Weggabe des Kindes in die Hände der a priori bösen Gesellschaft, sondern als Entlastung für berufstätige Mütter und wichtiges soziales Umfeld für das Kind, das dort spielerisch lernen kann und rechtzeitig auf die Schule vorbereitet wird. Man ist in der Ukraine der Auffassung, dass ein Kind schon vor der Schule nicht nur malen, basteln, tanzen, singen, sondern auch etwas lesen und schreiben können sollte, möglichst auch einige Gedichte auswendig vor Publikum rezitieren. Umfassende Bildung hat in vielen Familien einen hohen sozialen Wert und wird als Teil der vielseitigen Erziehung verstanden. Darum schicken zahlreiche Eltern ihre Sprösslinge auf teure Musikschulen oder in Sportzirkel und bezahlen einen zusätzlichen privaten Fremdsprachenunterricht – oft bevor der Knirps in die Schule kommt.

Ich selbst habe an meinen Kindergarten – abgesehen vom Grießbrei – die besten Erinnerungen. Als meine Frau nach Kyiw kam, begann sie eine neue Arbeit an der Uni; ich war sowieso als Ernährer der Familie unterwegs. Aus diesem Grunde wurden auch unsere zwei Jungs in einem Kindergarten untergebracht, der sich glücklicherweise direkt in unserem Hof befand. Die Kinder wurden dort von 8.30 Uhr bis 17 Uhr betreut. Bisweilen kam es vor, dass vielbeschäftigte Eltern sich verspäteten ... Dann wartete die Erzieherin mit den Kindern bis zur Ankunft – in der Hoffnung, dass ihnen nichts Schlimmes zugestoßen ist. Wir bedankten uns, wie andere Eltern, auch nur mit Worten, seltener mit Pralinen. Teurere Geschenke waren nicht »in«. Im Notfall wurden die Kinder auch mal von meinen Kollegen abgeholt. Das hat immer geklappt, ohne dass die Erzieherinnen irgendwelche Vollmachten von ihnen verlangt hätten. Da die Kindergärtnerinnen bestens wussten, wo wir wohnten, haben sie in »Härtefällen« (wenn sie selbst rechtzeitig nach Hause mussten) unsere Vorschul-Kinder einfach ohne Begleitung nach Hause geschickt. Als wir dann voller Kummer und Pein zu Hause landeten, fanden wir unsere Sprösslinge mit ihren Freunden lustig spielend im Hof.

Wenn ich daran zurückdenke und meine deutsche Lebenserfahrung addiere, wäre all das in Deutschland ein eher unvorstellbarer Vorgang.

Der ukrainische Kindergarten beschert dem Kind auch sein erstes große Fest, und zwar die Verabschiedung in die Schule, die konservativ und einheitlich geblieben ist. Mit dem Wort »konservativ« verbinde ich hier durchaus auch positive Eigenschaften ...

Bekanntlich gibt es in Deutschland an verschiedenartigen Schulen ca. 300 Lehrpläne. Das heißt, wenn in einer Schule noch »A«

gelernt wird, sind die Grundschüler an einer anderen bereits bei Mimi und Moni. Als Konsequenz aus dem »breiten Angebot an Bildungsmöglichkeiten« kann man in Deutschland nicht so einfach aus einer Schule in die andere wechseln, wenn die Eltern (flexibel nach Arbeitsstellen suchend!) in ein anderes Bundesland ziehen müssen. In Berlin hat die Hauptschule z. B. sechs Klassen, in Sachsen aber nur vier. Wenn jemand mit einem Sechstklässler aus Berlin nach Hoyerswerda kommt, muss das Kind zwangsläufig in die vierte Klasse zurückgestuft werden. Versetzung zurück in die fünfte Klasse ist mit massiven Geldverlusten für die Eltern verbunden, weil sie natürlich teure Nachhilfelehrer engagieren müssten, da Berliner erst in der siebten Klasse Chemie und Physik bekommen, was die Sachsen bereits ab der fünften haben.

In der Ukraine gibt es nur einen Lehrplan. Wenn in Odessa in der 20. Schulwoche das Ohm'sche Gesetz dran ist, ist es das in einer beliebigen Schule im Ternopil-Gebiet auch. Die Anzahl der Klassen, und zwar elf, die Auswahl der Fächer und die Anzahl der Unterrichtsstunden sind in allen ukrainischen Gebieten per Gesetz gleich. In Deutschland sind beispielsweise drei verschiedene Schreibschriftarten zulässig. Die konservativen Ukrainer begnügen sich dagegen mit einer.

Früher gab es in der Ukraine an allen Schulen für ein Fach nur ein Buch. Das hieß »Physik, 7. Klasse« oder »Geometrie, 9. Klasse«. Jetzt gibt es inzwischen in manchen Fächern eine Auswahl aus zwei bis drei Lehrbüchern verschiedener Autoren. Ob dadurch die Kenntnisse besser geworden sind, ist noch nicht erforscht.

Ganz wichtig sind Abschlussprüfungen und das Abitur. Bis vor kurzem hatten ukrainische Schüler nicht nur zentral ausgearbeitete Prüfungen, die im ganzen Land an einem Tag und zu gleicher Stunde abgehalten wurden, sondern auch Aufnahmeprüfungen in den Hochschulen. Die zentralen Aufgaben sorgten für den gleichen Schwierigkeitsgrad der Prüfung an allen Schulen, und die Aufnahmeprüfungen an den Hochschulen bürgten für die Gleichwertigkeit der Kenntnisse der aufgenommenen Studenten, falls an der einen oder anderen Schule die Notenvergabe zu lasch wäre.

Dieses jahrzehntelang erprobte System hatte eigentlich nur einen Schwachpunkt – die ausufernde Korruption. Es ist ein offenes Geheimnis im Lande, dass man bei den Aufnahmeprüfungen für Geld auch bessere Noten bekommen kann. Um die Korruptionseinflüsse abzumildern und den begabten, aber armen Abiturienten den Weg zur Hochschulbildung nicht zu versperren, ging der Staat 2008 noch weiter: Im ganzen Land wurden zentrale Prüfungen abgehalten, die für alle Hochschulen verbindlich sind. Wenn man eine bestimmte Anzahl an Punkten bekommen hat, braucht man nicht zu schmieren, so der Gedanke. Die Geheimhaltung der Prüfungsfragen und die Verschlüsselung von Prüfungsdaten erinnert an große Militärgeheimnisse, Einlass zur Prüfung war nur unter Vorlage des Personalausweises möglich, an den Prüfungsorten stand die Miliz ... Was man nicht alles tut, um der Gerechtigkeit willen!

In der Ukraine verdienen Lehrer nicht viel (umgerechnet etwa 150 Euro im Monat), werden aber in der Gesellschaft sehr hoch angesehen. Niemand käme auf die Idee, sie als »faule Säcke« zu bezeichnen. Trotzdem wandern unter den wirtschaftlichen Zwängen manche Lehrer in andere Berufe ab.

Nach dem Abitur gehen die Besten, wie überall, an die Uni. Die ukrainischen Hochschulen ticken allerdings anders als ihre Pendants in Deutschland. Dort bekommt man den Studienplan zugewiesen, von oben sozusagen. Das klingt nicht gerade nach Wahlfreiheit, hat aber auch seine Vorteile. Viele deutschen Studenten haben in den ersten Jahren große Mühe, sich einen sinnvollen Plan zusammenzustellen, und studieren munter durcheinander. In der Ukraine wählen die Reihenfolge der Veranstaltungen nicht die Studenten, die noch keine einzige Vorlesung gehört haben, sondern die Hochschullehrer, die ihr Fach in- und auswendig kennen und auf eine gewisse Systematik achten.

Junge Männer, die an einer Hochschule studieren, werden übrigens oft vom Armeedienst befreit, der sonst Pflicht ist. Der Zivildienst existiert in der Ukraine eher theoretisch und seine Beantragung ist ein Hürdenlauf. Über die Berufsarmee wird in der Gesellschaft kontrovers diskutiert, sie spielt vor den Wahlen stets eine Rolle, doch bisher ist sie noch nicht eingeführt. Der Armeedienst ist hart: Man geht mit 18 Jahren für zwölf Monate aus dem Haus, dient in der Regel sehr weit von seinem Wohnsitz entfernt und bekommt am Wochenende kaum frei, um nach Hause zu fahren, Urlaub ist eine seltene Ausnahme. Wenn man noch an »didiwschtschyna« denkt, eine rohe Behandlung der Rekruten durch ältere Soldaten (vergleichbar mit dem Verhalten der Entlassungskandidaten in der Nationalen Volksarmee der DDR), versteht man, dass die Armeedienstpflicht ein weiterer Grund dafür ist, sich Hochschulbildung anzueignen. Man sagt in der Ukraine: »Armee ist eine gute Lebensschule, aber es ist schon besser, sie im Fernstudium zu absolvieren.«

Oft wird gleich nach der Armee, nach dem Studium oder einer Lehre geheiratet, mit 22 oder 25 Jahren – egal, ob in der Stadt oder auf dem Land. Das ist eine noch bestehende Sitte aus den Zeiten, als das Leben von der Kinderkrippe bis zur Rente durchgeplant war. Obwohl das Zusammensein in Lebensgemeinschaften, also ohne offizielle Eheschließung[87], immer mehr Anhänger findet, ist eine Schwangerschaft zumeist noch ein zwingender Grund, sich für den Gang zum Standesamt zu entscheiden.

Eine Ursache dafür war früher die (theoretische) Möglichkeit, für die junge Familie eine eigene Wohnung zu bekommen und nicht weiterhin den Eltern auf der Pelle zu hocken.

Die Wohnungsproblematik hat eine lange und leidvolle Geschichte. Sie verdarb ganzen Generationen das Leben. Da im Sozialismus der Wohnungsbau nur staatlich war und die Mieten eher symbolisch, konnte der Staat nicht genügend Wohnhäuser bauen. Folglich hausten oft drei Generationen in einer Zweiraumwohnung. Auf ein eigenes Heim konnte man Jahrzehnte warten. Ein Immobilienmarkt mit Vermietung und Miete existierte praktisch nicht. Eine Wohnung vom Staat zugewiesen zu bekommen war ein größeres Ereignis als Weihnachten und Silvester, Hochzeit und Geburt eines Kindes zusammengenommen. Je eher man sich (nach der Eheschließung eben!) in die Wartelisten eintragen ließ, desto mehr bestand die Hoffnung, noch vor der Rente zu einem eigenen Obdach zu kommen.

Heute heiratet man etwas später. Wie im Westen Europas rücken allmählich Beruf und Karriere, Verdienst und Geld in den Vordergrund. Und Wohnungen sind heutzutage im Überfluss da! Allein die Mieten beißen …

Kyiw ist bekanntlich eine der teuersten Städte der Welt. Alle anderen ukrainischen Millionenstädte sind nicht wesentlich billiger. Die Mieten und Immobilienpreise machen einen fetten Batzen im Konsumkorb aus. In einer heruntergekommenen Absteige am Rande der Hauptstadt bezahlt ein Schlafgast oft über zehn Euro pro Quadratmeter, im Stadtzentrum sind Quartiere einfach unbezahlbar – obwohl vermietet und bezahlt! Einmal flog ich von Berlin nach Kyiw mit einer Familie, die für eine amerikanische Firma in der Ukraine Traktoren verkauft. In einem Kyiwer

Vorort mietete ihnen die Firma ein, ihren Worten nach, durchschnittliches Einfamilienhaus für umgerechnet 3000 Euro im Monat.

Ähnlich gelagert sind auch die Immobilien-Kaufpreise, die, je nach Lage, umgerechnet von 1700 bis 5000 Euro pro Quadratmeter (2008) ausmachen. Die in den Jahrzehnten des Sozialismus knapp gehaltenen Ukrainer sehen in den eigenen vier Wänden das A und O einer gesicherten und wohlsituierten Existenz. Demgemäß steht der Immobilienerwerb an erster Stelle der Prioritätenliste junger Familien. Deshalb haben auch die Ukrainer (wie Amerikaner) viel auf Pump gebaut (mit dem Unterschied, dass es in den USA Hypotheken zu fünf Prozent Zinsen gab, und in der Ukraine zu 15 Prozent). Die hohe Verschuldung hat zur Krise 2008/09 durchaus ihr Scherflein beigetragen.

Dabei kaufen Ukrainer zu überzogenen Preisen oft keineswegs Märchenpaläste. Nach 20 Jahren Kapitalismus denken leider sehr viele noch ursozialistisch. Zu Zeiten, als die Einraumwohnung in einem Plattenbau am Kyiwer Stadtrand locker über 70 000 Euro erzielte, sprach ich mit einem Käufer, der mir begeistert seine neue Wohnung zeigte: gepanzerte Eingangstür, neue Sanitärtechnik, neue Fliesen und frische Tapeten hatten ihn vom hohen Preis überzeugt. Dabei war das Hochhaus an sich beinahe am Zusammenfallen: abgewrackte Fassade, augenscheinlich undichtes Dach, durchgerostete Dachrinnen und Steigleitungen, veraltete Elektrik, klappernder, verdächtig ruckartig sich bewegender Fahrstuhl, wackelnde Treppengeländer, Wände, die lange vergessen haben, wann sie mal weiß waren, ein ekliggrüner Ölsockel überall und ein beißender Geruch aus dem Müllschlucker, der im Treppenhaus zwischen den Etagen transpirierte.

Mein Freund verstand meine Zweifel nicht. Er war der Überzeugung, er habe eine gut eingerichtete Wohnung gekauft, für das Haus und notwendige Reparaturen daran sei nicht er, sondern irgendjemand anderer (vermutlich weiterhin der Staat?) zuständig.

Die staatliche Dienststelle, die für die Verwaltung der alten Hochhäuser in der Tat noch existiert, hat kein Geld für solcherart Investitionen, daher werden diese Häuser nicht saniert. Somit ist eine schöne Wohnung nur ein Kuckucksei. Irgendwann werden die ehemals glücklichen Besitzer der schönen Wohnungen sich aufraffen müssen, um das Haus als Gesamtheit in Ordnung zu bringen. Die Kosten für die notwendige Haussanierung werden dann bestimmt für Ernüchterung sorgen und die Immobilienbesitzer oft an den weisen deutschen Satz »Eigentum verpflichtet« denken lassen. Bereits jetzt versuchen einige helle Köpfe, den alten Bürokraten aus der Hausverwaltung eine Absage zu erteilen und das Schicksal des Hauses in eigene Hände zu nehmen. Sie bilden Vereine der Wohnungseigentümer, um selbst über das Haus zu walten. Das betrifft vor allem neue mehrstöckige Häuser, die nur kleine oder gar keine Instandsetzungen brauchen. Not leidend sind aber vor allem die Häuser, die 40 bis 50 Jahre auf dem Buckel haben. Und ausgerechnet mit solchen wird vorwiegend auf dem Immobilienmarkt gehandelt.

Aber woher haben die Leute das »Kleingeld«, das man für einen Immobilienkauf benötigt? Wir reden vom Mittelstand, nicht von den Millionären. Aktien? Future-Geschäfte? Nein, davon möchten die Ukrainer nichts wissen, und wissen oft auch nichts, weil der Wertpapiermarkt einfach zu schwach ist. Aber wozu braucht man Aktien, wenn hier sicherere Festgeldanlagen 15 bis 20 Prozent jährlich einbringen? Lange Zeit war dies ein lukratives Geschäft: Erst ein wenig sparen, dann ein Auto verkaufen, die elterliche Hütte verscherbeln, einen Kredit aufnehmen – und eine Immobilie in der Hauptstadt anschaffen. Die Immobilienpreise stiegen eine Zeit lang entsprechend – um 50 Prozent pro Jahr. Besonders großen Gewinn warfen Häuser ab, die per Vorkasse bezahlt wurden. Manch einer sahnte einmal, zweimal, dreimal ab.

Die Krise von 2008/09 hat viele zurück zur Vernunft gebracht. Plötzlich sanken Immobilienpreise und die Zinsen stiegen. Man entdeckte überraschend (im Kleingedruckten): In der Ukraine gibt es bei Hypothekenzinsen das, was in der übrigen zivilisierten Welt kaum noch vorkommt, und zwar die einseitige Erhöhung des Zinssatzes durch die Banken – auch bei angeblichen Festzinsdarlehen. Auf einmal sprang der Dollarkurs um das Anderthalbfache, und diejenigen, die billigere Kredite in amerikanischer Währung genommen haben, merkten, dass sie ihren Zahlungsverpflichtungen nicht mehr nachkommen können. Die Luft aus dem »Wirtschaftswunder« war vorerst raus.

Ich sage »vorerst«, weil ich weiterhin unerschütterlich an das Geschäftsgeschick der Ukrainer glaube, das ihnen auch einmal das Wirtschaftswunder ohne Gänsefüßchen beschert.

Diese Meinung teilen lange nicht alle Geschäftsleute aus dem Westen, mit denen ich gesprochen habe. Sie tadelten dieses und jenes am ukrainischen Geschäftsgebaren, bis ich begriff, dass sie in einem fremden Land von menschlichem Verhalten ausgehen, wie sie es im eigenen Land gewöhnt sind. Aber so etwas gibt es eher selten, wenn überhaupt ... Man weiß: Sogar zwischen Deutschen und Österreichern, die eine Sprache sprechen, wird nicht alles eins zu eins verstanden.

Ein Problem für die Deutschen etwa ist die Unpünktlichkeit der Ukrainer bzw. die übertriebene Pünktlichkeit, wie die Ukrainer meinen. Eine Verabredung »genau um ...« bedeutet noch lange nicht, dass man genau zu diesem Zeitpunkt auch jemanden antrifft. Derjenige, der zuerst kam (aber trotzdem eine halbe Stunde zu spät), nimmt eine Verspätung des anderen nie persönlich, man versteht: Im Leben gibt es eben Dutzende wichtige Dinge auf einmal.

Ein zweites Manko ist die (Un-)Zuverlässigkeit. Viele Ukrainer haben inzwischen zwar einen Terminkalender, tragen ihn aber nicht bei sich. Einen Termin in einer Woche zu vereinbaren – wenn es nicht gerade um die Silvesterfeier geht – wird oft prekär.

Einmal kam ich für eine Woche nach Kyiw und rief meinen Busenfreund Ihor an, um mich mit ihm zu verabreden. Ihor ist ein engagierter Schauspieler und Regisseur, hat immer viel zu tun, weshalb wir einen Termin erst in der folgenden Woche finden. Ich trage Zeit und Treffpunkt in meinen Kalender ein, Ihor sagt OK und fügt dann am Ende des Gesprächs hinzu: »Aber vorher rufst du mich noch mal an!«

»Warum soll ich dich anrufen, wenn wir doch alles fest vereinbart haben?«

»Vielleicht kommt bei mir etwas dazwischen.«

»Es darf nichts dazwischenkommen«, erwidere ich, »wenn etwas dazwischenkommen sollte, sagst du, du hättest schon einen Termin, und zwar mit mir.«

Ich setzte alle meine Überzeugungskraft ein, erklärte ihm ergrimmt, dass ich auch ein beschäftigter Erdenbürger bin, dass ich nur für eine Woche nach Kyiw eingeflogen sei, dass ich auch noch andere Leute sehen will. Nach zehn Minuten gibt sich Ihor geschlagen und sagt: »Okay, wir treffen uns hundert Prozent so, wie wir vereinbart haben.«

Ich seufze zufrieden.

»Aber du rufst mich trotzdem vorher an.« Er lacht. Wir sind alte dicke Freunde, und er weiß, ich bin kein echter Deutscher.

Apropos Termine: Da der Tag der Ukrainer etwas »nach hinten« geschoben ist, macht man dort keine (auch keine geschäftlichen) Termine vor 9 Uhr aus, wobei auch das schon als »sehr zeitig« empfunden wird.

Es gibt noch ein paar Kleinigkeiten, die man in der sogenannten interkulturellen Kommunikation besser wissen sollte. Zum Beispiel, wenn man jemandem Schnittblumen schenkt, dann in ungerader Zahl – eine gerade Zahl Blumen wird nur beim Begräbnis auf den Sarg gelegt. Oder: Die Ukrainer gehen nicht so schnell vom Sie zum Du über, wie es in Deutschland üblich ist. (In einigen Gebieten sagen Kinder bis heute »Sie« sogar zu den leiblichen Eltern.) Abgesehen davon, dass man Menschen auf keinen Fall mit Familiennamen, aber auch nicht gleich mit Vornamen, sondern erst mit Vor- und Vatersnamen anspricht. Langsam hat sich hier auch eine alte (west)ukrainische Sitte eingebürgert, zu jemandem höflich »pan Iwan« oder »pan Viktor« zu sagen, was zu Deutsch dem etwas schrägen »Herr Iwan« und »Herr Viktor« entspricht. Aber man bleibt trotzdem per Sie. Sogar nach der Hochzeit sagen die neuen »Schwiegerkinder« zu den Schwiegereltern noch Sie.

Oder: Man gibt nicht die Hand bei der Begrüßung oder beim Abschied über der Türschwelle; oder: man pfeift nicht im Haus – das Geld wird »verpfiffen«; man schenkt einer schwangeren Frau keine Aufmerksamkeiten für das Baby – alles wird in der Ukraine erst nach der Entbindung gekauft (wobei man inzwischen schon vorher weiß, ob man alles in Blau oder Rot kaufen soll); es gilt auch nicht als persönliche Beleidigung, wenn Geschenke nicht gleich ausgepackt werden; nicht einmal beim Picknick oder aus Scherz klopft man das Frühstücksei auf dem Tisch auf, sondern man schlägt mit dem Löffel auf das Ei – das Köpfen von Eiern kennen Ukrainer gar nicht, ein Hieb mit dem Messer kann nur Verwirrung stiften. Die Liste ließe sich beliebig fortsetzen. Es kommt letztlich darauf an, sich für die andere Kultur zu öffnen und ihre Eigenheiten zu respektieren, auch wenn einem manches ungewöhnlich und kurios erscheinen mag. In einigen Fällen ist es auch unsinnig, aber jedes Volk braucht seine Zeit, um sich bestimmte Erkenntnisse anzueignen.

In Deutschland herrscht inzwischen gesellschaftlicher Konsens über die Wichtigkeit des Energiesparens und des Umweltschutzes generell. Den gibt es in der Ukraine (noch) nicht. Wasser, Energie spart man nicht, weil sie immer billig waren und es noch sind. Nirgendwo in Europa (nur in Moskau) habe ich so viele panzerähnliche riesige All-roader mit fünf Liter Hubraum gesehen wie auf ukrainischen Straßen. Himalajas, Saharas und Grand Canyons gibt es hier definitiv nicht. Warum brauchen Menschen diese Benzinfresser?

»Cool! Das ist einfach cool!«, höre ich dann von nimmer erwachsenen Männern.

Und die Umwelt?

Ach was, was für eine Umwelt?

Ausgerechnet in der Ukraine habe ich gemerkt, dass es in der Welt gar keine feststehenden Größen gibt. An allem kann man zweifeln, alles kann man in Frage stellen. Mülltrennung? Kostspieliger Blödsinn! CO_2? Gut für Pflanzen! Klimawandel? Nicht nachgewiesen! Nobelpreisträger Al Gore und seine Ausführungen? Er muss doch auch irgendwie sein Geld verdienen! Der Aralsee trocknet aus? Vor Jahrtausenden war das schon mal so!

Die einheimischen Politiker und Unternehmer haben anscheinend die Nutzung der umweltfreundlichen (und oft rentablen!) Technologien noch nicht entdeckt. Die erhöhten russischen Gaspreise werden das gewiss bald verändern. Hier gibt es ein gutes Betätigungsfeld für deutsche Investoren.

Wie viel isst man in der Ukraine, und trinkt man Wodka nur aus 100-Gramm-Gläsern?

Nach zehnjährigem Aufenthalt in Kyiw bekommt meine Frau Angstzustände, wenn sich in Deutschland Besuch aus der Ukraine ankündigt. Diese Panikattacken rühren daher, dass sie eine Bewirtung gemessen an ukrainischen Gewohnheiten vorbereiten muss. Sowohl Restaurantküche als auch gesundes Essen, vegetarische und fettfreie Kost samt Diäten, Genügsamkeit und Mäßigung am Esstisch sind bei den Ukrainern nicht besonders beliebt.

Der Hauptunterschied der Beköstigungskünste beider Länder besteht darin, dass man in der Ukraine die Speisen nicht etwa nach der Anzahl der Gäste bemisst, so dass am Ende alles aufgegessen und ausgetrunken oder zumindest äußerst reduziert ist. Dort muss alles im Überfluss da sein: Berge von Fleisch, Fisch in allen Variationen, gebraten, gebacken, gekocht, mariniert, geräuchert, gesalzen und getrocknet, fünf Arten Warenyky (gefüllte Teigtaschen), und möglichst 50 Stück pro Nase, obwohl man nur mit Mühe 15 aufessen kann. Und natürlich frisches Brot. Viele Deutsche, die noch zu Sowjetzeiten den ukrainischen Gelagen beiwohnten, konnten sich nicht erklären, warum alle Läden leer, die Tische jedoch bei Feierlichkeiten mit Delikatessen geradezu überladen waren.

Woher kommt – neben der fabelhaften Gastfreundschaft – die Lust am Lukullischen?

Unterm Zaren haben die Ukrainer gehungert, unter den Kommunisten gab es den Holodomor – warum sollte da Essen nicht zum Kult werden?

Vielleicht war die Fixiertheit meiner Mutter aufs gemeinsame große Essen auch damit zu erklären, dass mein Vater als Militär im Zweiten Weltkrieg bei der Leningrader Blockade ausgerechnet drin und nicht draußen war und mit offener Tuberkulose nach Hause kam. Als Hauptmedizin galt damals: gut essen. Aber gerade im Hungerjahr 1947 war es ums Essen miserabel bestellt. Jeder wusste, dass man nicht auf Vorrat essen kann – aber alle taten es.

Peinlich wurde es für meine neue deutsche Familie, als ich in einem eleganten Restaurant in Warnemünde nach Brot verlangte. Es gab aber keins. Das konnte ich, als Ukrainer das erste Mal im Ausland, nicht glauben. Ich dachte, sicher sind die Kellner zu faul, in der Küche nachzufragen. So ging ich selbst in die Küche und kaufte dort tatsächlich einen Teller voll Brot für fünf Mark der DDR. Als ich strahlend mit der Beute zurückkam, stand schon welches auf dem Tisch – der Restaurantdirektor saß am Nachbartisch und hatte bemerkt, dass der Gast aus der mächtigen Sowjetunion nicht ohne Brot speisen kann. Später musste ich in Deutschland immerzu die Frage beantworten: Warum esst ihr zu allem Brot? Man kann doch Fleisch auch ohne Brot essen!

Langsam habe ich mich zur Antwort vorgetastet: Ukrainer essen Brot aus demselben Grund, aus dem Deutsche den Käse dünn schneiden. Beide Völker haben oft unter Hunger gelitten und das wohl in den Genen gespeichert, aber verschiedene Auswege aus der Not gefunden. Heutzutage legen Ukrainer ein Verhalten an den Tag, dem mit Logik nicht beizukommen ist: Es gibt inzwischen alles zu essen, doch die Tradition des üppigen Schmausens und der beladenen Tische hat sich erhalten. Das hat mit Reichtum oder Armut der Gastgeber wenig zu tun. Mir scheint, dass Ärmere vielleicht noch üppiger auftischen.

Dabei ist fettes Essen ungesund. Neue Zeiten brachten dafür auch neue Lösungen. Man weiß sich ja zu helfen und geht mit Rindergallen- und Enzym-Tabletten eines deutschen Produzenten in der Tasche zu Besuch. Zu diesen die Verdauung anregenden, stark gefragten Produkten gibt es in der Ukraine eine hirnverbrannte Werbung: Ein beleibter Mann im fortgeschrittenen Alter isst erst mal nach dem fleischreichen Borschtsch einen fetten Gänsebraten, dann üppige Salate mit vi-i-iel Mayonnaise, Warenyky mit Schmand, trinkt dabei mal ein Schnäpschen ... Dann kommt aber dummerweise die Schwiegermutter mit der Torte. Ein Blick Richtung Ehefrau. Strenger Blick zurück. Der Blödmann holt Tabletten aus der Tasche, nimmt sie ein und isst weiter. Meine Assoziation dazu: Hat das Pharmaunternehmen in Deutschland für das Produkt überhaupt Absatzchancen?

Zum guten Essen trinkt man in der Ukraine einen (zwei, drei ...) Horilka. Horilka ist die ukrainische Bezeichnung des Getränks, das die Russen Wodka nennen und die Deutschen schlicht »Weißer«.

Ausländer, die lange Zeit unter Ukrainern lebten, entdeckten tiefere Ursachen des erhöhten Schnapskonsums. Einer von ihnen war der bereits erwähnte französische Militäringenieur Guillaume Le Vasseur de Beauplan, einer der besten Kartographen des 17. Jahrhunderts: In seinem Buch über die Ukraine schrieb er: »Ich habe Kosaken gesehen, die bei Schüttelfrost anstelle all der Medizin eine halbe Ladung von Schwarzpulver nahmen, es mit Horilka mischten und austranken; dann gingen sie schlafen, um am Morgen absolut gesund aufzuwachen ... Andere Kosaken nahmen Asche und mischten auch sie mit Horilka, tranken dies und wurden ebenfalls gesund.«[79] Feuerwasser war also bei den Kosaken immer dabei. Deshalb spricht man im Volksmund von »Heiltrank«. Da es um die Schulmedizin in der Ukraine eher schlecht bestellt war, mussten die Ukrainer in den trüben Jahrhunderten kriegerischer Auseinandersetzungen dauernd kuren ...

Das bemerkte nach Beauplan auch ein anderer Franzose, selbst ein begabter Krieger und Diplomat, Pierre Chevalier, der 1646 zusammen mit dem ukrainischen Hetman Bohdan Chmelnyzkyj bei Dunkerque unter der Fahne von Prinz de Condé gegen die Spanier kämpfte und später ein Buch über die Ukraine schrieb: »Die Einwohner der Ukraine, die sich heute Kosaken nennen und stolz diese Bezeichnung tragen, haben einen gut gebauten Körper, sind aufgeweckt, kräftig, fähig zu jeglicher Arbeit, großzügig, kümmern sich wenig um die Anhäufung von Hab und Gut, dulden kein Joch, sind unermüdlich, tapfer und kühn, aber große Säufer ...«[80]

Weit verbreitet ist in Deutschland auch ein Vorurteil, die Ukrainer (wie auch Russen) würden immer »sto Gramm«, also 100 Milliliter Horilka, auf ex trinken. Diese exorbitante Sitte ist in der Ukraine weit weniger verbreitet als die Gerüchte darüber. Man trinkt in der Ukraine viel, aber in der Regel in kleinen Portionen. Daraus resultiert ein spezifisch ukrainischer Witz, den nicht alle Deutschen auf Anhieb verstehen: Alkohol in Maßen ist in beliebiger Menge bekömmlich.

Die zweite Besonderheit der Ukrainer: Man trinkt und isst gleichzeitig. Ohne Essen kein Trinken, zum Trinken muss man essen. Deshalb gibt es im Ukrainischen das Wort *Sakuska*, was fälschlicherweise als *Vorspeise* übersetzt wird. *Sakuska* steht in der Tat in allen ukrainischen Restaurants an erster Stelle, bedeutet aber nicht Vorspeise, sondern eine Speise die man nach dem Schnapsschluck genießt. *Sakuska* kann alles sein: Borschtsch, Koteletts, Buletten, Bratkartoffeln, Kaviarbrot, Salat, Speck, Fischsuppe oder einfach »Baumwolle«, also langes und ausgiebiges Riechen am baumwollenen Hemdsärmel.

Bei den Deutschen wird Schnaps als Verdauungsunterstützung erst dann serviert, wenn alle Teller vom Tisch geräumt sind. Bei den Ukrainern steht die Flasche von Anfang an auf dem Tisch. Emanzipierte Ukrainer rufen bei Tisch: »Trockener Löffel kratzt den Mund!«, um den vergesslichen Hausherrn an den Schnaps vor dem ersten Löffel Essen zu erinnern. Eine Flasche Horilka, Sekt oder Wein ist in der Ukraine das Herzstück des Tisches, wie eine Geburtstagstorte zum Jubiläum oder die Kerzenpyramide zu Weihnachten in Deutschland.

Der Unterschied zwischen *Horilka* und *Wodka* ist in den Namen verdeutlicht: Das Wort *Wodka* stammt von *woda*, also Wasser; *Horilka* von *hority*, also »brennen« wie »in Flammen stehen« und nicht von »brennen« wie »Schnaps herstellen«. Auf Ukrainisch wird »Horilka« nicht »gebrannt«, sondern »gekocht« oder »destilliert«.

Einst hieß es: »Ein Ukrainer raucht alles, was qualmt, trinkt alles, was brennt ...« In den neuen Zeiten ist man jedoch etwas wählerischer geworden.

Eines der Lieblingsgetränke des Volkes war lange Zeit der *Samohon*, ein »Selbstgebrannter«. Es gibt in der Ukraine Hunderte von Rezepten: aus Zucker und Zuckerrüben, aus Kartoffeln und Weizen, Korn und Hafer, aus Marmelade und billigem Konfekt, aus Kirschen (Kirschwasser!), Pflaumen (auf dem Balkan nennt man das *Sliwowitz*) oder anderen Früchten.

Was den Alkoholgenuss anbelangt, haben sich die Zeiten auch mit dem Sieg der »Orangenen« oder andersartigen Revolutionen kaum geändert. Man trinkt heute in der Ukraine vielleicht nicht weniger als früher, dafür aber in besserer Qualität. Mit Grauen denken die Menschen an Gorbatschows Zeiten zurück, als unter dem Vorwand der Alkoholismusbekämpfung der Schnaps aus den Läden verschwand und die Leute den abenteuerlichsten Fusel selbst brannten, einige sogar zum billigen Eau de Cologne griffen.

Inzwischen befindet sich der Samohon auf dem Rückzug, bleibt aber natürlich in den dörflichen Gegenden ein beliebtes Getränk und flüssige Valuta, mit der man kleine Nachbarschaftsgefälligkeiten bezahlt. In den Städten ist es einfacher und sicherer geworden, eine Flasche guten Horilka im Laden zu kaufen.

Wenn ich »sicher« sage, meine ich die Reinheit des Getränks. Ein (fast) überwundenes Problem der Alkoholherstellung der frühen neukapitalistischen Jahre waren Nachahmungsprodukte aus Garagen, Lagerhallen und Wohnungen der unternehmerisch aktiven, aber nicht ganz rechtstreuen ukrainischen Bürger. Sie versuchten ihre Waren, die nicht immer dem ungeschriebenen »Reinheitsgebot« für ukrainischen Horilka entsprechen, preiswert – vorwiegend in kleinen Läden und auf Märkten – anzubieten. Um den Fusel-Erzeugern das Leben schwer zu machen, arbeiten ukrainische Horilkahersteller an Schutzsystemen der Etiketten wie Banknotendrucker. Auch Hologramme, aufwändige Verschlüsse, schwer herzustellende Flaschen sollen die Qualität garantieren.

Horilka hat übrigens immer 40 Prozent, Samohon aus privater Herstellung – je nach Fall, je nach Wirt, je nach Stimmung – etwas weniger oder auch mal kräftig mehr Alkoholgehalt.

In letzter Zeit verdrängt der Horilka aus dem Laden den Samohon aus der Küche: Die Ukrainer bevorzugen seit je ein reines Getränk, ohne Beigeschmack von Mais oder Zuckerrübe, auf die sie nur in der Not zurückgreifen. Für positiv wird auch der gleichbleibende Prozentsatz an Alkohol befunden: Man kann im Laufe eines angenehmen Abends die verwertete Menge besser abschätzen. Bekanntlich hat die Leber keine Hände, um dem Konsumenten rechtzeitig die Kehle zuzudrücken. Die ganze Hoffnung für den nächsten Morgen liegt allein beim Verstand.

40 Prozent sind für Horilka eine magische Zahl. Alles was drüber und drunter liegt, darf nicht diesen Namen führen. In Deutschland vorhandene Schnapsstärken orientieren sich vorwiegend an der Schnapssteuer, in der Ukraine orientiert man sich an der Wissenschaft. Es ist verbrieft, dass der Wodka im zaristischen Russland ebenfalls verschiedene Prozentsätze hatte. Die Bestimmung der Qualitätskriterien für ein besseres Getränk hat sich dann einer der hellsten Chemieköpfe der Weltgeschichte, der Schöpfer des

Periodensystems (und ehemalige Chemielehrer in Odessa) Dmytro Mendelejew zur Aufgabe gemacht. 1865 verteidigte er sogar eine Doktorarbeit zum Thema »Überlegungen über das Zusammenfügen von Sprit und Wasser«. In einschlägigen Kreisen auch als erfahrener Verbraucher des Nationalgetränks bekannt, hat Mendelejew es auf verschiedenste Weise untersucht, dabei auch – wie bei Forschern üblich – mit großem wissenschaftlichen Einsatz an sich selbst getestet. Da er davor zwei Jahre lang (1859–1861) in Heidelberg gearbeitet hatte, ist ein gewisser Einfluss der deutschen Gewohnheiten bei dieser Dissertation nicht auszuschließen. Er kam zum Ergebnis, dass nur 40-prozentiger Wodka besten Alkoholrausch bietet und am nächsten Morgen die geringsten Gesundheitsprobleme verursacht.

In gut sortierten Läden kann man heutzutage Dutzende von Horilkasorten finden: mit Gold, Honig, Peperoni, Birkenknospen, Milch und Speck, Ginseng und Bernsteinsäure … Man sagt, Horilka aus Brennnessel habe schon vor Jahrhunderten die Kräfte der Kosaken im Kampf gegen Feinde und im Bett gesteigert. Die Hersteller betonen, dass kristallklares Wasser, von dessen Qualität viel abhängt, den Tiefen der natürlichen Mineralquellen, dem Schnee und unterirdischen Seen der Eiszeiten entnommen werde.

Ob alle Sorten gut schmecken, muss jeder selbst probieren. Die Menge ist groß: 2006 produzierten ukrainische Schnapshersteller etwa 365 Millionen Liter Horilka, praktisch zehn Liter pro erwachsenem ukrainischen Bürger. Zum Vergleich: 2006 wurden nur etwa 28 Millionen Liter Kognak gebrannt.

Ukrainer trinken fast nur ukrainischen Horilka. Import-Wodka macht nur ein Prozent aus. Die Ukraine ist nicht nur Hersteller und Konsument von Horilka, sondern auch großer Exporteur. Das Getränk wird in über 50 Länder verkauft.

Aber erstaunlicherweise sind weder Ukrainer noch Russen Weltmeister im Saufen. Die Welttrinker Nummer eins stammen aus weintrinkenden Nationen: Luxemburg, Ungarn, Spanien. Auf Platz zwei stehen – komisch, nicht wahr? – Vertreter biertrinkender Nationen: Tschechen, Briten, Iren, Deutsche. Und erst den dritten Platz – nach Pro-Kopf-Reinalkohol-Konsum – belegen schnapstrinkende Nationen«: Russen, Ukrainer, aber auch Finnen, Kanadier und US-Amerikaner.

Nach den Standards der WHO ist ein Land auf dem besten Wege in eine versoffene Zukunft, wenn der Alkoholkonsum acht Liter reinen Alkohol pro Person und Jahr beträgt. 1950 lagen die Deutschen bei drei Liter. Damals gab es 200 000 behandlungsbedürftige Konsumenten. Heute trinkt man in Deutschland weit über zehn Liter pro Person und Jahr, Säuglinge inklusive. Wenn wir nur Menschen ab 15 in unsere Rechnung aufnehmen, sind Deutsche bei 14 Liter Reinalkohol pro Kopf und Jahr. Tendenz steigend.[81] Heute sind bereits 1,7 Millionen Menschen in Deutschland alkoholabhängig.[82]

Offiziell wird in der Ukraine der Pro-Kopf-Verbrauch an reinem Alkohol mit etwa zwölf Litern angegeben. 700 000 Alkoholiker sind registriert, die Dunkelziffer der Alkoholabhängigen ist aber weit größer. Besonders bitter ist der Umstand, dass Alkoholismus in der Ukraine immer jüngere Menschen ereilt. Fast drei Prozent Jungen und ein Prozent Mädchen werden als alkoholabhängig betrachtet, sie bechern jeden Tag.[83]

Der »Irre Löwe« und der Grand Prix von Paris

Ein ukrainischer Gourmet weiß nicht nur die feinen Unterschiede bei Horilka zu bewerten, sondern kennt sich auch beim Sekt aus.

Angefangen vom zarten Alter, wird alles durchgekostet: süß, halbsüß, halbtrocken, trocken und brut. Es gibt weiße, rote und rosé Varianten und Muskat-Sekt mit unterschiedlichem Zuckeranteil. Dann auch verschiedene Herstellungsverfahren und verschiedene Werke ... Ich könnte Stein und Bein schwören, dass ein durchschnittlicher Ukrainer bei »Wetten, dass ...?« ein Dutzend Sekt-Sorten mit geschlossenen Augen unterscheiden kann.

Das liegt vor allem an der Krim und ihrem Sekt. Die Krim ist in Deutschland mehr oder weniger als Urlaubsregion am Schwarzen Meer bekannt. In der Ukraine gibt es mehrere Sektkellereien, davon produzieren zwei – auf der Krim und in Artemiwsk im Donezbecken – Sekt nach traditionellen französischen Rezepten der Flaschengärung und liefern vorzügliche Qualität.

Wie kommt es zum Winzern im Donezbecken, wo so gut wie kein Wein wächst und nur Abraumhalden und Metallurgiewerke die Landschaft prägen? Oh, daran war ein Deutscher »schuld«!

Doch reden wir zuerst über die Krim und den Fürsten Leo Golizyn (1845–1915). Ein russischer Dandy, Absolvent der Sorbonne und der Moskauer Universität, verliebt sich in eine verheiratete Frau, die auf der Krim lebt. Obwohl er gute Chancen auf eine Professur hatte, verließ er Moskau und fuhr zu seiner Geliebten. Er wollte für immer bei ihr bleiben. Deshalb suchte er nach einer dauerhaften Beschäftigung und kam – vielleicht über seine französischen Vorlieben – auf die Winzerei. Er wollte auf der Krim Champagner herstellen, der dem französischen in nichts nachsteht.

Erste Versuche mit Weintraubensorten – georgische Saperawi und Mourvèdre – sind von 1878 datiert. Den Wein daraus konnte man durchaus trinken und sogar nach Moskau verkaufen, vom

Champagner aus seiner Jugendzeit war der Fürst noch weit entfernt! Er verzehnfachte seine Bemühungen. Geld spielt für ihn keine Rolle. Der Fürst kaufte auf der Südkrim ein Tal mit dem nicht gerade bescheidenen Namen *Paradies* und richtete hier ein Gut namens *Nowyj swet* (dt. *Neues Licht, Neue Welt*) ein. Auf 230 Hektar versammelte er kostspielig 600 Sorten Weinreben aus aller Welt und versuchte, sie auf der Krim zu akklimatisieren. Nach mehreren Versuchsjahren bestimmt er fünf Weintraubensorten, die aus Sekt Champagner machen sollten. Das sind weißer Chardonnay, Aligoté, Riesling und roter Pinot noir und Mourvèdre. Außerdem baute er in den Krimbergen Weinkeller, um dem Wein konstante Temperatur zu verschaffen. Er ließ in die Felsen der Berge Koba-Kaja und Karaul-Oba mehr als drei Kilometer lange Weintunnel in verschiedenen Höhen und in verschiedenen Richtungen einmeißeln. Für Sekt sind die kühlsten Keller vorgesehen.

Leo Golizyn mischte Trauben in unterschiedlichen Proportionen zusammen, versetzte sie mit diversen Hefesorten und drehte jahrelang französische Flaschen – russische gab es damals in dieser Form nicht.

Die Technologie der Champagnerherstellung ist kompliziert. Golizyn holte gut bezahlte Franzosen auf die Krim und fuhr selbst in die Champagne, um Erfahrungen zu sammeln.

Endlich war der Krimsekt kreiert. Zwei Sorten kamen zuerst auf den Markt: *Nowyj swet* und *Paradies*. Als der russische Zar Nikolaus II. 1896 Thronfolger wurde, kredenzten Sommeliers bei den Krönungsfeierlichkeiten in Moskau den Gästen *Nowyj swet*. Seitdem heißt eine der Sektsorten *Krönungschampagner*.

Langsam jedoch ging dem Fürsten das Geld aus. Golizyn verschenkte seine Weine an Liebhaber und Freunde, verkauft sie billig, um den Markt zu erobern, kaufte dafür weltweit beste Weinstöcke für teures Geld. Die finanzielle Decke wurde immer dünner. Seine Zweckheirat 1883 mit der vermögenden Gräfin Maria Orlowa-Denissowa half eine Zeit lang aus der Misere, doch die Winzerei verschlang weit mehr. *Deli Arslan* nannten ihn die in den umliegenden Dörfern lebenden Krimtataren, der *Irre Löwe*.

Inzwischen hatte *Nowyj swet* Moskau erobert, doch die richtigen Champagner-Genießer waren in Paris zu Hause, wohin es Fürst Golizin immer wieder zog. Die Gelegenheit bot sich 1900.

Paris war erneut Veranstalter der Weltausstellung, wie bereits elf Jahre zuvor, als Alexandre Gustave Eiffel zu diesem Anlass einen Turm in die Mitte der Welthauptstadt gebaut hatte. Auch Winzer aus aller Welt waren wieder geladen. Besonderes Augenmerk galt den Schaumweinen, weil es für Franzosen nichts Besseres gab und gibt, als Champagner aus der nordöstlichen französischen Provinz. Kenner aus aller Welt versammelten sich zu einer Blindprobe und ließen sich das Getränk aus in Silberpapier eingewickelten Flaschen einschenken. Nur Farbe, Duft und Geschmack zählten. Marke, Jahrgang und Hersteller ließen sich von Profis leicht erkennen, weil die in Frage kommenden Marken und Hersteller bekannt waren: die Franzosen Chandon und Moët mit ihrem »Dom Pérignon« oder Madame Clicquot mit »Veuve Clicquot«. Obwohl Deutsche, Italiener und Schweizer bereits »Champagner« herstellten, waren sie noch weit vom hellen, strohgelben flüssigen Gold aus der Champagne entfernt. Franzosen, ganz ihrer Marke und unübertrefflichen Qualitäten des Weines bewusst, veröffentlichten sogar ein Buch über das Herstellungsverfahren, allerdings mit der Bemerkung: Die Herstellung sei so kompliziert, dass kein Land auf der Welt – trotz aller Bemühungen – in der Lage sein werde, solche Schaumweine zu produzieren wie die Champagne. Also, keiner wusste, welcher der Franzosen den Grand Prix bekommt, aber dass es ein Franzose sein wird, darüber waren sich alle einig.

Endlich stand die Flasche, die zum ersten Mal in der Geschichte der Degustationswettbewerbe eine einstimmige Beurteilung bekam, auf dem Tisch von Frédéric Graf Chandon, Vorsitzender der Bewertungskommission. Er bat, das Silberpapier abzunehmen, der Saal applaudierte dazu. Unter dem Papier war eine französische Flasche, also ... Dann schaute der Graf, ein Nachfahre der Gründer von Moët et Chandon, nach der Aufschrift auf dem Boden der Flasche: Krim, *Nowyj swet* 1899, Winzerei des Fürsten Leo Golizyn. Wo nur liegt diese Krim? Der Silberne Pokal des Grand Prix und die Goldene Medaille wandern auf die Halbinsel im Schwarzen Meer. Es ist der Triumph des Fürsten! Der Krimsekt war in Paris zum Champagner geworden.

Im Siegestaumel kaufte der arme Golizyn in Paris eine Bacchus-Plastik für 40 000 Francs. Es war der Anfang seines Endes. Fünf Jahre später war der adelige Winzer pleite und musste den Betrieb schrittweise einstellen. In seiner Verzweiflung verschenkte Golizyn seine Winzerei 1912 an den russischen Zaren Nikolaus II. – drei Jahre bevor der *Irre Löwe* 1915 starb.

Über die Krim und ihre Sektkellereien wälzten nacheinander Revolution, Bürgerkrieg, Sozialismus, Kollektivierung, Industrialisierung, der Zweite Weltkrieg und nicht zuletzt der Gorbatschowsche »Alkoholkampf«, währenddessen die besten Weinreben ausgerodet wurden.

Der Krim-Champagner überlebte trotzdem: 1997, fast 100 Jahre nach dem Triumph Golizyns, bekam *Nowyj swet* auf der Degustation der Champagner in Paris den »International Europe Award for Quality«.

Fürst Leo erwachte vor einigen Jahren zum zweiten Leben, als die Winzerei *Nowyj swet* einen ukrainischen Champagner namens *Fürst Golizyn* auf den Markt brachte – eine von zehn Sektsorten, die hier nach klassischer französischer Technologie produziert werden.

Kurioserweise ist der Hauptproduzent von Flaschengärungssekt in der Ukraine jedoch nicht *Nowyj swet*, sondern die *Artemiwsker Sektkellerei*, eine Weinoase mitten im Dreck von Bergwerken, Koksfabriken und Martinöfen. 2006 wurden dort 11,7 Millionen Flaschen Sekt hergestellt. (Zum Vergleich, *Moët et Chandon*, der weltweit größte Champagner-Hersteller, produziert 30 Millionen Flaschen jährlich.)

Wie kommt denn das? Artemiwsk ist immerhin 700 Kilometer Luftlinie vom Weinanbaugebiet auf der Krim entfernt!

Die Geschichte der Artemiwsker Sektkellerei begann Mitte des 18. Jahrhunderts, als der geschäftstüchtige Preuße E. P. Farke einen Vertrag mit der Kommune Bachmut (heute Artemiwsk) unterzeichnete, um in der Stadt eine Wasserleitung zu verlegen und die Straßen zu reparieren. Dafür bekam er eine mehrjährige Lizenz zum Abbau von Gips in der nahe gelegenen Region. Zwei Jahrhunderte später, im Jahre 1950, wurde in den Gipshöhlen bei Artemiwsk ein Betrieb zur Herstellung von Schaumwein nach klassischer französischer Technologie gegründet. Die Bedingungen in den Höhlen in einer Tiefe von mehr als 70 Meter waren günstig. Außerdem ähneln die Gipssäle bei Artemiwsk den Kellern der französischen Champagnerhersteller im Loire-Tal, sagen diejenigen, die beide Kellereien gesehen haben. Damit ist der Ort ideal für kühle Flaschengärungsverfahren bei der Sektproduktion. Die Gesamtfläche der hier zur Verfügung stehenden unterirdischen

Weinkeller beträgt beinahe 26 Hektar, wo gleichzeitig 30 Millionen Flaschen des guten ukrainischen Tropfens gelagert werden können. Das Weinmaterial dafür kommt natürlich von der Krim, von Golizyn und seinen Nachfolgern. Deshalb heißt Sekt aus Artemiwsk *Krimsekt.*

2006 produzierte die Ukraine 45 Millionen Liter Sekt und stieg damit zu einem der großen Schaumweinproduzenten der Welt auf.

Die Bedeutung des Specks
für die Demokratie

Ein Ukrainer kann zwei Wochen leben ohne zu essen, zwei Tage ohne zu trinken und fünf Minuten ohne Luft zum Atmen. Aber ohne *salo*, den Speck, wird ein echter Ukrainer keine Sekunde durchhalten. Tag und Nacht muss er sich sicher sein, dass es in seinem Kühlschrank, im Laden oder auf dem Markt im freien Verkauf dieses scheinbar schlichte, simple Lebensmittel gibt. Diejenigen irren, die meinen, die Lebensmittelläden seien in der Ukraine rund um die Uhr offen, um die Möglichkeit zu gewähren, Brot, Zigaretten oder Alkoholika kaufen zu können. Nein, nein und nochmals nein! All das ist dem Speck geschuldet, der für Ukrainer eine heilige Instanz darstellt, die im nationalen Bewusstsein viel höher als Wappen und Hymne angesiedelt ist und nur wenig unter der Nationalflagge.

Speck gibt es in allen Ländern, deren Einwohner Schweinefleisch verzehren. Aber keine der Nationen vergöttert dieses Produkt in vergleichbarer Weise. Einige Analytiker sind der Überzeugung, dass die Schnapsverkaufsbegrenzung durch Gorbatschow durchaus zum Aufruhr unter der ukrainischen Bevölkerung geführt habe, nicht aber zur Revolution. Ein Speckverkaufsverbot hätte eindeutig radikalere Folgen gehabt!

Die Mehrheit der Ukrainer hält Speck für eine Droge, weil sogar nach einmaliger Verkostung eine anhaltende Speckabhängigkeit eintritt. Bei Auslandsreisen vermerken die Ukrainer *ein Stück Speck* (und ohne Speck fährt praktisch kein Ukrainer ins Ausland) in der Zollerklärung.

Speck ist kalorienreich, deshalb eignet er sich bestens für Ausdauersportler, Touristen und Studenten … Angehende ukrainische Jung-Akademiker, die weit von zuhause lernen, schreiben oft als Erstes an die Familie: »Schickt mir Speck!« Und erst dann auf einer neuen Zeile: »Guten Tag, liebe Mutti und lieber Vati …«

Speck ist bei jedem Saufgelage ein Muss. Aber man isst ihn nicht nur als *Sakuska* zum Horilka, sondern auch zu Kognak, Bier, Rot- und Weißwein. Sehr gut passt Speck auch zu Cappuccino, Latte Macchiato und Tee. Eine Lieblingssüßigkeit der Ukrainerinnen ist Speck in Schokolade. Speck darf man einer hungrigen und von Liebesspielen erschöpften Ukrainerin gegen vier Uhr morgens anbieten, aber auch auf Familienfeiern, Partys, diplomatischen Empfängen sollte er nicht fehlen.

Der weltbekannte ukrainische Tenor Wolodymyr Hryschko brachte im April 2006 seiner Busenfreundin Montserrat Caballier 107 rote Rosen und ukrainischen Speck zum Geburtstag nach Madrid.

Der Speckkult führte in der Ukraine dazu, dass der Parlamentsabgeordnete Serhij Terjochin, immerhin der ehemalige ukrainische Wirtschaftsminister, dem ukrainischen Parlament einen Gesetzentwurf »Über Speck« vorlegte. Darin bezeichnet der Parlamentarier die »historische Mission des Specks als Leuchtturm des Humanismus und Stütze der gesellschaftlichen Moral«. In dem Dokument wird vorgeschlagen, das Wort Speck nur groß zu schreiben und in anderen Sprachen die Äquivalente durch das ukrainische Wort *Salo* mit dem Zusatz *Sir* zu ersetzen. Jeder Bürger der Ukraine sowie staatenlose Personen, die die ukrainische Staatsbürgerschaft anstreben, sollen einen Eid auf den Speck ablegen. Der Verzicht auf einen Eid führe ansonsten zur Ausbürgerung. Verrat an Speck wird – strafrechtlich gesehen – dem Hochverrat gleichgesetzt. Ein Präsident des Landes, der den Speck verrate, verliere seine Unantastbarkeit. Im Kapitel 5 des Gesetzentwurfes wurde das Recht auf Privateigentum an Speck verankert. Der Politiker Terjochin war der Überzeugung, dass so ein Gesetz zur Verbesserung der Demokratie und zur Beseitigung von Hürden auf dem Weg der Ukraine zur Europäischen Union führen wird. Dieser Gesetzentwurf wurde noch nicht angenommen, möglicherweise ist das Datum der Einreichung, der 1. April, schuld.

Die bekannte ukrainische Kulturreporterin Oxana Sawtschenko beschrieb einmal ihre Gefühle bei der Arbeit an einem Artikel über das naturverbundene Leben von Frau und Mann so: »Gibt es in unserer Zeit überhaupt eine feste Partnerschaft zwischen Menschen beiderlei Geschlechtes? Die Lösung kam, wie immer, überraschend. In meinem Kühlschrank fand ich das, was ich vergeblich schon mehrere Tage gesucht hatte. Im Regal mit sauren

Gurken lag die Krönung der Zivilisation, die idealste, einfache und unvorstellbare Zusammenfügung von Flora und Fauna, Arbeit, Gedanken, Kenntnissen, Sonne, Kraft, Leben und Tod, von Glück und Sünde. Der echte ukrainische Stein der Weisen in seiner reinsten, absoluten Form. Das, was die Schöpfung des großen ukrainischen Volkes ist. Ein kaltes, festes, unbegreifliches Stück Speck. Gleichzeitig Speise und Widerlegung der Speise. Ein Ding in sich selbst. Die Bedeutung ohne Sinn. Der Sinn ohne Bedeutung. Ich aß ihn und versetzte mich dauerhaft in seelische Ruhe. Die Fragen des Zusammenlebens von Mann und Frau beunruhigten mich nicht mehr ...«

Den Punkt aufs »i« setzt der führende Diätologe Petro Karpenko: »Mongolen, die sich seit Generationen vom Fleisch ernähren, sterben, wenn sie gezwungen sind, nur vegetarische Nahrung zu essen. Man kann die Sitten der anderen Völker nicht blind nachahmen und auf eigene Traditionen verzichten.« Ihm pflichtet Nadija Salij, eine Mitarbeiterin des Forschungsinstituts der Ernährung, bei: Speck enthält Arachidonsäure, die zum Aufbau von Zellmembranen benötigt wird. Außerdem ist sie ein Bestandteil des Herzmuskels, beteiligt an der Bildung vieler Hormone und reguliert den Cholesterinwechsel. Außerdem, so die Wissenschaftlerin, hat Speck einige Fettsäuren, die für das Wohlbefinden des Organismus zuständig sind, im Vergleich zu Butter in fünffacher Menge. Nur logisch ist daher die Annonce in einer Kiywer Zeitung: »Tausche einen Perserteppich 3 x 4 Meter gegen ein Stück Speck gleicher Größe.«

Um alter Lebensart zu folgen, veranstaltet das Gebiet Luhansk zum Frühlingsanfang traditionell eine »Speckmesse«, wo Hunderte Anbieter nur Speck verkaufen. Was heißt »nur Speck«? Kann man in Altenburg sagen »nur Spielkarten?« Oder in München »nur Bier?« Der Andrang ist riesig.

Jede ukrainische Regierung ist daher gut beraten, für ein ausreichendes Angebot an Speck zu sorgen – sonst sind ihre Tage gezählt.

Die ukrainische Küche
und ihre besten Rezepte

Borschtsch, wie ihn meine Mama kocht

Borschtsch gilt in Deutschland als »russisches« Gericht, ist aber durch und durch ukrainisch. Jeder Russe wird Ihnen das bestätigen. Man kann über alles streiten: Wem die Krim gehört, was zuerst da war, Henne oder Ei, aber Borschtsch ist kein Streitobjekt.

In Deutschland ist Borschtsch als Rote-Rüben-Suppe verschrien. Würde mir jemals eine Rote-Rüben-Suppe angeboten, könnte ich – schon wegen des Namens – vielleicht ein bis zwei Löffel widerwillig probieren, mehr aber auch nicht. Die rote Rübe ist zwar drin, macht jedoch nicht das Wesen des Borschtsch aus.

Ich erzähle, wie ihn meine Mama kocht.

Hauptbestandteil ist immer ein großes Stück Schweinefleisch. Meine Mutter kauft auf dem Markt immer anderthalb bis zwei Kilo Fleisch an einem guten Markknochen. Nachdem das Stück gut abgewaschen ist, legt sie es in einen großen 5-Liter-Topf (es lohnt sich nicht, Borschtsch für drei Personen zu kochen ...), gibt dazu Salz, eine ganze Zwiebel, Lorbeerblätter, einige Körner Piment und zwei winzig kleine, trotzdem sehr scharfe Peperoni – und lässt das Ganze kochen. Der Topf darf mit Wasser etwa bis zur Hälfte voll sein, damit später dort noch einige Zutaten hineinpassen. Es gibt keine Angaben zur Kochzeit, je nach Fleischqualität und -alter ist sie verschieden. Das Fleisch ist gar, wenn es sich problemlos vom Knochen löst.

In der Zwischenzeit schält man Kartoffeln, vielleicht 6 bis 8 große Stück pro Topf, reibt mit dem groben Reibeisen vier bis fünf große Möhren und zwei bis drei besagter roter Rüben.

Eigentlich braucht man dazu noch eine geriebene oder fein geschnittene große Zwiebel. Da ich gekochte Zwiebel nicht ausstehen kann, reibt Mama Zwiebel mit dem Feinreibeisen, so dass sie zerkocht und im fertigen Borschtsch nicht auffindbar ist. (Aus meiner Sicht könnte man auf Zwiebel im Borschtsch auch generell verzichten.)

Wenn das Fleisch fertig ist, wird die Brühe durchgesiebt, Zwiebel, Lorbeer, Peperoni und Pimentkörner entsorgt. Das reine Fleisch wird – per Hand! – in mittlere und kleine Stückchen, die beim Essen auf einen Löffel passen, geteilt. Wenn das nicht geht und Sie ein Messer dazu brauchen, dann haben Sie entweder zu altes Fleisch gekauft oder es zu kurz gekocht.

In die Brühe gibt man die grob geschnittenen Kartoffeln und kocht sie. Jetzt haben Sie 20 Minuten Zeit, bis die Kartoffeln – und der Borschtsch – fertig sind.

In dieser Zeit gibt meine Mutter das geriebene Gemüse in eine Pfanne mit erhitztem Sonnenblumenöl. Einige Köche verwenden anstelle von Öl ausgelassenen Speck. Da ich aber gebratene Speckteile nicht ausstehen kann, nimmt meine liebe Mama immer Öl. Möhren und Rüben werden in der Pfanne gedünstet bzw. gebraten. Wenn von der Anfangsmenge in der Pfanne nur noch ein Drittel übrig geblieben ist, Möhren und Rüben goldbraun gebraten sind und wenn der typische Rote-Rüben-Geruch verflogen ist, wird in die Pfanne recht viel (ca. 200 ml) Tomatenmark gegeben. Darin wird das Gemüse bei schwacher Hitze noch ein paar Minuten lang gewendet und geschmort.

Nun gibt man Gemüse sowie das Fleisch in die kochende Brühe. Bis alles wieder kocht, schneidet man ein Viertel Weißkohl in sehr schmale lange Streifen, hackt noch etwas Dill und Petersilie. Wenn die Brühe erneut kocht, fügt man die Weißkohlstreifen hinzu. Nun sehr kurz köcheln lassen – und alles ist fertig. Gut gekochter Weißkohl im Borschtsch muss nicht weich, sondern leicht knackig sein, Italiener würden *al dente* sagen. Bevor Sie den Borschtsch vom Herd nehmen, rühren Sie Dill und Petersilie in die Brühe ein und schmecken ab: Es kann sein, dass dort noch eine Prise Salz oder – wenn das Tomatenmark nicht säuerlich genug war – einige Spritzer Essigsäure fehlen. Jetzt ist der Borschtsch endgültig fertig.

Serviert wird Borschtsch in tiefen Suppentellern. Vor dem Verzehr geben Sie einen großen Löffel »Smetana« auf die Suppe, die in Deutschland durch Schmand oder Crème fraîche ersetzt werden kann. Nehmen Sie aber bitte auf keinen Fall 10-prozentige saure Sahne – ganz Diätkost ist das sowieso nicht, und der Geschmack kann verloren gehen.

Früher war Borschtsch in der Ukraine Alltagsessen, man kochte ihn für viele Personen und mehrere Tage. Manche Ukrainer vertreten sogar die Meinung, abgestandener Borschtsch schmecke besser als frisch gekochter. Meine Kinder können bei meiner Mutti gekochten Borschtsch eine Woche lang essen ohne zu meckern, oder sie beschweren sich, wenn der große Topf bereits am zweiten Tag alle ist. Die meisten Ukrainer essen, nehme ich an, doch lieber frischen Borschtsch. Dazu gibt es für unliebsame Gäste den Witz: »Essen Sie gern Borschtsch von gestern? Dann kommen Sie lieber morgen.«

Und noch eine Feinheit: Wenn Sie in der Ukraine zu Gast sind und die Wirtin für Sie Borschtsch kocht, wird Ihnen der Hausherr unausweichlich auch ein Schnäpschen einschenken. Trinken Sie ruhig. Es gibt dazu eine ukrainische Weisheit. Frage: »Wie unterscheidet man Borschtsch von Roter-Rüben-Suppe?«

Antwort: »Mit Horilka ist es Borschtsch, ohne Horilka eine Suppe.«

Warenyky
(Singular – *Warenyk,* aber wer isst nur ein Stück?!)

Warenyky sind nach Borschtsch das zweitwichtigste Gericht in der Ukraine. Es handelt sich im Grunde um Teigtaschen, die von Haluschky, Klößen einfachster Natur, abstammen.

Entscheidend ist die Füllung. Es gibt Warenyky mit Fleisch, Innereien, Quark und Rosinen, mit Mohn, mit Kartoffeln und gebratenen (äh ...) Zwiebeln, mit Sauerkraut, Pilzen, Äpfeln, Pflaumen, Erdbeeren, Himbeeren, mit – zauberhaft! – Sauerkirschen. Ukrainische Frauen, die Warenyky mögen, machen sie schnell und in vielen Varianten. Meine Freundin Raja serviert den Gästen an einem Abend vier bis fünf verschiedene Warenyky-Arten. Sie schmecken so gut und gehen ihr so leicht von der Hand, dass ich da keine Gewissensbisse bekomme, sie alle auch aufzuessen.

Das Hauptgeheimnis von Warenyky liegt aus meiner Sicht darin, dass sie einen sehr dünnen Teig haben sollten und so viel wie möglich Füllung, aber trotzdem ganz bleiben und nicht zerkochen. Das gelingt nur mit einem sehr festen, dabei zugleich aber sehr feinen Teig.

Dafür nimmt meine Mama feines Mehl, siebt es extra durch und schüttet ein Häufchen aufs Knetbrett. Seit Jahrzehnten, so weit ich mich erinnern kann, bekreuzigt meine Mutti dieses Häuflein Mehl drei Mal. Bei allen anderen Gerichten macht sie das gewöhnlich nicht.

Der Teig wird mit abgekochtem und völlig abgekühltem Wasser (bisweilen auch Milch) geknetet. Die Eier nimmt man besser erst kurz vor der Zubereitung aus dem Kühlschrank. (Jetzt ist alles elektrisch, aber früher, als wir noch einen Kohleherd hatten, formte Mama die Warenyky im kalten Korridor – irgendwie mögen sie keine Wärme.) Der feste Teig wird dann hauchdünn ausgerollt. Aus der Teigplatte durften wir Kinder mit einem umgekippten dünnwandigen Wasserglas runde Teigkreise ausstechen. Die sammelte man auf einem Haufen, und sie klebten erstaunlicherweise nicht zusammen.

Ein bekannter amerikanischer Gourmet, Bill Clinton, erklärte öffentlich, nachdem er Warenyky mit Schattenmorellen in der Ukraine geschmaust hatte (ich wollte »gekostet« schreiben, aber das hätte die Wirklichkeit beträchtlich verzerrt), dass er Warenyky für immer in seine »Must Be Served«-Liste aufnehmen werde.

Die Sauerkirschfüllung ist in der Tat die Spitze der ukrainischen kulinarischen Volkskunst.

Frische Kirschen werden dazu erst entsteint, reichlich mit Zucker vermengt und einige Stunden stehen gelassen. Der Saft, der sich im Topf bildet, wird mehrmals abgegossen und später zu den Warenyky serviert. Flüssigkeit ist nämlich der Tod für gute Warenyky, zumal ja beim Kochen diese Flüssigkeit mitkocht. Der Saft liefe unwiederbringlich aus dem Warenyk heraus in die Kochbrühe. Doch eben dieser Saft ist die Quintessenz der Speise. Warenyky ohne Saft würde ich mit einem Ei ohne Eigelb oder mit einer Nuss ohne Kern vergleichen. Das ist wahrlich ein kulinarisches Dilemma: Man muss den Saft in der Füllung vermeiden, die fertigen Warenyky sollen dessen ungeachtet saftig sein. Die Quadratur des Kreises ist nichts dagegen.

Ich denke, es liegt an dem unauflöslichen Teig, dem fest zusammengepressten Rand der »Teigtasche« – und dem Können der Köche selbstverständlich.

Ein roher Warenyk entsteht, wenn Sie eine ausgeschnittene Teigscheibe mit Kirschen füllen und die Ränder fest zusammenkneifen. Bei (russischen) Pelmeni wird auch der Außenring eines Halbkreises zusammengedrückt. Warenyky sehen aber immer wie ein Halbmond aus. Sie werden vorsichtig in einen niedrigen und breiten Kochtopf mit leicht gesalzenem, kochendem Wasser gegeben und gleich gerührt (nicht geschüttelt!), damit sie nicht am Boden haften bleiben. Bei kleiner Hitzezufuhr werden sie nur so lange gekocht, bis sie aufgetaucht sind. Dann vorsichtig mit einem Schaumlöffel herausnehmen, in einer Schüssel mit ausgelassener Butter mehrmals leicht schwenken und sofort servieren.

Niemals kalt werden lassen! Kalte Warenyky sind eine Blamage, ein Skandal! Wenn Sie mit der Fabrikation von rohen Warenyky bereits fertig und die Gäste noch nicht da sind (was in der Ukraine oft vorkommt), dann legen Sie die Warenyky einzeln auf ein mit Mehl bestreutes Blech und stellen es an einen kühlen Ort. So können Sie Warenyky auch über Nacht im Kühlschrank aufbewahren. Bieten Sie jedoch niemals die gekochten Warenyky von gestern an, wenn Sie Ihr Gesicht als Gastgeber(in) nicht verlieren möchten.

Eine Ausnahme, die die Regel bestätigt: Wenn der Mann am späten Abend unerwartet mit Freunden nach Hause kommt und sie unbedingt in einer geselligen Runde eine Horilka-Flasche leeren möchten, dann können Warenyky vom Vortage durchaus als Sakuska ihren Zweck erfüllen.

Serviert werden *frische heiße* herzhafte Warenyky mit ausgelassener Butter oder Schmalz, süße Warenyky – auch mit flüssiger Butter, Smetana (Crème fraîche), Zucker, Kirschsirup oder Honig.

Daneben gibt es noch »faule« Warenyky. Die sind einfach und schnell zuzubereiten, schmecken gut, wobei manche Feinschmecker sie eher zu einer Abart zählen.

Nehmen Sie ein halbes Kilo Quark. (Meine Mutti kauft den Quark auf dem Markt, wo sie lange durch die Reihen geht und ihn bei verschiedenen Verkäuferinnen kennerisch verkostet.) In Deutschland würde ich mich für körnigen und nicht gerade mageren Frischkäse entscheiden, der manchmal Hüttenquark genannt wird. Sie mischen ihn mit 2 Eiern, 1 bis 2 Esslöffeln Zucker und 3 bis 5 Esslöffeln Mehl. Je weniger Mehl, desto luftiger die Speise, aber desto komplizierter die Zubereitung. (Suchen Sie die goldene Mitte selbst.) Dieser Teig wird auf einem Brett erst zur Kugel und dann zur »Wurst« – 2 cm Durchmesser – geknetet. (Das leicht gesalzene Wasser kocht bereits!) Die »Wurst« in Scheiben (2 cm) schneiden, mit den Schnittseiten in Mehl eintauchen und ins Wasser werfen. Zum Kochen bringen und auf schwacher Flamme noch 3 Minuten kochen, nachdem die Warenyky bereits an der Oberfläche schwimmen. Auf einen Teller geben, mit Zucker bestreuen, Smetana (reichlich) dazugeben – und schlemmen! Wenn Sie zu viel »faule« Warenyky gemacht haben, frieren Sie sie ein (erst einzeln auf dem Blech, dann in einem Beutel) – für einen Tag, an dem Sie faulenzen möchten.

Durch Nikolaj Gogol, einen der herrlichsten Chronisten der Ukrainer und ihrer Sitten, haben die Warenyky ihren Einzug in die Weltliteratur geschafft. In seinem Werk »Die Nacht vor Weihnachten« wurden Warenyky zum Symbol der Völlerei – und des Teufelszeugs! Eine kleine literarische Kostprobe daraus: (Der Schmied Wakula ist gerade bei seinem Dorfnachbarn Pazjuk, dem die Klatschküche enge Beziehungen zum gehörnten Pferdefuß bescheinigt.)

»Auf dem Fußboden standen zwei Holzschüsseln: eine voll mit Warenyky, die andere mit Smetana. (…) Während er gerade daran dachte, riss Pazjuk seinen Mund auf, schaute die Warenyky an und sperrte ihn noch breiter auf. Schon schlüpfte ein Warenyk aus der Schüssel, platschte in die Smetana, drehte sich auf die andere Seite, sprang hoch und gelangte geradewegs in seinen Mund. Pazjuk aß ihn auf und öffnete den Mund erneut; wieder kam ein Warenyk auf gleiche Weise herein. Er selbst mühte sich nur mit Kauen und Schlucken ab.

›Sieh mal, was für ein Wunder!‹, dachte der Schmied, ihm blieb der Mund vor Staunen offen stehen. Und just in diesem Moment merkte er, dass sich auch ihm ein Warenyk in den Mund schob und seine Lippen schon mit Smetana beschmiert hatte. Der Schmied schubste den Warenyk weg, wischte sein Lippen und fing an nachzugrübeln, welche Wunder sich in der Welt ereignen und an welche Weisheiten der Teufel den Menschen heranführt.«

Dann – guten Appetit!

Einige ukrainische (Ess-)Kleinigkeiten

Für jede nationale Küche ist etwas Besonderes prägend. Für Italiener Pasta, für Franzosen Muscheln, für die Ukrainer – habe ich nach langer Überlegung für mich festgelegt – Knoblauch, Rote Rübe und Kürbis. Alle diese Gemüsearten wachsen wie verrückt in jedem ukrainischen Garten, lassen sich im Keller gut über den

Winter aufbewahren und bilden dementsprechend die Säulen der ukrainischen Küche. Allein Knoblauch, den man in der Ukraine einfach roh zum Borschtsch oder zum Speck isst (um den Mundgeruch zu mildern, kauen die Ukrainer anschließend Petersilie!) wird in Dutzenden Gerichten verwendet: Kartoffelsalat, Kosaken-Bouletten, Kohlrouladen ... Wer sich dafür eingehend interessiert, muss sich ein Buch über die ukrainische Küche zulegen. Hier beschreibe ich nur eine kleine Auswahl von Gerichten, die ich von zu Hause kenne und bis jetzt (erfolgreich!) selber zubereite.

Knoblauch

In der Ukraine kommen Gäste oft unangemeldet. Deshalb gibt es dann einige Salate, die sehr schnell von der Hand gehen. Ausgesprochen wohlschmeckend finden meine deutschen Freunde den sogenannten *Jüdischen Salat*. In der Ukraine ist er beliebt, woanders habe ich ihn nie gesehen. Ich nehme zwei hart gekochte Eier, schneide sie sehr klein, reibe mit dem kleinen Reibeisen 200 Gramm einer einfachen Sorte Hartkäse, drücke 2 große Zehen Knoblauch durch eine Knoblauchpresse und vermische all das mit zwei Esslöffeln Mayonnaise. Kein Salz, kein Pfeffer! Es schmeckt auf Toastbrot oder einfach auf einer Scheibe Schwarzbrot. Jetzt kann ich den Gästen einen Schnaps anbieten und sie damit beköstigen, bevor bzw. während meine Frau oder ich etwas Aufwendigeres vorbereiten! Es ist noch nie vorgekommen, dass von dem Salat etwas übrig blieb.

Rote Rübe (Rote Bete)

Ich bin kein guter Koch, aber einige Kleinigkeiten werden von Freunden zu jeder Feierlichkeit ausdrücklich von mir verlangt. Eine davon ist ein Rote-Rüben-Salat. Je nach Anzahl der geladenen Gäste Rote Rüben gar kochen oder backen (auch 10 bis 15 Minuten in der Mikrowelle reichen), schälen, anschließend mit einer groben Reibe zerkleinern. Eine Handvoll Walnüsse in der Pfanne ohne Fett goldbraun braten und mit dem Messer klein hacken. Eine durchgepresste Knoblauchzehe wird nicht schaden. Alles mit Mayonnaise und einigen klein geschnittenen Backpflaumen oder Rosinen vermischen. Ich gebe etwas Salz und relativ viel schwarzen Pfeffer dazu, aber das ist Geschmackssache.

Kürbis

Besonders schmackhaft sind Kürbissuppen – mit Rindsbouillon, Tomaten, gerösteten Kürbiskernen, verfeinert mit Kürbisöl.

Die Ukrainer essen aber auch gern Kürbisbrei. Einen kleinen Kürbis (über 1 Kilogramm Rohgewicht) schälen, säubern, in Würfel schneiden, mit einem Liter Milch, einem Glas Milchreis, Zucker nach Geschmack und einer Prise Salz auf kleiner Flamme kochen. Wenn daraus ein Brei geworden ist (kleine Stückchen Kürbis sind noch sichtbar), kann er mit etwas Butter obendrauf serviert werden. In der Kindheit haben wir das als Festessen empfunden – im Unterschied zum unbeliebten Grießbrei!

Epilog

Als die Bäume noch klein waren und in der Ukraine und in Ostdeutschland noch Kommunisten regierten, verliebte sich ein deutsches Mädchen in einen ukrainischen Jungen. Sie weilte als Studentin für vier Wochen zu einem freundschaftlichen Arbeitseinsatz in der Ukraine und prompt flammte ein Feuer auf, und Schmetterlinge flogen im Bauch.

Als sie zurück nach Leipzig kam, ging sie in die Deutsche Bücherei, um dort alle Bücher über die Ukraine zu lesen. Außer Schewtschenko-Gedichten fand sie in der größten Bibliothek Ostdeutschlands fünf Bücher, und zwar: »Geschichte der ukrainischen Kultur«, »Die Ukrainische Sozialistische Sowjetrepublik«, »Geschichte der Ukraine«, »Deutschland und die Ukraine 1934–1945« und sogar »Die Ukraine in Vergangenheit und Gegenwart«. Sie bestellte alle Bücher und wartete in Vorahnung des Lesevergnügens. Sie bekam die fünf Bestellzettel mit dem Stempel »Nachweis für die wissenschaftliche Verwendung erforderlich« zurück.

Es war nur Liebe, und das Mädchen bedauerte, dass sie dafür keine »wissenschaftliche Verwendung« finden konnte. Sie war auch clever genug, zu wissen, dass so die »Giftliteratur« aus dem Westen markiert wurde. Man wollte offenbar den in ideologischen Kämpfen noch unerfahrenen Hirnkasten einer Studentin mit solchen Büchern nicht belasten. »Die Ukraine in Vergangenheit und Gegenwart« war 1964 von der Deutsch-Ukrainischen Gesellschaft in München herausgegeben worden. Höchst suspekt! Und die »Geschichte der ukrainischen Kultur« (auch aus München!) stammte von Iwan Mirtschuk, einem schwer einzuschätzenden Philosophen, der den Idealisten Immanuel Kant übersetzt hatte. Oder der Historiker und Masepa-Forscher Professor Krupnyzkyj, der einst Mirtschuks Vorträge in Berlin besucht hatte. Seine »Geschichte der Ukraine« erschien zwar in Leipzig, aber leider im August 1941. Als das Buch 2001 in der Ukraine zum ersten Mal herausgegeben wurde, bescheinigten die Rezensenten dem Autor einhellig einen für Wissenschaftler nicht unwichtigen Charakterzug – Mut. Im Buch aus dem Jahr des Überfalls auf die Sowjetunion gibt es kein einziges Wort zu Hitlers Ostkampagne gegen die Ukraine. Aber als Lektüre für eine DDR-Studentin? Nicht geeignet. Und dann noch Borys Lewyzkyj! Der war sowieso entbehrlich, denn seine anderen Bücher hatten ihn für die DDR disqualifiziert: »Vom roten Terror zum sozialistischen«, »Terror und Revolution«, »Die Kommunistische Partei der Sowjetunion – Porträt eines Ordens«. Deshalb ahnten die Zensoren, was sich hinter dem harmlosen Titel »Die Ukrainische Sozialistische Sowjetrepublik« verbarg, zumal er beim Klassenfeind in Köln erschienen war. Schließlich der Journalist Roman Ilnyzkyj, dessen Buch »Deutschland und die Ukraine 1934–1945« wohl durch die Tätigkeit des Autors für den ukrainischen Nationalisten Stepan Bandera auf dem Index landete. Das konnten offenbar auch drei Jahre im KZ unter den Nazis nicht aufwiegen. So war die Logik damals. Ich konnte das nachvollziehen, denn das Denken der kommunistischen Herrscher war auch in der Ukraine auf diesem Niveau.

Als ich auf Einladung meiner künftigen Frau wenig später die DDR besuchen wollte, wurde mir mehrmals das Visum verweigert. Auf meine Nachfrage gab mir ein Milizoberst den Rat: »Fahren Sie lieber nach Uman. Dort ist es auch sehr schön.«

Zum Glück gehören das Diktat der Partei und der »Eiserne Vorhang« inzwischen der Vergangenheit an. (Unsere Familie hat unlängst aus freien Stücken Uman besucht, wo es wirklich sehr schön ist. Lichtjahre liegen zwischen »Nachweis erforderlich« und visafrei in die Ukraine – per Flug, Bus oder Bahn. Als ich meinen Kindern erzählte, dass mein Reiseantrag in die DDR nur deshalb abgelehnt worden war, weil die Miliz auf dem Formular Intensitätsunterschiede meines Schreibmaschinenfarbbandes ausgemacht hatte, glaubten sie mir nicht. Sie verstanden nicht, wie man solche Willkür überhaupt aushalten konnte. Gut so.

Und die Bücher, die in der Deutschen Bücherei nicht ausgegebenen werden durften? Werden sie heute gelesen? Interessieren sich die Deutschen noch dafür? Nach allem was ich höre, wächst die Neugier auf dieses europäische Land im Osten des Kontinents, seine Kultur, seine Menschen, seine abenteuerlichen politischen Verhältnisse. Das war auch der Antrieb für dieses Buch, das hoffentlich niemals einem Bibliotheksnutzer verweigert wird.

Anhang

Anmerkungen

1 Die Curzon-Linie – benannt nach dem ehemaligen britischen Außenminister Lord Curzon – wurde nach dem Ersten Weltkrieg im Dezember 1919 nicht willkürlich, sondern unter Bezugnahme auf die Muttersprache der jeweiligen Mehrheitsbevölkerung als provisorische polnisch-russische Grenze vom Obersten Rat der Entente vorgeschlagen.

2 Die Ostukraine hat mehr Vorkommen an Steinkohle, Eisenerz, Mangan, deshalb ist sie industriell besser erschlossen als der Westen des Landes. In der Zeit der Industrialisierung, also in den 30er Jahren des vorigen Jahrhunderts, kamen zahlreiche junge Leute aus Russland und anderen sowjetischen Republiken hierher, um Bergwerke und Metallurgiekombinate zu bauen. Während des Zweiten Weltkriegs wurden viele ukrainische Betriebe in den Osten der großen Sowjetunion evakuiert; zum Wiederaufbau nach dem Krieg zogen wieder unzählige Russen in die Ukraine und blieben.

3 Man feierte den 300. Jahrestag des ukrainisch-russischen Vertrages von Perejaslaw, eines »Ehevertrages« zwischen den russischen und ukrainischen Völkern, der die ukrainisch-russische Einigkeit für die Ewigkeit festschrieb.

4 Гійом Левассер де Боплан. Опис України. (Guillaume Le Vasseur de Beauplan, Description d'Ukranie, qui sont plusieurs provinces du Royaume de Pologne. Contenues depuis les confins de la Moscovie, insques aux limites de la Transilvanie. Ensemble leurs mœurs, façons de viures, et de faire la Guerre. – A Rouen, Chez Jacques Cailloue, 1660). Переклад з французької Я. І. Кравця, З. П. Борисюк. Київ, 1990.

5 Güthling, Otto (Hrsg.): Die Geschichten des Herodotos. Buch 4, Melpomena. Philipp Reclam, Leipzig 1885, S. 53.

6 Herder, Johann Gottfried: Ideen zur Philosophie der Geschichte der Menschheit, Sechzehntes Buch, Kapitel IV »Slawische Völker«. Berlin und Weimar 1965, S. 279 – 282

7 Zit. nach: Микола Костомаров. Галерея портретів. Київ 1993.

8 Im Unterschied zu Homonymen sind Paronyme nur *ähnlich* und nicht gleich klingende Worte.

9 Da im Englischen *sh* durchaus belegt ist, nutzen sie für ж die Einheit *zh*.

10 Einer der Helden des Stücks *Pygmalion* des englischen Autors George Bernard Shaw. Als Phonetikprofessor konnte Higgins nach Wortwahl und Aussprache genau die Region erkennen, aus der ein Mensch stammt.

11 Die Untersuchungen wurden in der Free University, Institute for Environmental Studies, CALUX, BioDetection Systems, Amsterdam, Niederlande; RIKILT, BioDetection Systems bv (BDS), Amsterdam, Niederlande; und bei Eurofins GfA, Münster, Deutschland, durchgeführt.
Dioxine sind bekannt, weil die Amerikaner sie als Defolianten in *Agent orange* im Vietnamkrieg verwendeten. In Lebensmitteln kommen sie normalerweise nicht vor. Es ist auch nicht davon auszugehen, dass es sich um eine versehentliche Vergiftung handelte, denn erstens werden Dioxine nur in drei Ländern, nicht aber in der Ukraine produziert und sind nicht frei verfügbar. Zweitens war die Konzentration dieser Stoffe im Blut um das Tausendfache höher als der zulässige Grenzwert.

12 КУЧМА: Мне давай этого самого, по »Украинской правде«, нужно решать, что с ним делать. Он просто »оборзел« уже. »Украинская правда«-тут просто, конечно, уже »оборзел«. Подонок, грузин, грузин этот.
ЛИТВИН: Я думаю, Кравченко сказать, чтобы они другими методами подействовали.
КУЧМА: Депортировать его в Грузию и выкинуть там на хуй. Отвезти его в Грузию и кинуть. Чеченцы нужно чтобы украли, и выкуп.»

13 КУЧМА: Гонгадзе это? Так вы ж ему пиздец можете сделать?
ДЕРКАЧ: Да, так все, пиздец ему. Я его, блядь, задрочу. Гонгадзе ещё скотина.
In: Микола Мельниченко. Хто є хто. На дивані президента Кучми.
http://www.pravda.com.ua/ru/archive/2002/december/1/Melnichenko.shtml

14 Олександра Примаченко, Юрій Кравченко – самостріл виключається, Дзеркало тижня, 29. Juli 2006.

15 Timtschenko, Viktor: Methods of murder cannot be a state secret. In: Kiyv weekly, 29. März 2006.

16 Siehe dazu: *Revolution.com. Etats-Unis: A La Conquête De L'Est* (Revolution.com. USA: Die Eroberung des Ostens) – so hieß der Film des französischen Regisseurs Marc Bordugo, der 2007 beim französischen Canal + und im russischen Fernsehen gezeigt wurde; Gene Sharp »From Dictatorship to Democracy – A Conceptual Framework for Liberation«.
Siehe auch: *Die gekaufte Revolution*. In: Der Spiegel, Nr. 50, 2007.

17 Исторический вестник. 1881. № 12, с. 479.

18 Dies ist nur eine Interlinearübersetzung von mir, obwohl es einige Übersetzungen ins Deutsche gibt. Ein Grund dafür ist folgender: Puschkins »Gedichte klingen in der Übersetzung entweder ein bißchen albern, oder simpel und grobschlächtig. Ein Eindruck, den die Originale in keinem Falle hervorrufen. Diese Erscheinung ist sicher einer der Gründe, weshalb Puschkins Gedichte außerhalb des russischen Sprachraums so wenig Nachhall gefunden haben. Man darf nicht vergessen, daß der ›Onegin‹ als larmoyante Tschajkowskij-Oper bei weitem bekannter ist, als in der erheblich besseren und vielschichtigeren Vorlage«, schrieb der Puschkinübersetzer und Autor Eric Boerner (home.arcor.de/berick/illeguan/index.htm).

19 Der eigentliche ukrainische Name von Sysanius ist *Kukil*, zu Deutsch *Kornrade*, das lateinische Pseudonym *Sysanius* bedeutet auch Kornrade, also ein Unkraut.

20 Russisch: <u>G</u>osudarstwennoje <u>u</u>prawlenije <u>l</u>agerej, die Staatsverwaltung der sowjetischen Arbeitslager. Nach dem Buch Alexander Solschenizyns *Der Archipel GULAG* (1973) wurde das Wort zur Bezeichnung für das politische Repressionssystem der Sowjetunion mit Lagern, Gefängnissen und Verbannungsorten.

21 Martschenko schlug damals eine historische Brücke zum Jahre 1863: Die Anordnung des ukrainischen Bildungsministers »Über eine intensivere Aneignung des Russischen in den Schulen der Ukraine« (1982) schickte er der ukrainischen West-Diaspora mit seinem Kommentar: »Schicke Ihnen einen neuen *Walujew'schen Ukas* ...«

22 Es gibt verschiedene Umfragen von Soziologen und sicherlich gibt es dort auch Zahlen mit einer zweiten Stelle nach dem Komma. Aber ich bin der Überzeugung, dass es an dieser Stelle ohne Belang ist, ob es 40 zu 60 oder 60 zu 40 steht. Fest steht, dass sich 17 Millionen Menschen in der Ukraine als Russen bezeichnen.

23 Für ganz Genaue: Russisch und Ukrainisch gehören zusammen zur Östlichen Untergruppe der Slawischen Gruppe des Baltoslawischen Zweigs der Indoeuropäischen Sprachenfamilie.

24 Es gibt praktisch nur eine Übersetzung ins Deutsche der von Schewtschenko als »Komödie« bezeichneten Verserzählung »Der Traum«. Einige – aus meiner Sicht wesentliche – Worte sind dort der Dichtkunst des Übersetzers zum Opfer gefallen. Bei der Lektüre des ganzen Textes fällt das nicht auf, beim Zitieren kurzer Abschnitte schon. Aber mir kommt es hier nicht auf die Schönheit der Verse, sondern vielmehr auf den trockenen Inhalt an. Deshalb bin ich gezwungen, die meisterhaft geschriebenen Strophen mit meiner Interlinearübersetzung zu versehen. Für die Leser, die Ukrainisch verstehen (aber auch für andere Interessierte!), sind als Fußnoten die Originaltexte abgedruckt.

25 Дивлюся:
   Палати, палати
   Понад тихою рікою;
   А беріг ушитий
   Увесь каменем. Дивуюсь,
   Мов несамовитий!
   Як то воно зробилося
   З калюжі такої
   Таке диво... отут крові
   Пролито людської –
   І без ножа.

26 О царю поганий,
   Царю проклятий, лукавий,
   Аспиде неситий!
   Що ти зробив з козаками?
   Болота засипав
   Благородними костями;
   Поставив столицю
   На їх трупах катованих!

27 Хто ж це такий?
   От собі й читаю,
   Що на скелі наковано:
   Первому – Вторая
   Таке диво наставила.
   Тепер же я знаю:
   Це той П е р в и й що розпинав
   Нашу Україну,
   А В т о р а я доконала
   Вдову сиротину.
   Кати! кати! людоїди!
   Наїлись обоє,
   Накралися; а що взяли
   На той світ з собою?
   Тяжко, тяжко мені стало,
   Так, мов я читаю
   Історію України.

28 AFP vom 23.10.2005.

29 Nach einer Legende wurden einem zum Sklaventum verdammten Ge-
   fangenen die Haare abrasiert, auf den Kopf zog man ein Stück Fell
   eines frisch getöteten Kamels auf. An Händen und Füßen gebunden,
   mit einem Holzkranz um den Hals, ließ man ihn für einige Tage in
   der prallen Sonne liegen. Das Leder zog sich zusammen und drückte
   so höllisch auf den Kopf, dass das Opfer entweder starb oder sein
   Leben sämtlich vergaß und zum vollkommenen willenlosen Sklaven
   wurde. (vgl. Aitmatow, *Der Tag zieht den Jahrhundertweg*).

30 Спасибі, признався,
    З циновими ґудзиками:
    «Де ты здесь узялся?»
    «З України». – «Так як же ты
    Й говорыть не вмиєш
    По-здешему?» – «Ба ні, – кажу, –
    Говорить умію,
    Та не хочу».

31 Unter Stalin wurden massenhaft die in Ungnade gefallenen Deutschen, auch nordkaukasische Völker wie die Tschetschenen und Inguschen, dorthin deportiert.

32 Zweierlei Sichtweisen auf eine Persönlichkeit oder ein historisches Ereignis sind keine Seltenheit. So verehren Russen und ein Großteil der Ukrainer Bohdan Chmelnyzkyj, der 1654 den Einigungsvertrag zwischen der Ukraine und Russland unterschrieb. Dafür hassen ihn ukrainische Juden: 100 000 bis 180 000 (die Angaben differieren) Juden sind in Laufe der von ihm geführten Kriege umgekommen. Die Juden nennen ihn *Chmel, der Schlächter*.

33 Allrussisches Zentrum der Meinungsforschung (ВЦИОМ) und Donezker Informationsanalytisches Zentrum (ДИАЦ), November 2004.

34 Mehr dazu siehe auch: Viktor Timtschenko: Russland nach Jelzin. Die Entwicklung einer kriminellen Supermacht. Rasch und Röhring, Hamburg 1998.

35 Leonid Kutschma war von 1994 bis 2004 Präsident der Ukraine.

36 Das Buch mit Zahlen der Volkszählung 1937 wurde erst 2007 veröffentlicht.

37 Wehner, M.: Bauernpolitik im proletarischen Staat. Die Bauernfrage als zentrales Problem der sowjetischen Innenpolitik 1921–1928. Köln 1998 (Beiträge zur Geschichte Osteuropas, Bd. 23), S. 59.

38 Wehner a.a.O., S. 67.

39 Микола Куліш: Пєси, Нукова думка, Київ, 2001.

40 Куліш, Антоніна: Спогади про Миколу Кулішај. Куліш М. Г. Твори: В 2 т. – К., 1990. – Т. 2. – с. 738.

41 Kolchos heißt »Kollektivwirtschaft«, Kolchoseigentum war privater Natur, weil Kolchosmitglieder es selbst in den »Gemeinschaftstopf« gegeben haben.

42 Pidhainy, S.O.: The Black Deeds of the Kremlin. Detroit 1955, Bd. 1., S. 205.

43 Journal de Genève, 26. August 1933.

44 Voropai, Oleksa: The Ninth Circle: In Commemoration of the Victims of the Famine of 1933, London 1954, S. 54.

45 7. Januar 1933.

46 Ein halbes Jahrhundert später kam es zu einer zynischen Wiederholung: Ärzten wurde verboten, die Katastrophe in Tschornobyl als Krankheits- oder Todesursache zu erwähnen.

47 Гроссман, Василий: Все течет … New York 1972, S. 160.

48 Der Beschluss des Politbüros des ZK der WKP (b) vom 23.02.1933 »Über die Reisen der Auslandskorrespondenten durch die UdSSR« sah vor, dass sich Journalisten nur mit Erlaubnis der Milizhauptverwaltung bewegen durften.

49 Conquest, Robert: Ernte des Todes. Ullstein 1991. Diesem Buch entstammen auch mehrere Beispiele in diesem Kapitel.

50 Der ukrainische Hunger-Holocaust. Stalins verschwiegener Völkermord 1932/33 an 7 Millionen ukrainischen Bauern im Spiegel festgehaltener Akten des deutschen Auswärtigen Amtes. Eine Dokumentation, herausgegeben und eingeleitet von Dr. D. Zlepko, Verlag Helmut Wild, Sonnenbühl 1988.

51 Український історичний журнал, № 2, 2007. Dort auch die folgenden Zitate.

52 1988 veröffentlichte die Kyiwer Zeitung »Literaturna Ukrajina« den Vortrag des Schriftstellers Olexa Musijenko, in dem er die Hungersnot 1933 zum ersten Mal als *Holodomor* bezeichnete. Der deutsche Historiker Wilfried Jilge schreibt: Seitdem hat sich die Wortschöpfung »in der ukrainischen Debatte als Bezeichnung für den Hungerterror eingebürgert. Es ist eine Verbindung von *holod* (Hunger) und *mor* (Krankheit, Seuche, Massensterben) und verweist auf die gewaltsame Instrumentalisierung der Hungersnot durch die Bolschewiki gegen die sich gegen die Kollektivierung wehrenden Bauern. Mit der Begriffsbildung wird die Einzigartigkeit des von der sowjetischen Führung verübten Verbrechens angedeutet.«

53 Jilge, Wilfried: Geschichtspolitik in der Ukraine. Das Parlament. Beilage: Aus Politik und Zeitgeschichte, 08–09/2007.

54 Бульвар, № 10, 6. März 2006.

55 Angerer, Jo; Maus, Andreas: Scharping: Milliardengeschenke für die deutsche Rüstungsindustrie, *Monitor*, 10. August 2000.

56 Das »Computermodell« A400M kostete 160 Mio. DM, die reale AN-70 nur 120 Mio. DM. *Spiegel*, Nr. 8, 21. Februar 2000.

57 Olena Filatowa war – an Milizposten vorbei – vielmals in der »Zone«. Sie betreibt in mehr als zehn Fremdsprachen eine der interessantesten Internetseiten zur Tschornobyl-Katastrophe (www.elenafilatova.com). Auf der Seite habe ich etwas vorgefunden, was man sonst nur selten liest: »Die Materialien dieser Seite können gedruckt, kopiert, übersetzt oder für alles Mögliche verwendet werden; keine Rechte vorbehalten. Mein Ziel ist es, diese Seite möglichst vielen Menschen zur Verfügung zu stellen.« Für die Übersetzungen in weitere Fremdsprachen benötigt sie Hilfe vor allem von Muttersprachlern. Hier ist ihre Mail-Adresse: elena@elenafilatova.com.

58 Offb. 8, 10.

59 Offb. 8, 11.

60 Die Tschornobyl-Witze stammen aus den Sammlungen Serhij Tschyrkows und des Autors.

61 Angaben von Prof. Dr. Friedrich Schneider, Institut für Volkswirtschaftslehre, Johannes Kepler Universität Linz. In: http://www.econ.jku.at/Schneider/Schatt%202005.pdf.

62 Попович, Володимир: Правові основи банківської справи та її захист від злочинних посягань, Київ, КСК ДПФ, Дія-плюс, 1994.

63 Daschko, Jurij: Geldwäsche und Geld aus der »Luft«. In: Magazin für die Polizei, Jöring & Hochrein OHG, Aschaffenburg, Nr. 236, Dezember 1995.

64 Ein ähnliches Vorgehen habe ich auch in Deutschland nicht nur einmal beobachtet. Ein wesentlicher Unterschied besteht darin, dass in Deutschland das MÖGLICH ist, und in der Ukraine die REGEL.

65 Diese Reprivatisierung war in der Ukraine unter Juristen und Politikern sehr umstritten, rief im Westen aber keine Aufregung hervor: Es geschah eben in der »demokratischen« Ukraine unter einem »demokratischen« Präsidenten.

66 http://www.ukrainref.com.ua/index.php?go=Voting&in=result&id=13, 24. April 2007.

67 http://www.transparency.de/Tabellarisches-Ranking.1084.0.html, 27. September 2007.

68 Єленський, Віктор: Українська іудаїка, Людина і світ. 1991. № 5. с. 53–56; № 6. – с. 39–48.

69 Коцюбинський, Михайло: Він іде. In: Твори в трьох томах, том 2. Київ, Дніпро, 1979, с. 193. Übersetzung des Autors.

70 Zit. nach: Helmut Braun (Hrsg.): Czernowitz. Die Geschichte einer untergegangenen Kulturmetropole. Berlin 2006.

71 Puluj, I.: Strahlende Elektrodenmaterie. II. Abteilung. Sitzungsberichte der Kaiser. Akademie der Wissenschaften. Bd. CLXXXIII., Heft 1. Wien, 1881. S. 402–403.

72 »Atom« stammt von ἄτομος, átomos – »unteilbar«.

73 Puluj, I.: Strahlende Elektrodenmaterie. II. Abteilung. Sitzungsberichte der Kaiser. Akademie der Wissenschaften. Bd. CLXXXIII. Wien 1881, S. 402–403 und Puluj, I.: Strahlende Elektrodenmaterie. III. Abteilung. Sitzungsberichte der Kaiserlichen Akademie der Wissenschaften. Bd. LXXXIII. Wien 1881, S. 696–708.

74 Klementitch, P.: Rayons invisibles (rayons-x) de W. K. Roentgen. Experiences de I. Puluj de Prague. La Nature. Paris, 1896. 8 fevrier, S. 158.

75 Puluj, I.: Nachtrag zur Abhandlung: Über die Entstehung der Roentgenschen Strahlen und ihre photografische Wirkung. Sitzungsberichte der Kaiserlichen Akademie der Wissenschaften in Wien. Mathem.-naturwiss. Klasse. Bd. Abth. II. a. 5. März 1896.

76 Human Skelett. Radiographed by Professor Puluj. The photogram. London 1896. Vol. 3, S. 28–106.

77 Aus dem Brief an Prof. N. Rynin vom 1. Mai 1929. Zit. nach: Анатолий Иващенко: Выше элеватора луна, «Дружба народов», № 1, 1990. (Anatolij Iwatschenko: Wyshe elevatora luna, Drushba narodow 1/1990).

78 http://www.allabout.ru/a14259.html.

79 Гійом Левассер де Боплан. Опис України. (Guillaume Le Vasseur de Beauplan, Description d'Ukranie, qui sont plusieurs provinces du Royaume de Pologne. Contenues depuis les confins de la Moscovie, insques aux limites de la Transilvanie. Ensemble leurs mœurs, façons de viures, et de faire la Guerre. – A Rouen, Chez Jacques Cailloue, 1660). Переклад з французької Я. І. Кравця, З. П. Борисюк. Київ, 1990.

80 П'єр Шевальє, Історія війни козаків проти Польщі (Pierre Chevalier, Histoire de la Guerre des Cosaques contre la Pologne). Переклад з французького видання 1663 року. Київ, 1993.

81 Leipziger Volkszeitung, 11. Juni 2007.

82 Hüllinghorst, Rolf: Versorgung Abhängigkeitskranker in Deutschland. In: Jahrbuch Sucht 06, Neuland Geesthacht 2006.

83 Dserkalo tyshnja, № 42 (517) 16.–22.10.2004.

84 Titel: Schöne Minka, ich muss scheiden! Tonart: a-moll. *Kinsky* WoO 158.1 Nr. 16: *Lieder verschiedener Völker – 16. Russisch (»Air cosaque«).*

85 Beethoven widmete Andrij Rosumowskyj (wird auch als *Andreas Rasumo(f)fsky, Rasoumovsky* oder *Razumovsky* geschrieben) seine 5. und 6. Sinfonie; auf Bestellung des Ukrainers schrieb der Komponist auch drei Streichquartette, die »Rosumowskyj-Quartette« heißen.

86 »Seit den 60er Jahren bereisten zahlreiche Kommissionen aus dem Norden die DDR, um deren Schulwesen zu studieren. Überzeugt davon, dass der pädagogische Ansatz zu guten Ergebnissen führen kann, wurde die finnische Schule u.a. nach DDR-Vorbild aufgebaut. Ob dies allein zu dem hervorragenden Abschneiden der Finnen bei PISA geführt hat, kann nicht nachgewiesen werden. Doch dass eine effektive Wissensvermittlung auch auf dem Wesen des Schulsystems beruht, ist aber kaum von der Hand zu weisen«, so der MDR. (www.mdr.de/umschau/909860.html). Siehe auch Bayerischer Rundfunk: www.br-online.de/wissen-bildung/thema/pisa-sieger/finnland/shtml.

87 In der Ukraine waren solche Lebensgemeinschaften schon seit Jahrhunderten bekannt. Sie hießen volkstümlich »das Leben aus Liebe, auf Vertrauens- und Gewissensbasis« und wurden schon damals von der Dorfmoral akzeptiert, nicht für Sünde gehalten. Im Gegensatz dazu sind Homo-Ehen heute noch für viele suspekt.

Basisdaten

Fläche: 603 628 km²

Einwohner: 46 163 000 (Schätzung von Dezember 2008)

Bevölkerungsdichte: 76,5 je km² (Deutschland 231 je km²)

Ausländeranteil: 0,4 % (ständiger Wohnsitz mit ausländischem Pass)

Geburtenrate: 11,0/1000 Einwohner (Deutschland: 8,25/1000)

Kinder je Frau: 1,25 (Deutschland: 1,37)

Lebenserwartung: Männer 62,2 Jahre; Frauen 74,2 Jahre (Deutschland: Männer 76,9 Jahre; Frauen 82,3 Jahre)

Scheidungsrate: 42,8 % (2007, Deutschland 39,4 %, Österreich 43,4 %)

Religiöse Zugehörigkeit der Gläubigen (Schätzung von 2006): orthodox (verschiedene Konfessionen) 83,7 %, griechisch-katholisch 8,0 %, römisch-katholisch 2,2 %, Protestanten 2,2 %, jüdisch 0,6 %, sonstige 3,3 %. Mehr als 26 % der Bevölkerung ist nicht religiös.

Hauptstadt: Kyiw, offiziell registriert sind 2 745 000 Einwohner, geschätzte tatsächliche Einwohnerzahl liegt über 4 Mio.

Amtssprache: ukrainisch

Gliederung: 27 administrative Einheiten: 24 Gebiete (oblast), ein autonomes Gebiet (Krim), zwei selbstverwaltete Städte (Kyiw und Sewastopol)

Grenzlänge: gesamt 4566 km, mit Belaruss 891 km, mit Moldawien 940 km, mit Polen 482 km, mit Rumänien 538 km, mit Russland 1576 km, mit Slowakei 90 km; Küstenlänge: 2782 km

Längste Flüsse: Dnipro (ukrain. Teil 981 km), Südlicher Bug (806 km), Dnister (ukrain. Teil 705 km), Siwersky Donez (ukrain. Teil 672 km), Desna (ukrain. Teil 591 km)

Höchster Berg: Howerla 2061 m

Bruttoinlandsprodukt je Einwohner und Jahr: ca. 6000 Euro (entspricht 29 % des EU-Durchschnitts)

Beschäftigungsgrad (1. Hälfte 2008): 67,5 % (EU 64,3 %, Deutschland 67,2 %)

Arbeitslosigkeit (1. Hälfte 2008): offiziell 3,0 % (nach ILO-Zählung 6,8 %); 2009 erwartet man mindestens 15 %

Inflationsrate: 22,3 %

Durchschnittliches Arbeitseinkommen: 1806 Hrywnja mtl. (entsprach 2008 etwa 240 Euro)

* Soweit nicht anders angegeben, beziehen sich die Daten auf das Jahr 2008.
Quellen: Staatskomitee der Ukraine für Statistik, Ukrainische Enzyklopädie, World Fact Book, www.kmv.gov.ua.

Kontaktadressen und Einreisebestimmungen

Botschaft der Bundesrepublik Deutschland
Wul. Bohdana Chmelnyzkoho 25
01901 Kyiw
http://www.kiew.diplo.de/Vertretung/kiew/de/Startseite.html
Tel. +38 04 42 47 68 00
Fax +38 04 42 47 68 18

Die Botschaft ist z. Z. von 08.00 bis 13.00 und von 14.00
bis 17.15 Uhr montags bis donnerstags und von 08.00
bis 12.30 und von 13.00 bis 15.30 Uhr freitags geöffnet.

Honorarkonsulat in Lwiw (Lemberg)
Wul. Wynnytschenka 6
79008 Lwiw
Tel. +38 03 22 75 71 02

Honorarkonsulat in Donezk
Wul. Artema 58,
Donezk
Tel. +38 06 23 45 17 17; +38 06 23 32 98 17
Fax +38 06 23 45 17 15

Honorarkonsulat in Odessa
Wul. Lonsheroniwska 9, office 17
65026 Odessa
Tel. +38 04 87 77 89 03

Österreichische Botschaft
Wul. Iwana Franka 33
01030 Kyiw
http://www.bmeia.gv.at/index.php?id=68248&L=0
Tel. +38 04 42 88 09 42, +38 04 42 88 09 43
Fax +38 04 42 87 54 65

Schweizerische Botschaft
Wul. Kosjatynska 12
Postfach 114
01015 Kyiw
http://www.eda.admin.ch/eda/de/home/reps/eur/vukr/embkie.html
Tel. +38 04 42 81 61 28
Fax +38 04 42 80 14 48

Goethe-Institut Kyiw
Wul. Woloska 12/4
04070 Kyiw
http://www.goethe.de/kiew
Tel. +380 44 44 96 97 85
Fax +380 44 44 96 97 89

DAAD – Informationszentrum Kyiw
Pr. Peremohy 37 – KPI
03056 Kyiw
http://www.daad.org.ua/
Tel. +38 04 42 41 87 16
Fax +38 04 42 41 76 69

Vertretung der Deutschen Wirtschaft
Wul. Puschkinska 34
01004 Kyiw
http://www.diht.kiev.ua
Tel. +38 04 42 24 59 98; +38 04 42 24 55 95
Fax +38 04 42 35 42 34; +38 04 42 24 59 77

Zentralstelle für das Auslandsschulwesen
http://www.zfa-kiew.dasan.de/de/index.html

Politik
Präsident der Ukraine: http://www.president.gov.ua/
Englisch: http://www.president.gov.ua/en/

Regierung: http://www.kmu.gov.ua/control/uk
Englisch: http://www.kmu.gov.ua/control/en

Parlament: http://zakon.rada.gov.ua/
Englisch: http://portal.rada.gov.ua/control/en/index

Zeitungen auf Englisch
Kyiv Weekly (englisch/russisch): http://www.kyivweekly.com/
Kyiv Post: http://www.kyivpost.com/newspaper

Tageszeitungen
Сегодня (russ.): http://www.segodnya.ua/
Газета по-киевски (russ.): http://mycityua.com/
День (ukr. und russ.): http://www.day.kiev.ua/
englische Internet-Seite: http://www.day.kiev.ua/en/

Wochenzeitungen und Zeitschriften

Dserkalo tyshnja (ukr. und russ.): http://www.zn.ua/
englische Internet-Seite: http://www.mw.ua/

Komentari (ukr. und russ.): http://comments.com.ua/

Korrespondent (russ.): http://ua.korrespondent.net/

Rundfunk

Radio Ukraine (Internet-Seite auf Deutsch):
http://www.nrcu.gov.ua/index.php?id=470

Radio Ukraine International (deutsch),
Sendezeit (UTC) und Frequenzen
00.00 – 01.00 Uhr, 49 Meter, 5,830 MHz
18.00 – 19.00 Uhr, 41 Meter, 7,510 MHz
21.00 – 22.00 Uhr, 49 Meter, 5,830 MHz

Einreisebestimmungen

Ein Visum ist für EU-Bürger und Schweizer nicht mehr notwendig.

Die Einreise in die Ukraine (bis 90 Tage) setzt für Bürger der Europäischen Union einen Reisepass mit mindestens 6 Monaten Gültigkeit ab dem Einreisetag voraus.

Offiziell besteht für Reisende in die Ukraine die Verpflichtung, eine Reisekrankenversicherung mit Gültigkeit in der Ukraine nachzuweisen, danach wird aber nur noch gelegentlich gefragt.

An der Grenze sind bei der Einreise eine Zollerklärung und eine »Immigration Card« (Formulare liegen aus) abzugeben. In die Zollerklärung sind außer den persönlichen Daten auch Angaben über eingeführte Devisen – falls mehr als umgerechnet 10 000 Euro – einzutragen, weil die Ausfuhr aus der Ukraine von mehr als 10 000 Euro einer Herkunftserklärung bedarf.

Von der »Immigration Card« behält man eine Zweitschrift bei sich, die bei der Ausreise wieder vorzulegen ist.

Siehe auch: http://wikitravel.org/de/Ukraine

Die Länderreihe des Ch. Links Verlages

2. Auflage

2. Auflage

1. Auflage

4. Auflage

4. Auflage

1. Auflage

1. Auflage

1. Auflage

Alle Bände der Reihe:
ca. 200 Seiten,
Klappenbroschur
16,90 € (D); 17,40 € (A);
29,00 sFr (UVP)

www.laenderreihe.de
www.linksverlag.de

Ch. Links Verlag, Schönhauser Allee 36, 10435 Berlin